日本古代氏族研究叢書②

紀氏の研究

―紀伊国造と古代国家の展開―

寺西　貞弘　著

雄山閣

「日本古代氏族研究叢書」刊行にあたって

本シリーズは、日本古代に活躍した個々の氏（ウヂ）について、それぞれにふさわしい研究者が、その研究成果を一冊の書物にまとめて刊行するものである。近年、七世紀代に遡る出土文字史料の増加により、七世紀、さらにはそれ以前の時代に対する関心が、再び高まってきている。一方、稲荷山古墳出土の鉄剣銘文が発見されて以来、ウヂや系譜についての研究も大きく進展した。しかし、個々のウヂについて、それを全体的に取りあげた研究はそれほど多くはない。このような状況のなかでの本シリーズの刊行は、今後の氏族研究の発展に大きな意味を持つであろう。

目次

序章　紀氏をめぐる本書の課題

第一節　紀氏とは何か

本書は、古代氏族紀氏を論じる。古代紀伊国に磐石の基盤を有し、律令国家成立以前から、紀伊国造に任じられ、地方氏族でありながら、記紀伝承にその名を留める氏族である。姓は直であり、平安時代初期まで紀直を称した。(1)

ただ、紀氏といえば、多くの人々が、土佐国の守として赴任し、その様子を詳細に記録した「土佐日記」を書き残した紀貫之を想起するだろう。もちろんそれは決して誤りではないかもしれない。しかし、紀貫之は古代大和王権を支える歴とした中央豪族である紀朝臣氏であって、本書で論じる地方豪族の紀直氏ではない。

そもそも、紀朝臣氏と紀直氏との関係からして、それほど明確な結論があるわけでもない。「それは決して誤りではないかもしれない」と述べたのもそれによるものである。事実、一般的な日本史関係の事典においても、「紀氏　きうじ」という項目が立てられており、総括して「古代の氏族」と述べ、次のように説明を施している。(2)

[一]　紀伊国造家。紀伊国名草郡に本拠を持つ紀直氏。神武朝に初祖天道根命が当国国造に任ぜられたのに始まるという。子孫その職を継ぎ、日前・国懸社を奉祭するとともに、律令時代には名草郡の郡領職をも兼ね、中世末まで強大な勢力を持った。直姓賜与の時期は明らかでないが、「紀伊国造系図」によると、神功紀に見

える豊耳の子豊布流（一〇代）のとき、大直を賜ったとある。承和年中（八三四～八四八）一族相次いで宿禰姓を賜ったが、天元年中（九七八～九八三）三八代奉世に男子がなく、女婿紀朝臣文煥の子行義を嗣とし、以後朝臣姓を称した。豊臣秀吉の紀州攻めで神領を没収され、その後は日前国懸神宮の神職の長として存続。

二　中央貴族。孝元天皇の皇子と紀伊国造の女との間に生れた武内宿禰の子木角宿禰を祖とする。武内宿禰の母方の氏名を継承したものであろう。はじめ臣姓、六八四（天武十三）朝臣姓を賜った。氏神に平群坐紀氏神社（大和国平群郡）、氏寺に紀寺（同高市郡、のち平城左京）があった。古代屈指の大族で、大化前代には、小弓（雄略朝）、大磐（雄略・顕宗朝）、男麻呂（欽明・推古朝）らが外征将軍に任じ、主として軍事・外交面に雄飛、以後は大人（天智朝）、麻呂（文武朝）、麻路（聖武朝）、船守（光仁朝）、古佐美（桓武朝）らが大納言・中納言に任じ、光仁天皇の生母橡姫を出すなど、内政面にも活躍したが、平安時代長谷雄（醍醐朝）が中納言になった以外は振るわず、わずかに貫之・友則らの歌人が名をとどめている。

一は、天道根命を初祖とする神別氏族であり、紀伊国に基盤を持つ明らかな地方氏族である。それに対して、二は天皇の血統を引く皇別氏族であり、議政官を排出する歴とした中央氏族である。そして、この両者が「紀氏」という項目で一括りにされているのである。したがって「紀氏の研究」という書名を見て、紀貫之を輩出した氏族だろうと思ったところで、あながち早とちりだとはいえないことになるだろう。

また、紀朝臣氏の出自は、天皇家の男子と紀伊国造家の女子の間に生れた木角宿禰であることから、まったく別の血筋であると峻別することが出来るのであろうかという疑問も残る。上述の事典説明によると、紀朝臣の氏族名称を「武内宿禰の母方の氏名を継承したものであろう」と推定している根拠も、まさしくここにあるものと思われる。

ただ、ここで注意しなくてはならないのは、武内宿禰の母方の氏名は、間違いなく紀直であり、それを中央氏族の氏名としたという可能性はあるだろう。しかし、武内宿禰の後裔氏族はそのほかにも、蘇我・葛城・平群など多くの氏族にわたっている。[3] その中で紀朝臣氏だけが母方の氏名を名乗っていることの説明がなされなくてはならないだろう。

さらに、昭和三十年代に、それまで一介の地方豪族と見られていた紀直（紀伊国造）と古代国家の発展段階とを関連付けた論文が発表された。[4] そして、岩橋千塚古墳群の発掘調査の成果を基礎に、古代国家の統一・発展過程の中に紀直氏を位置付ける意欲的な論文が発表された。[5] これによって、地方豪族である紀直氏の評価は大きく変化したことは間違いないだろう。

しかし、それらの論文は、古代史料に散見できる紀直・紀宿禰・紀朝臣など、語幹に紀を有する氏族を、一括して「紀氏」と称して扱っているのである。その結果、極めて整合的な結論となったため、久しく問題視されることもなかった。しかし、古代氏族研究においては、姓は厳格に峻別されなくてはならないことはいうまでもないことである。最近では、この両者を峻別して扱おうとする研究も見られるようになってきている。[6]

紀直氏と紀朝臣氏は、たしかに婚姻によって繋がった血統を有している。しかし、古代史料、特に記紀の系譜記述は、その史実はどうであろうとも、一貫して父系系譜によって貫かれているのである。[7] もちろん、紀直氏と紀朝臣氏の関係をどのように考えるかは、本書の中でも重要な問題の一つであり、本書がそれに対して一定の見解を述べなくてはならないことは承知している。

それでも、古代氏族を論じる上で、姓の異なるこれら二氏族を峻別する厳格な態度が必要であると考える。そのため、本書は「紀伊国造と古代国家の展開」という副題を付すことにしたのである。

注

（1）直からの改姓記事は見えないが、『続日本後紀』嘉祥二年閏十二月二十一日条によると、紀伊国造高継の姓が「宿禰」と記されている。

（2）『日本史大事典』第二巻（平凡社、一九九三）、なお、執筆担当者は薗田香融である。

（3）『古事記』孝元天皇段によると、比古布都押之信命が木国造（紀伊国造）之祖で宇豆比古之妹の山下影日売を娶り、建内宿禰（武内宿禰）を儲けた。そして、彼は七男を儲けてそれぞれが、波多臣・林臣・波美臣・星川臣・淡海臣・長谷部之君・許勢臣・雀部臣・軽部臣・蘇我臣・川辺臣・田中臣・高向臣・小治田臣・桜井臣・岸田臣・平群臣・佐和良臣・馬御樴・玉手臣・的臣・阿芸那臣・江野財臣という二十七氏族の祖となったと伝える。

（4）岸俊男「紀氏に関する一試考」（橿原考古学研究所編『近畿古文化論攷』所収、吉川弘文館、一九六三、のち『日本古代政治史研究』所収、塙書房、一九六六）

（5）薗田香融「岩橋千塚と紀国造」（末永雅雄他編『岩橋千塚』所収、和歌山市教育委員会、一九六七、のち『日本古代の貴族と地方豪族』所収、塙書房、一九九一）

（6）栄原永遠男「紀朝臣と紀伊国」（『和歌山地方史研究』九号、一九八五、のち『紀伊古代史研究』所収、思文閣、二〇〇四）、及び越原良忠「二つの紀氏」（『和歌山地方史研究』二十七号、一九九四）

（7）福尾猛市郎『家族制度史概説』（吉川弘文館、一九七二）では、「古代前期には母系による相続もきらうところではないが、父系相承が主であったのである」とする。

第二節　本書の課題

前節で述べたとおり、本書は古代紀伊国に磐石の基盤を有した紀伊国造・紀直氏について論じることとする。しかし、それ以前に古代紀伊国において紀直氏が占有し続けた「国造」をどのように考えるかを大前提にしなくてはならないだろう。

前節で引用した事典説明に拠るならば、紀直氏は比較的早くに大和政権と接触を有し、国造に任命され、律令制度下においては名草郡の大領職を継承したことになっている。しかし、最近の国造制研究では、その成立を六世紀とし[(1)]、律令時代には国造の職は停止されていたとさえする研究がある[(2)]。これでは、紀伊国造の任命は六世紀以後のことであり、律令制度下において紀直氏は紀伊国造ではありえなかったことになってしまうのである。

現在論じられている国造に関する見解と、一般的な事典説明との間に、極めて大きな懸隔があると思われるのである。古代における紀伊国造を論じる前提として、私なりの国造に関する見解を示す必要があると思われる。そのため、第一章では、古代における国造一般のあり方について論じたい。

まず、第一節では国造の支配したクニと県の関係について論じることにする。そして、第二節では国造制の成立時期を提示するともに、その制度が変質する過程を論じることにする。さらに、第三節では奈良時代の律令制度下における国造は、どのような形態で存在し、なにゆえに存在したのかを明らかにしたいと思う。

第一章で提示した私なりの国造に関する見解に基づいて、第二章以下で紀伊国造を個別に論じることにしたい。紀伊国造あるいは紀直氏は、明らかな地方豪族でありながら、『古事記』や『日本書紀』をはじめとする六国史に散見することが出来る。このことは、他の地方豪族に比べて顕著な特徴であろう。

それらをすべて抽出したところで、一つの氏族を古代を通して語るには、とても足りる件数ではない。しかし、紀伊国造の末裔家に、紀伊国造の系譜を語る系図史料が残されている。巻子装の「紀伊国造次第」と懸幅装「紀伊国造系図」である。第二章では、これら二つの史料に関して論じることにしたい。

それぞれについて翻刻を施し、その成立の経緯を考察したい。また、翻刻の厳密を期するためにそれぞれの写真版を掲載することにした。さらに、それぞれの史料について、特徴的な問題を指摘しておきたいと思う。

記紀をはじめとする古代史料と第二章で考察した系譜史料に基づいて、第三章では古代国家の成立と紀伊国造について論じることにしたい。まず、紀伊国造が奉祭し続けてきた日前宮の祭祀を第一節で論じたい。日前宮の祭神は『日本書紀』宝鏡開始段の第一の一書によると、天石窟隠れした天照大神を導き出すために鋳造された日像鏡であるとされている。

すなわち、皇祖神を祀る社がまさしく日前宮であり、紀伊国造は営々と皇祖神を奉祭し続けてきたというのである。なにゆえに、そしていつ頃から、日前宮が皇祖神を祀る社とされたのか。そして、皇祖神を祀ることが紀伊国造の本来の姿であったのだろうか。このような問題を論じることにしたい。

次いで、第二節では『日本書紀』神武天皇東征の過程で、紀伊国名草郡において誅滅された名草戸畔の物語をどのように評価すべきかを考えたい。神武天皇東征の物語は、その大半を大和盆地平定の物語に費やしている。すなわち、未だ大和盆地の一角に野望をもっていた大和王権が大和盆地統一を果たした物語こそが、神武天皇東征の物語であったと思われる。(3) このような観点からその物語の挿話として語られている名草戸畔誅滅の物語を再評価したい。

さらに、第三節では畿内政権と紀伊国造の関係について論じたい。最近では、紀朝臣氏は本来紀伊国を本拠としていたが、ある時期大和国平群郡に移動したとする説がある。(4)私には、一個の巨大氏族が平群氏というやはり巨大氏族の盤居する平群郡にたやすく移動できたものかという疑念がある。そこで、とくに畿内政権の中枢に位置していた紀朝臣氏と、紀伊国の地方豪族である紀直氏の関係を、畿内政権の動向から読み取りたい。これによって、紀朝臣氏と紀直氏の関係を私なりに整理して、提示することにしたい。

第四章では、律令国家と紀伊国造の関係について論じたい。律令時代の紀伊国造は、一介の名草郡の大領に過ぎなかった。しかし、奈良時代の末ないしは平安時代の初めには、その大領の職さえも任官しなくなるのである。その背景にはなにがあるだろうか。まず、律令国家にとって、紀伊国造とは瑣末なものだったのであろうか、それとも動かしがたい大きなものだったのだろうか。

まず第一節では、平安時代に書きとどめられた紀伊国造任官儀式の再検討を行いたい。律令国家において紀伊国造の任官儀式がどのように行われ、紀伊国における律令制度の最高の権威である紀伊国司とのかかわりで再検討することにより、律令制度下における紀伊国造の評価を知る手掛かりとしたい。

第二節では、紀伊国造と名草郡大領職について論じたい。先述のように、やがて紀伊国造は大領に任官しなくなるのである。それは、紀伊国造が大領職を剥奪されたのか、それとも紀伊国造が大領職を忌避したのかによって、奈良末平安初期における紀伊国造の評価がまったく逆になってしまうと思われるからである。ここでは、名草郡大領職継承の状態を検証し、大領職に任官しなくなった事情を明らかにしたい。

第三節では、紀朝臣行義の第三十九代紀伊国造就任を論じたい。行義が女婿として紀伊国造家を継承した事情を検討することによって、当時の紀伊国造家が中央貴族達からどのように評価されていたかを知ることが出来るだろう。

以上、本書の課題を述べた。地方豪族としての紀伊国造・紀直氏を語るには、あまりにも史料が少ない中で、語ることの出来る課題を列記した。そのため、一つの氏族の古代を通じての営みを、本書は語りつくせるものではないと痛感している。しかし、今この時点で語りつくせる課題を明示し、それらの課題についての私なりの見解を提示することによって、一つでも多くの議論がなされるとすれば、本書の意義はあるものと考える次第である。

注

（1）井上光貞「国造制の成立」（『史学雑誌』六十編十一号、一九五一）は、国造制の成立を七世紀初頭とするが、篠川賢「国造制の成立過程」（『日本古代国造制の研究』、吉川弘文館、一九九六）は、「国造制の成立時期は、磐井の乱を画期とした乱後の六世紀中葉にもとめることが最も妥当であることは、改めて述べるまでもあるまい」とする。後述するが、屯倉制の成立と関連付けて六世紀にその成立を求める説が最近では多い。

（2）篠川賢「国宰制の成立と国造」（『古代国造制の成立』、吉川弘文館、一九九八）は、国司制度の施行とともに国造制は停止されたとし、それまで国造であったものが終身国造を称することが認められたとする。

（3）拙稿「神武東征神話の再検討」（『古代熊野の史的研究』、塙書房、二〇〇四）

（4）栄原永遠男「紀朝臣と紀伊国」（『和歌山地方史研究』九号、一九八五、のち『紀伊古代史研究』所収、思文閣、二〇〇四）、及び越原良忠「二つの紀氏」（『和歌山地方史研究』二十七号、一九九四）

第一章　国造について

第一節　クニと県に関する再検討

はじめに

国造制の成立を考える上で、県をどのように位置づけるかという問題は、極めて大きな意味を有している。かつて、井上光貞氏は国県制を提唱し、県を国の下部組織として位置づけられた。[1]これに対して、上田正昭氏は、県関係史料を精査し、県を国造制以前に存在した地方組織であると位置づけられた。[2]

その後、石母田正氏は、大和政権と在地の生産関係から、県の成立の要因を国造制の成立に求められた。[3]さらに、原島礼二氏は、政治的考察から、大和政権が物部氏を派遣して地方支配を広げることによって成立したものが県であるとされた。[4]

これらの説は、県の成立を井上氏が七世紀、上田氏が三世紀後半、石母田氏が六世紀、原島氏は五世紀とされる。すなわち、その成立については、まったく定見がないといえるだろう。一方、これらの諸氏は、県を地方権力者、ないしは地方領域を示す、地方組織ないしは地方単位であるという点では一致していると思われる。そして、大和政権との関係を有する組織・地域単位であるという点においても、それほどの異論はないと思われる。

本節は、これらの先学の驥尾に付して、国造の支配領域であるクニと県との関係を再検討しようと試みるものである。なお、史料上「県」・「縣」と見えるが、本節では煩を避けて「県」と統一して表記することにしたい。また、国造支配の領域を、令制による国と峻別するために、史料引用を除いて「クニ」と表記することにしたい。

1　記紀史料に見える県

山尾幸久氏は、県・評・郡と表記を異にしていたとしても、それは「コホリ」とよまれるべきであり、「某県」は「某郡」を表わしているに他ならないとされた。(5) たしかに、県の古訓は「コホリ」である。また、『肥前国風土記』杵島郡の項では、「杵島郡」と表記されているが、「肥前国風土記逸文」は、ほぼ同内容の叙述を行ないながら、杵島郡を「杵島県」と表記している。このことから、山尾氏のいわれるとおり、県を郡と同様の地方単位であると認識していたことは、十分に認めるべきであろう。

ところで、私たちは、大宝令成立後の郡が、同令成立以前は評と表記されていたことを了解している。(6) すなわち、記紀が叙述している時代においては、実際には評という表記が用いられていたにもかかわらず、記紀はそれをすべて郡として表記しているのである。このような一貫した記紀の叙述態度があったと思われるのである。

山尾氏がいわれるとおり、県・評・郡は単なる表記の問題であり、その実態はすべて「コホリ」であるとするならば、記紀は評を郡に表記し替えたように、県を郡に表記し替えたはずである。しかし、県は「コホリ」という訓を有しながらも、記紀においては明らかに県と表記されているのである。このことから、県は評や郡にきわめて似ているが、明らかに非なるものであったと考えるべきであろう。

すなわち、「肥前国風土記」の編者は、県と郡の類似性に着目したが、記紀の編者はそれらの類似しない点に着目したといえるだろう。このことから、これまでに多くの研究者が蒐集し、現在私達が見ることのできる県関係史料は、編者の恣意が多分に含まれていることがわかるのである。そこで、本節ではまず、もっとも多くの県関係史料を、一貫した編纂方針で記したと思われる記紀を中心に検討することにしたい。記紀の編纂者が県をどのように理解していたかを検討したうえで、記紀以外に見える県関係史料にも言及したいと思う。以上のような観点から、記紀に見える県関係史料を示したものが表1である。

表1　記紀に見える県関係史料

No	県	出典	記述
1	菟田下県	神武即位前紀戊午年六月	乃尋烏所向仰視而追之、遂達于菟田下縣、因号其所至之処、曰菟田穿邑
2	春日県	綏靖紀二年正月	立五十鈴依媛為皇后、一云春日県主大日諸女糸織媛也、
3	猛田県	神武紀二年二月	又給弟猾猛田邑、因猛田県
4	層富県	神武即位前紀己未年二月	是時層富県波哆丘岬有新城戸畔
5	十市県	孝安紀二六年二月十四日	立姪押媛為皇后、一云十市県主五十坂彦女五十坂媛也
		孝霊紀二年二月十一日	立細媛為皇后、一云十市県主等祖女真舌媛也
6	高市県	天武紀元年七月二三日	高市郡大領高市縣主許梅、儵忽口閉而不能言、
		天武紀一二年十月五日	高市縣主賜姓曰連
7	磯城県	神武紀二年二月	弟磯城名黒速為磯城県主
		綏靖紀二年正月	立五十鈴依媛為皇后、一云磯城県主女川派媛
		天武紀一二年十月五日	磯城縣主賜姓曰連、

8	葛城県	推古紀三二年十月一日	葛城縣者元臣之本居也、
9	三野県	清寧即位前紀	惟河内三野縣主小根、慄然振怖避火逃出
		天武紀一三年正月一七日	三野県主・内蔵衣縫造二氏賜姓曰連
10	茅渟県	崇神紀七年八月七日	即於茅渟縣陶邑得大田田根子而貢之
		雄略紀十四年四月四日	封皇后一分賜茅渟縣主
		崇峻即位前紀	夜逃向茅渟有真香邑、
11	志幾県	雄略記皇后求婚段	答曰、志幾之大縣主家、爾天皇詔者、奴乎、己家似天皇之御舎而造、
12	河内県	安閑紀元年閏一二月四日	蓋三島・竹村屯倉者、以河内縣部曲、為田部之元於是乎起、
13	猪名県	仁徳紀三八年七月	明日猪名縣佐伯部献苞苴
14	三島県	安閑紀元年閏一二月四日	行幸於三島、大伴大連金村従焉、天皇使大伴大連問良田於縣主飯粒、
15	栗隈県	仁徳紀一二年一〇月	掘大溝於山背栗隈縣以潤田、是以其百姓毎年豊之
16	佐那県	神代記天孫降臨	次手力男神者坐佐那那縣
		開化記	此曙立王者、伊勢之品遅部君・伊勢之佐那造之祖
17	度逢県	神功皇后摂政前紀庚辰年	答曰、神風伊勢国之百伝度逢縣之拆鈴五十鈴宮所居神
18	旦波県	開化記	此天皇、娶旦波大縣主、那由碁理之女、竹野比売、生御子、此古由牟須美命
19	三野県	応神紀二二年九月一〇日	次以三野縣封弟彦、是三野臣之始祖也、
20	苑県	応神紀二二年九月一〇日	即以苑縣封兄浦凝別、是苑臣之始祖也、

21	波区芸県	応神紀二二年九月一〇日	復以波区芸縣封御友別弟鴨別、是笠臣之始祖也、
22	上道県	応神紀二二年九月一〇日	次以上道縣封中子仲彦、是上道臣・香屋臣之始祖也、
23	川島県	応神紀二二年九月一〇日	分川嶋縣封長子稲速別、是下道臣之始祖也
24	織部県	応神紀二二年九月一〇日	即以織部縣賜兄媛、是以其子孫於今在于吉備国、
25	沙麼県	神功摂政前紀仲哀四年	是有神、託沙麼縣主祖内避高国避高松屋種、
26	水沼県	景行紀一八年七月七日	時水沼縣主猿大海奏言、有女神、名曰八女津媛
27	岡県	仲哀紀八年正月四日	時岡縣主祖熊鰐、聞天皇之車駕、予抜取五百枝賢木、以立九尋船之舳、
28	伊覩県	仲哀紀八年正月四日	又筑紫伊覩縣主祖五十迹手、聞天皇之行、
		神功摂政前紀庚辰年	事竟還日、産於茲土、其石今在于伊覩県道辺、
29	八女県	景行紀一八年七月七日	到八女縣、則越藤山以南望粟岬、
30	儺県	仲哀紀八年正月二一日	到儺縣、因以居橿日宮、
31	山門県	神功摂政前記仲哀九年	転至山門縣、即誅土蜘蛛田油津媛、時田油津媛興軍而迎来
32	嶺県	雄略紀一〇年九月四日	是鵝為筑紫嶺縣主泥麻呂犬所噛死
33	長峡県	景行紀一二年九月五日	幸筑紫、到豊前国長峡縣、興行宮而居、
34	直入県	景行紀一二年一〇月	又於直入縣禰疑野有三土蜘蛛、
35	熊県	景行紀一八年四月三日	到熊縣、其処有熊津彦者兄弟二人、天皇先使徴兄熊、
36	八代県	景行紀一八年五月一日	何謂邑也、国人対曰、是八代縣豊邑、

37	松浦県	神功摂政前紀	北到火前国松浦縣、
38	高来県	景行紀一八年六月三日	自高来縣渡玉杵名邑、時殺其処之土蜘蛛津頬
39	諸県	景行紀一八年三月	諸縣君泉媛、依献大御食而其族会之
		応神紀一一年是歳	有人奏曰、日向国有嬢子、名髪長媛、即諸県君諸井之女也、
		応神紀十三年九月	一云、日向諸県君牛、仕于朝廷年既耆耇之不能仕、
40	子湯県	景行紀一七年三月一二日	幸子湯縣、遊于丹裳小野、
41	壱岐県	顕宗紀三年二月一一日	奉以歌荒樔田、壱岐縣主先祖押見宿禰侍祠
42	対馬下県	顕宗紀三年四月五日	事代便奏、依神乞、献田十四町、対馬下縣主侍祠

管見に入るところ、記紀に見える県関係史料は、この表に掲げた四二件である。もちろん、県が存在した時代のすべての県が、この表に網羅されているわけではない。たとえば、菟田下県や対馬下県という呼称は、史料上未見ではあるが、菟田上県・対馬上県が存在していたことを示唆しているものと考えられるだろう。そのことは、従来の諸説において、諸国の『風土記』などの諸史料にも県の存在が指摘されていることから、充分に留意しなくてはならないであろう。次に、これら四二の県の分布について見ておきたい。

2　県の分布とその規模

県の分布を考える上で、それぞれの県が令制の国郡里（郷）のいずれに相当するかを見ていきたい。そのため、『和名抄』国郡部のいずれの地に位置するものかを見ていきたい。すなわち、それぞれの県が、郷へと系譜が引き継がれるのか、あるいは郡へと系譜が引き継がれるのかを判別することによって、それぞれの県の規模を推測することができるのではないかと考えるからである。

まず、菟田下県は、大和国宇陀郡であろう。しかし、「菟田下県」と呼称されていることから、宇陀郡全体を指すものではなく、宇陀郡の一部であると思われる。[7] 春日県は、大和国添上郡に春日郷が存在することから、この地に比定することができる。[8] 猛田県は、大和国に通じる音の地名を見出せないが、宇陀郡に多気郷があることから、これに比定することができるだろう。[9]

層富県は、その音から令制の添上郡と添下郡に分郡される前の添郡にあたることは問題ないだろう。このように考えると、層富県は令制の二郡に相当する領域を有していたことになる。しかし、先に見たように添上郡春日郷に春日県が存在したので、二郡の領域は有していなかっただろう。『延喜式』神名帳によると、添下郡に「添御県坐神社」と見られることから、添下郡一郡を領域としたと見るべきだろう。十市県と高市県は、それぞれ大和国十市郡と高市郡が見られる。磯城県と葛城県は、令制の城上・城下、葛上・葛下の分郡前の領域であろう。この領域に史料上未見の県が存在した可能性は否定できないが、最大で二郡の領域を有していたと見ることができる。

9の三野県は、河内国若江郡内に「御野県主神社」が見られることから、この神社を中心とする領域であろう。ただし、御野県が令制郡の名称に継承されていないことから、その領域は若江郡一郡よりも小さなものであったと見るべきだろう。[10] 茅渟県の茅渟は、和泉国一帯を指す通称地名である。すると、茅渟県は和泉国大鳥・和泉・日根の三郡を領域としていたのであろうか。[11] 志幾県と河内県については、それぞれ河内国志紀郡・河内郡がそれぞれの領域であろう。

猪名県は、摂津国川辺郡伊奈郷であろう。[12] 三島県は、島上郡・島下郡が分郡される前の地名であろう。[13] すると、三島県は最大で二郡を領域としていた可能性があるだろう。栗隈県は、山城国久世郡に栗隈郷が見えることから、これを領域としていたと見ることができるだろう。[14] 佐那県は、神名帳に伊勢国多気郡内に佐奈神社が見られることから、この神社を中心とする領域であろうが、[15] 一郡には及ばない規模であったと思われる。度逢県は、伊勢国渡会郡であろう。旦波県は、丹後国丹波郡丹波郷があるが、郡を領域にしていたものか郷を領域としたものかは判然としない。

19の三野県は、備前国御野郡御野郷であろうが、[16] 県が郡を領域としたのか郷を領域としたのかは判断しかねる。苑県は、備中国下道郡曾能郷であろう。[17] 波区芸県については旧吉備国内であろうが比定することはできない。[18] 上道県は、備前国上道郡内に上道郷があるが、郡を領域としたのか郷を領域としたのかは判然としない。川島県は旧吉備国内であろうが比定することはできない。[19] 織部県は、備前国邑久郡服部郷もしくは、備中国賀夜郡服部郷、もしくは備後国品治郡服部郷であろうと思われるが、いずれとも判断できない。ただ、いずれにしても郷を領域としていたと思われる。佐麼県は、周防国佐波郡内に佐波郷があるが、郡を領域としたのか、郷を領域にしたのかは判然としない。[20]

岡県は、筑前国遠賀郡を比定地と見てよいだろう。伊覩県は、筑前国怡土郡と見てよいだろう。八女県は、筑後国八女郡と見てよいだろう。儺県は、橿日宮が所在していることから、那珂郡内であろうが、その呼称が郡に継承されていないことから、郡よりも狭い領域であったと思われる。[21] 山門県は、筑後国山門郡に山門郷があるが、郡を領域としたのか郷を領域にしたのかは判然としない。水沼県は、字義から見て筑後国水潴郡と見てよいだろう。嶺県は、雄略紀によると「筑紫嶺縣主泥麻呂」とあるが、筑前・筑後両国に該当する地名を見出せない。慣習的に九州全体を「筑紫」と呼称した例があることから、肥前国神埼郡の三根郷に比定することが出来るものと思われる。[22]

長峡県については、豊前国内に該当する地名を見出せない。しかし、景行紀によると、この県に行宮を建てたことによって、その地を「京」と号したとあることから、豊前国京都郡がそれに当るものと思われる。(23) 直入県は、豊前国直入郡と見てよいだろう。熊県・八代県は、それぞれ肥後国球麻郡・八代郡と見てよいだろう。そして、松浦県は、肥前国松浦郡であろう。高来県は肥前国高来郡と見てよいだろう。また、諸県・子湯県は、それぞれ日向国諸県郡・子湯郡であろう。

壱岐県については、壱岐島（国）と同名であり、国内に壱岐郡が存在する。壱岐県が一島を領域としたものか、壱岐郡を領域としたものかは判然としない。しかし、最大の領域を想定したとしても、壱岐国内二郡であったと思われる。最後に対馬下県は、文字通り対馬島（国）下県郡を領域としていたと見てよいだろう。

以上の考察に基づいて、県と令制地名とを対照させたものが表2である。なお、波区芸県のように令制地名を比定出来ないものについては、備中・備後などとはせず、旧国名の吉備などと記した。また、各県の規模については想定できる最大限を示した。郷が領域と思われるものには「郷」と記し、郡が領域と思われるものには「郡」と記した。ただし、その領域が一郡に及ばないと思われるものは、「郡二」とし、数郡に及ぶと思われるものは「郡＋」と記した。

表2　県と令制地名の対応

道	国	県	令制比定地名	規模
畿内	大和	菟田下県	大和国宇陀郡	郡一
		春日県	大和国添上郡春日郷	郷

		猛田県	大和国宇陀郡多気郷	郷
		層富県	大和国添上郡及び添下郡	郡
		十市県	大和国十市郡	郡
		高市県	大和国高市郡	郡
		磯城県	大和国城上郡及び城下郡	郡 ＋
		葛城県	大和国葛上郡及び葛下郡	郡 ＋
	河内	三野県	河内国若江郡	郡 －
		河内県	河内国河内郡	郡
		志幾県	河内国志紀郡	郡
	和泉	茅渟県	和泉国	郡 ＋
	摂津	猪名県	摂津国川辺郡伊奈郷	郷
		三島県	摂津国島上・島下郡	郡 ＋
	山城	栗隈県	山城国久世郡栗隈郷	郷
東海	伊勢	佐那県	伊勢国多気郡	郡 －
		度逢県	伊勢国渡会郡	郡
山陰	丹後	旦波県	丹後国丹波郡	郡
山陽	備前	三野県	備前国御野郡	郡

		上道県	備前国上道郡	郡
	備中	苑県	備中国下道郡曾能郷	郷
	吉備	波区芸県	比定地未詳	｜
		川島県	比定地未詳	｜
		織部県	備前国邑久郡服部郷または備中国賀夜郡服部郷	郷
	周防	佐麼県	周防国佐波郡	郡
西海	筑前	岡県	筑前国遠賀郡	郡
		伊覩県	筑前国怡土郡	郡
		儺県	筑前国那珂郡	郡
	筑後	八女県	筑後国八女郡	郡
		山門県	筑後国山門郡	郡
		水沼県	筑後国水潴郡	郡
	豊前	直入県	豊前国直入郡	郡
		長峡県	豊前国京都郡	郡－
	肥前	松浦県	肥前国松浦郡	郡
		高来県	肥前国高来郡	郡
		嶺県	肥前国神埼郡三根郷	郷

肥後	熊県	肥後国球麻郡	郡
	八代県	肥後国八代郡	郡
日向	諸県	日向国諸県郡	郡
	子湯県	日向国子湯郡	郡
壱岐	壱岐県	壱岐島（国）壱岐郡	郡＋
対馬	対馬下県	対馬島（国）下県郡	郡

記紀に見える県の分布は、畿内・東海・山陰・山陽・西海の畿内と四道に見ることができる。先にも述べたとおり、ここに見える県が、県の存在した時代のすべてではないだろう。しかし、従来いわれているように西日本に遍在していることがわかる。東海道と山陰は、もっとも畿内に近い地域に限って県が確認できる。だからといって、東日本には県がなかったのだろうか。西海道の県は、神功皇后伝承と景行天皇征西伝承の中で語られている。このような伝承を有さない地域に県が存在したとしても、語られなかった可能性はあるだろう。

ところで、景行天皇征西伝承では、西海道の県が多数見られる。その一方で、景行紀と同じ『日本書紀』巻七に成務天皇の事跡が語られている。その中で語られている日本武尊の東征伝承の中に、多くの東日本の地名を確認することが出来るが、県地名を見ることはできない。このことから、県は従来いわれてきたように西日本に遍在していたものと考えるべきであろう[24]。

その規模については、令制の郷を領域とするものが見られるが、主に後の郡にその名称が継承されるものが圧倒的に多い。このことが、『肥前国風土記』の編者をして、県を郡に擬せしめた最大の要因であったと思われる。

また、最大の規模のものを見ても、磯城県や葛城県のように令制の二郡程度の領域のものや、壱岐県や茅渟県のように、最大のものでも令制の三郡程度の領域が想定される程度である。

このように県ごとの規模が大きく異なっているのは、井上氏がいわれたとおり、成熟した制度によって画一的に設けられたものではなかったからであろう。(25) また、その分布が畿内周辺から西に見られるのは、上田氏が指摘されたとおり、初期の大和政権の軍事行動が、瀬戸内・九州方面に向けて行なわれたことによるものであろう。(26)

これに対して、国造が支配したクニは、紀伊国造の場合は、紀伊七郡の内牟婁郡を除く六郡を領域として見ることが出来る。(27) また、『常陸国風土記』が語る常陸国建郡伝承によるならば、常陸国には十一の郡が設けられたことになっている。(28) しかし、この地域の国造は、茨城・筑波・新治・久自・仲・高・道口岐閉の七国造によって支配されていたとされている。

すなわち、県が最大で三郡、標準で一郡、あるいはそれ以下の郷単位の領域であるのに対して、国造が支配するクニは、明らかに郡よりも大きな規模の領域を有していたと見ることができるのである。このように、クニと県の領域の差異を確認するならば、クニの下位に県を位置づける国県制を肯定する余地が存在するだろう。しかし、肯定する前提として、クニと県が同時に存在したことが証明されなくてはならないだろう。

3　県史料が見える時代

記紀に見える上述の県史料は、記紀神話の時代から天武朝までほぼ記紀が語る全時代にわたっているようである。しかし、その時代的な分布はかなり偏りがあるように思われる。そこで、記紀が語るどの時代に県史料が見えるのかを、整理してみると次のようになる。

神代＝一件、佐那

神武＝四件、菟田下・猛田・層富・(磯城)
綏靖＝二件、(春日)・(磯城)
孝安＝一件、十市
孝霊＝一件、十市
開化＝二件、佐那・(旦波)
崇神＝二件、茅渟・猪名
景行＝八件、(水沼)・長峡・直入・熊・八代・高来・(諸)・子湯
仲哀＝四件、(岡)・(伊覩)・八女・儺
神功＝六件、度逢・(娑麼)・伊覩・山門・松浦・(諸)
応神＝六件、三野・苑・波区芸・上道・川島・綾部
仁徳＝二件、(三島)・栗隈
雄略＝三件、(茅渟)・(志幾)・(嶺)
清寧＝一件、(三野)
顕宗＝二件、(壱岐)・(対馬下)
安閑＝一件、(河内)
崇俊＝一件、茅渟
推古＝一件、葛城
天武＝三件、(高市)・(磯城)・(三野)

このように、県史料の見え方をみると、半数以上が景行朝から仁徳朝に集中していることが分かる。また、県の名称に（　）を付したものは、人物名称もしくは氏族名称として見える県史料であるが、天武朝に見える三件の史料は、壬申の乱における高市県主許梅の動向を記した史料であり、他の二件は、磯城県主と三野県主の連への改姓史料である。県という地名単位が、県主という首長によって実効支配されているとしたならば、そのような誇り高い県主の改姓がたやすくなしうるはずはないだろう。すなわち、これらは、天武朝に県が存在したことを積極的に示す史料ではないと思われる。

これらの史料は、かつて存在した県の首長である県主の系譜を引く人物もしくは氏族を表しているものと考えられる。すなわち、県の首長である県主がもはや機能していないからこそ、これら県主は連へと改姓されたのであろう。このように考えるならば、天武朝には、首長の権力の下に一定の領域を有する県は、もはや存在していなかったとすべきであろう。

これに対して、景行朝から仁徳朝に見える県は、地名単位として見えるばかりではなく、首長である県主に領域内の人々が明らかに率いられていることが分かる。したがって、この時代に語られている県と県主は、実際に機能していたものと考えてよいだろう。そして、県地名と県主の人名が伴って見られる史料は、仁徳朝をもって最後になることが分かる。

それでは、崇峻朝と推古朝に、地名として見える茅渟県と葛城県は、どのように考えるべきなのであろうか。推古朝に見える葛城県は、蘇我馬子が父祖の土地として、天皇に下賜されんことを願い出た有名な史料である。(29) 葛城県が蘇我氏の父祖の地であることの真偽はともかくとして、葛城県はすでに葛城県主によって占有・支配されていなかったからこそ、蘇我馬子がその下賜されんことを願い出ているのである。したがって、葛城県そのものは、地名としては残っているものの、すでに県主に支配される県としては機能していなかったことは明らかであろう。また、崇峻朝に見える茅渟県も、物部守屋の資人捕鳥部萬の逃亡先地名として見えることから、県制の残滓としての地名であると考えてよいだろう。

以上のことから、県主に支配された地方勢力としての県は、伝承の時代から仁徳朝までの間に機能していたと見てよいだろう。すなわち県制とは、一般的に国造制が成立するとされる時代よりも、遥か昔に存在した制度であると考えるべきであろう。

4　県からクニへ

県は表1で見たとおり、西日本を中心に分布し、景行天皇・仲哀天皇・神功皇后・応神天皇の事跡を語る記紀の伝承に多く見ることができる。しかし、県主についての記述には、ある一定の傾向を見て取ることができる。これらの天皇は、軍事行動の中で、多くの県を巡行している。このことから、県が一定の領域を有する地名単位であることが分かる。

県に至った天皇たちは、県の領域の人々を率いる首長と遭遇している。仲哀紀八年正月四日条では、天皇の到来を知った岡県主が、人々を率いて、榊に飾りをこらせて、盛大に天皇を迎えている。また、景行紀十二年十月条では、直入県に至った天皇が、その地の首長である土蜘蛛が率いる兵たちによって、頑強な抵抗に遭っている。すなわち、県の首長たちは、その領域の人々を率いるという強力な政治力、ひいては強固な経済基盤を有していたことが分かるのである。

ただ、天皇の軍隊に恭順の意を表した首長は必ず県主と表記され、天皇に抵抗した県の首長は土蜘蛛と表記されているのである。もちろん、県の首長は自らを県の首長である県主と自認していたであろうが、記紀編者は明確に天皇に恭順の意を表明したものだけを県主と認識し、恭順しない抵抗勢力の首長は土蜘蛛であると認識していたことが分かるのである。すなわち、記紀編者にとって、県主とは天皇によってオーソライズドされるべきものだったのである。

このことは、応神紀二十二年九月十日条の吉備の六つの県の成立事情から見ても首肯し得るであろう。同条によると、応神天皇の妃である兄媛の兄御友別が、天皇の吉備行幸に際し、葦守宮で盛大に供応した功績により、御友別と兄媛並びにその一族が県に「封」されているのである。この条では「県主」という言葉は見えないが、「封」という言葉を用いていることから、県主の任命記事であると見て間違いないだろう。すなわち、県主は天皇に対する軍事的あるいはその他の功績が認められて任命されるものであることが分かるのである。

それでは、そのような功績が認められて、県主となった地方豪族と畿内政権、あるいは天皇との関係はどのようなものだったのだろうか。記紀は、天皇と地方豪族との関係を明確な上下関係があるように表している。しかし、それは天皇家の国土支配の正統性を説明するために著された記紀の表現であり、それをそのまま額面どおりにとることはできないだろう。何よりも、律令制度導入期以後、地方豪族の子女が天皇の後室に入ることはめったに無いが、県主の子女が天皇の妃となっている伝承がかなり見られることが、大きな特徴であると思われる。

いわゆる欠史八代の天皇の後室に、大和の六県の子女が見られることは早くから指摘されていることである(30)。しかし、詳細に県主関係資料を見ると、それは大和の県だけに限定されるものでは決してなかったことが分かる。『古事記』開化天皇段によると、丹波大県主の子女竹野媛が妃として子女を儲けている。先に指摘した吉備の県主の子女である兄媛が応神天皇の後室に入っていることが分かる。また、応神紀十一年是歳条によると、諸県主の子女髪長媛を、天皇が召しいれようとし、同十三年には髪長媛を、天皇の皇子である大鷦鷯皇子（後の仁徳天皇）

に娶わせている。

もちろん、記紀のこのような記述が、史実であると断定するものではない。しかし、県主と天皇との関係が、婚姻関係の存在を前提として語られた伝承であると理解することは可能であろう。

このような例を見ると、県主という地方豪族は、律令制度導入期以後の地方豪族よりも、天皇との上下関係においては緩やかなものであったと考えてよいだろう。[31]むしろ、婚姻関係によって天皇との関係を繋ぎ止めるという意味では、明確な上下関係というよりも、緩やかな同盟関係と表現したほうが適切ではないかと思われる。

以上のことから、県とは西日本に自然発生的に誕生した一定の領域を有して、首長に率いられた勢力単位であると考えることができるだろう。そして、天皇（大和政権）の介入によってそれら県の統合が加速されたものと思われる。このようにして統合された複数の県の集合体がクニとなるものと思われる。県の統合を促進し、新たに成立したクニの後見となった天皇は、そのクニの首長に対して国造の称号を付与したものと思われる。

すなわち、県は五世紀初頭と思われる仁徳天皇の時代頃まで機能し、自然発生的な地方主権として存在したのである。そしてその前後から、天皇（大和王権）の介入によって、その統合が進められ、国造が支配するクニへと変貌したものと理解することができるであろう。[32]したがって、県は国造によるクニ支配が成立する以前に、西日本に広範囲にわたって、自然発生的に成立した地方主権を伴う地名単位であり、県主はその地方主権の首長であったといえるだろう。

おわりに

以上、本節は、国造の支配するクニと県主の支配する県の関係について再検討を試みた。まず、一定の統一した認識で記されたと思われる記紀の県史料を整理した。そして、後代の地名との関係から県の規模を推し量った。

その結果、県は西日本に偏在していることを確認した。また、県はクニよりも小規模な地名単位であることを明らかにした。

次に県史料が時代的に偏在することを指摘した。その結果、県が県主という首長によって支配される主権を伴う地名単位として機能したのは、仁徳天皇の頃までであろうと推定した。そして、それら県は天皇（大和王権）の介入によって統合が進められ、国造が支配するクニが誕生したものと推定した。

以上の考察に大過ないとするならば、県による地方支配の時代を経て、それら県を統合した形で国造支配によるクニによる地方支配が成立すると考えるべきであろう。[33]また、県が自然発生的に存在した地方支配の単位であるのに対して、クニは天皇の介入によって統合が進められたことから、天皇に対する従属性は県よりも強いものであったと考えられるだろう。

注

（1）井上光貞「国造制の成立」（『史学雑誌』六〇編十一号、一九五一）

（2）上田正昭「国県制の実態とその本質」（『歴史学研究』二三〇、一九五九、のち『日本古代国家成立史の研究』所収、青木書店、一九五九）

（3）石母田正『日本の古代国家』（岩波書店、一九七一）

（4）原島礼二「県の成立とその性格」（『続日本紀研究』一六〇・一六一、一九七二、のち『日本古代王権の形成』所収、校倉書房、一九七七）

（5）山尾幸久「大化改新論序説」上（『思想』五二九、一九六八）及び「大化改新論序説」下（『思想』五三一、一九六八）

（6）大化改新詔の「郡」表記の信憑性をめぐって論争された問題で、藤原宮跡から「評」表記木簡が大量に出土したことによって、大宝律令施行以前は郡ではなく評と表記されていたことが分かった。論争の経緯は、井上光貞「大化改新の詔の研究」（『日本古代国家の研究』、岩波書店、一九六五）に詳しい。

（7）『奈良県の地名』（日本歴史地名大系、平凡社、一九八一）は、奈良県菟田野町大字宇賀志に比定する。また、古典文学大系『日本書紀』上（岩波書店、一九六七）は、宇陀郡としながら、「菟田下県は穿邑を含む地域をやや広く称したもの」とする。

（8）古典文学大系『日本書紀』上（前掲注7）当該条頭注による。

（9）『日本書紀通証』はこれを十市郡とするが、吉田東伍『大日本地名辞書』は前後の脈絡から宇陀郡とする。いずれにしても、郡の下部単位地名であろう。

（10）原島礼二「県の成立とその性格」三（『続日本紀研究』一六二、一九七二）は、渋川・若江・河内・高安・大県の五郡に亘る広範囲を提唱しているが、吉田晶「県及び県主」（『日本古代国家成立史論』、東京大学出版会、一九七三）は若江・河内・高安の三郡であろうとする。いずれも伝承からの考察であるが、吉田説を採るとすれば三郡がその領域となる。しかし、河内郡は河内県主の領域であると思われることから、私は若江郡内の狭小な領域であったのではないかと考える。

（11）吉田晶「県及び県主」（前掲注10）は、その本拠を和泉郡とする。

（12）長山泰孝「猪名県と為奈真人」（『地域史研究』二‐二、一九七二）は、猪名川流域の川辺・豊島両郡に亘るかなり広範囲を想定する。広範囲に考えれば二郡の領域であろうが、その名称が郷に引き継がれていることから、本拠は猪名郷と考えてもよいだろう。

(13)　吉田晶「県及び県主」(前掲注10)は、三島県主の本拠を茨木市桑原を中心とする芥川流域であろうと推定している。
(14)　古典文学大系『日本書紀』上(前掲注8)当該条頭注は、京都府宇治市大久保付近に比定する。
(15)　古典文学大系『古事記　祝詞』(岩波書店、一九五八)当該条頭注による。
(16)　古典文学大系『日本書紀』上(前掲注8)当該条補注は、御野郷に比定し、現在の岡山市北半、旭川以西の地とする。
(17)　古典文学大系『日本書紀』上(前掲注8)当該補注は、備中国下道郡曾能郷に比定し、現在の岡山県吉備郡真備町の北部とする。
(18)　古典文学大系『日本書紀』上(前掲注8)当該補注は、比定地不詳とするが、「あるいは岡山県笠岡市付近か」と推定する。いずれにしても郡の領域には及ばなかったと思われる。
(19)　古典文学大系『日本書紀』上(前掲注8)当該補注は、「後の備中国浅口郡(今、岡山県浅口郡・玉島市)の地域か」とする。
(20)　古典文学大系『日本書紀』上(前掲注8)当該条補注は、「周防国佐波郡佐波郷(今、山口県防府市佐波か)」とする。
(21)　古典文学大系『日本書紀』上(前掲注8)は、福岡県博多地方と推定し、『三国志』魏書東夷伝倭人条に見える「奴国」に関連付けている。
(22)　古典文学大系『日本書紀』上(前掲注8)は、肥前国三根郡と同国神埼郡三根郷を併記するが、前者を新設の郡としている。
(23)　長狭県が、郡名を継承していないことから、郡よりもその領域は狭小であったと考えてよいだろう。
(24)　『日本書紀』の巻ごとの表記の統一性については、横田建一「『日本書紀』の用語よりみた巻々の特色についての二、三の考察」(『関西大学東西学術研究所紀要』一、一九六八、のち『日本書紀成立論序説』所収、塙書房、一九八四)

に詳しい。
(25) 井上光貞前掲論文(前掲注1)
(26) 上田正昭前掲論文(前掲注2)
(27) 薗田香融「岩橋千塚と紀国造」(末永雅雄他編『岩橋千塚』、和歌山市教育委員会、一九六七、のち『日本古代の貴族と地方豪族』所収、塙書房、一九九二)参照。
(28) 常陸国の建郡の状況については、『常陸国風土記』の建郡伝承を分析した中西正和「古代総領制の再検討」(『日本書紀研究』第十三冊、塙書房、一九八五)に詳しい。
(29) 蘇我馬子が葛城県を要求したことについては、日野昭「武内宿禰とその後裔」(『平安学園研究論集』三、一九五九、のち『日本古代氏族伝承の研究』所収、永田文昌堂、一九七一)が、蘇我氏の僭越性を強調するための造作の可能性を指摘する。一方、加藤謙吉『蘇我氏と大和王権』(吉川弘文館古代史研究選書、一九八三)は、葛城地方を蘇我氏の故地とする根拠はあったとする。
(30) 和田行弘「大嘗祭に関する一試論」(『日本書紀研究』第十一冊、塙書房、一九七九)は、欠史八代に見える大和国の県主の子女と天皇の婚姻伝承を、大嘗祭に奉仕する県主の存在に着目し、その奉仕から生み出された聖婚伝承であるとしている。傾聴すべきであろうが、『古事記』開化天皇段に見える竹野比売や、応仁紀に見える兄媛らが後宮に入っている理由を説明することができない。和田氏のいわれるように、大嘗祭への県主の奉仕と聖婚伝承は認めるべきであろうが、まったくの伝承ではなく、婚姻の事実を反映したものと考えたい。
(31) 塚本明美「奈良時代の采女制度に関する一試論」(『古代史の研究』創刊号、一九七八)は、壬申乱以後に地方豪族の子女が後宮に入ることがなくなったとする。

（32）『三国志』魏書東夷伝倭人条に列記する倭国内の国々は、三世紀のわが国の状態から考えて、井上光貞氏が述べられるように（前掲注1）、クニに統合される以前の県であったと考えるべきであろう。ただし、県の分布から考えて、邪馬台国の所在地をあえて九州に限定することはできないだろう。

（33）県からクニへの移行は、ある時期一斉に行われたのではないだろう。大和王権の介入が早かった地域では、県がクニに移行する速度も速かったと思われる。したがって、県とクニはある時期併存していたと考えるべきであろう。

第二節　国造制と国造

はじめに

大化改新以後の律令制度の整備によって、全国に国司が派遣されるまで、地方の統治は国造に委ねられていた。常陸国風土記に見られる建郡伝承は、それまで常陸地方を支配していた国造たちが、中央政府から派遣された太宰の指導の下に、郡が設けられていく様子が具体的に語られている。(1)

一般的に、国司による地方支配の前段階として、国造による支配が存在したことは、大方の認めるところである。そして、そのような国造たちによる地方支配を国造制と呼んでいる。それでは、このような国造制はいつ頃成立したのであろうか。これについても、一般的に六世紀に成立したものといわれている。(2)それでは、国造制が成立する以前に国造は存在しなかったのであろうか。

私たちは、古代国家を論じる際に、「律令制」という用語を頻繁に使用する。古代国家が律令法典を完備し、それに基づいて国家のあり方が規定されている状態をそのように呼称するのである。もちろん、律令制度がすべての国土において、完全にすべての分野を規定していたとはいいがたい側面もある。しかし、おおむね律令法典によって規定されている状態を、このように呼称することは大方の認めるところであろう。

それならば、「国造制」とは、いかなる状態に至った時、それが成立したといえるのであろうか。吉田晶氏は、吉備地方における豪族層の階層分化から、当地の国造制が成立したとされた。(3) 極めて説得力のある説であり、国造制成立に際しての在地の要因を的確に指摘しておられる。

しかし、国造制が大和政権における地方支配の構造的制度であるとするならば、成立の要因は、地方ではなく大和政権側に求めなくてはならないのではないだろうか。これまで、一般的に六世紀に国造制が成立したといわれてきてはいるが、六世紀初頭に至って、どのような状態になったというのであろうか。

また、国造制が仮に六世紀に成立したとするならば、国造制成立以前には国造は存在しなかったのであろうか。私は、六世紀以前に国造は存在していたと確信している。そうであるならば、国造制とは一体何なのであろうかという問題が生じるだろう。本節では国造制と国造を別個のものと考えて考察を進めることにしたい。

本節は、このような問題意識の下に、国造の存在形態を分析し、大和政権と国造とのかかわりを論じたい。そして、国造制の成立の要件とは何かを提起したい。そのことによって、国造制の成立時期を模索してみたい。

1　国造と国造の任命

私たちは、中世末期に存在した地方権力者を、一括して戦国大名と呼んでいる。しかし、戦国大名と一括されるものの、個々の戦国大名は、その統治機構・家臣団構成・成立事情等において、それぞれに異なりのあったことは誰もが認めるところである。当然のことながら、国造と一括される古代の地方支配者も、その成立事情にはそれぞれの相違が存在したはずである。そのような成立事情をうかがわせてくれるのが、『先代旧事本紀』所収の

「国造本紀」である。

「国造本紀」には、全国一三五の国造が列記されている。しかし、その中には奈良時代に設置された和泉国・摂津国・出羽国・丹後国・美作国の国造等が見られる。[4]和泉国・出羽国・丹後国にいたっては、それを「国造」とは表記せずに、「国司」と表している写本さえある。これらは、律令制地方支配において、律令国司制度を補完するものとして律令国造が不可欠なものであると認識されていたことを示すものであろう。[5]したがって、これら五国造と任命時期が明らかではない武蔵国胸刺国造・種子島多褹（国造）を除くと、大化前代からの系譜を引く国造は、全国に一二八存在したことになるだろう。[6]

もちろん、この一二八という数字は、「国造本紀」作成時点における数量であり、それ以前に淘汰され、史料に残ることのなかった国造も存在していたはずである。[7]しかし、その淘汰された国造の数を正確に知ることはできない。現時点では大化前代において、日本全国は一二八前後の地方豪族によって支配され、それぞれが大和政権を盟主としていたと理解しておきたい。

「国造本紀」は、武蔵国胸刺国造・種子島多褹（国造）以外の一二八の国造について、その任命時期を明記している。神武朝に九国造、開化朝に一国造、崇神朝に十一国造、垂仁朝に二国造、景行朝に八国造、成務朝に六十三国造、仲哀朝に一国造、神功皇后時代に二国造、応神朝に二十国造、仁徳朝に五国造、反正朝に一国造、允恭朝に一国造、雄略朝に三国造、継体朝に一国造が、それぞれ任命されたと記されている。

もちろん、記紀紀年をそのまま信じるわけにはいかないが、一般的に国造制が全国に敷かれたとされる継体朝以前に、全ての国造の任命が終わっていることになっている。特に成務朝に約半数に上る国造の任命がなされている。これは、『日本書紀』成務天皇五年九月条に「令諸国、以国郡立造長」とある記事に迎合したものと思われる。しかし、もしそのように考えるならば、全ての国造が成務朝に任命されたと記してもよかったはずである。それにもかかわらず、約半数の国造が成務朝以外の時代に任命されたと記されているのである。

ともあれ、六十三の国造は成務朝にほぼ一斉に任命されたことになっている。これはある意味事実なのかもしれない。しかし、むしろ、その任命時期が不詳であったために、『日本書紀』成務天皇五年九月条に迎合した可能性が高いと思われる。任命時期が不詳であるからこそ、それらを成務朝に任命されたと記しても、反論が出なかったのではないだろうかと思われる。

逆説的にいえば、成務朝以外の時期に任命されたと伝えられる約半数の国造たちは、成務朝に任命されたとするには、都合の悪い何らかの事情があったものと思われる。おそらく国造本紀が成立する以前と思われる大宝二年（七〇二）に、律令政府は諸国国造の氏を定め、国造記を求めている。そのことによって、各国造家がもっていた国造任命時期に抵触しないように計らったものと思われる。(8) しかし、記紀の継体朝以前の記述は多分に伝説的な内容である。したがって、成務朝以外の各天皇の時代に任命されたと記したところで、どれほどの意味があったであろうか。

このように考えると、一般的に多くの国造が任命されたとされる成務朝よりも、古いか新しいかという程度の問題を示しているものと思われる。すなわち、神武朝に国造に任命されたとする紀伊国造は、成務朝に任命されたという熊野国造よりも、比較的早くに任命されたという認識を示しているものと思われる。逆に継体朝に任命されたとする伊吉嶋（国）造は、一般的に多くの国造が任命された時代よりもかなり後に任命されたという認識を示しているものと思われる。

以上見てきたように、古代国造の一覧表ともいうべき「国造本紀」を見ても、それぞれの国造の任命時期には、それぞれに異なりがあるのである。ただ、記紀で比較的信憑性があるとされる雄略天皇紀の二年二月六日条に「倭国造吾子籠」が、七年八月条に「国造吉備臣山」が見えることから、これら国造の任命は、現在一般的に国造制が成立したとされる六世紀初頭以前になされたものと考えてよいだろう。すなわち、通説的に国造制が成立したといわれるよりも以前に、国造はそれぞれ時期を異にして任命されていたのである。

2　大和政権と国造

「国造本紀」にその任命時期が明記されている国造は、継体朝の伊吉嶋（国）造以外の全てが、雄略朝までに任命を完了している。その意味で、雄略天皇に比定される倭王武の国書の内容は正鵠を得ているかもしれない。また、熊本県江田船山古墳出土の鉄剣にも、埼玉県稲荷山古墳出土の鉄剣にも、ともに雄略天皇の和風諱号である「幼武」と読める象嵌銘を見ることができる。[9] まさしく雄略天皇の時代がわが国の地方支配の完了を遂げた時代であったと、後代理解されていたことがわかるのである。

もちろん、それは後代の認識であり、歴史事実として雄略朝に統一が完了したというものではないだろう。また、雄略朝までに畿内政権の版図に入った地域であっても、その支配とは、大和政権の意を戴した支配が行われるようになったということであり、後の律令国家のような中央集権国家ではなかったであろう。

各地の国造は、その施政権を保障されて、大和政権に参加したものと思われる。それでは国造たちが大和政権に参加する過程とはどのようなものだったのだろうか。以下、このことについて考えてみたい。「国造本紀」は、全国各地に割拠した在地土豪たちの一覧表ということができるだろう。その記述は、いたって簡潔である。たとえば、尾張国造の場合は次のように記されている。

尾張国造

志賀高穴穂朝、以天別天火明命十世孫小止與命定賜国造

これによると、尾張国造は「志賀高穴穂朝」すなわち成務天皇の時代に、「天別天火明命」という神から数えて十代目の子孫である「小止與命」を国造に任命したと記しているのである。ここでは尾張国造の任命時期と、任命された初代国造の名前と、その系譜の三点だけが記されているのである。この記載方針は、他のほとんどの国造にも当てはまることである。

この尾張国造は、尾張連氏である。尾張連氏の系譜については、『新撰姓氏録』山城国神別によると、「火明命之男天賀吾山命之後也」として、第二世「天賀吾山命」の名を明らかにしつつ、ほぼ同じ出自を語っている。この「天火明命」という神は、『先代旧事本紀』の天孫本紀によると、物部連氏の祖先神を「天照国照彦天火明櫛玉饒速日尊」と記しており、「火明」の語を有していることから、尾張連氏と物部連氏が同じ祖先神を共有していることがわかる。

しかし『新撰姓氏録』が、物部連氏の同族の祖先神を語るときは、必ず「饒速日命」と表記し、「天火明命」と表記するものは皆無である。その一方で、尾張連氏の同族の祖先神を語るときは、必ず「天火明命」と表記し、「饒速日命」と表記するものは皆無である。すなわち、物部連氏の祖先神は「饒速日命」であり、尾張連氏の祖先神は「天火明命」であり、本来この二柱の神は、それぞれ別の氏族の祖先神として存在しており、ある時期にこれら二柱の同一化が計られたものと思われるのである。物部連氏と尾張連氏の同族系譜を成立させるべく、各氏族の祖先神を一体化した結果が、天孫本紀に記す「天照国照彦天火明櫛玉饒速日尊」という祖先神の名称なのである。

それでは、何ゆえ尾張連氏と物部連氏が、それぞれの祖先神を一本化する必要に迫られたのであろうか。それ

は、尾張国の地方氏族である尾張連氏が、中央氏族である物部連氏を窓口にして、大和政権と交渉を有するに至ったことを雄弁に物語っているものと思われる。換言すれば、尾張国の地方豪族である尾張連氏が、大和政権の派遣した物部連氏に屈服して、大和政権の版図に組み入れられたことを示しているものと考えることができるだろう。(10)

一方『日本書紀』によると、神武東征神話において、熊野を迂回した際に天皇を助けた在地の神として「熊野之高倉下」が見える。これは明らかに熊野地方の豪族、すなわち熊野国造の祖先神を指しているものと思われる。この「熊野之高倉下」については、『先代旧事本紀』天孫本紀に、「天照国照彦天火明櫛玉饒速日尊」の御子神として「天香語山命」が記されており、その別名が「高倉下命」であることから、これと同一であろう。また、『新撰姓氏録』山城国神別に記す尾張連氏の氏族系譜に見える「天賀吾山命」とも一致するものであろう。すなわち、熊野国造は尾張連氏と同族系譜を形成していたのである。

ところが、『先代旧事本紀』国造本紀によると、熊野国造の氏族系譜は、「饒速日命五世孫大阿斗足尼定賜国造」とある。ここに見える「大阿斗足尼」とはいかなる人物であろうか。「大」は美称であり、「足尼」は金石文の用例から「宿禰」という姓を表わしているものと考えれば、物部連氏の一流である阿刀宿禰という氏族名を示しているものと思われる。すなわち、熊野国造は大和政権が派遣した阿刀宿禰氏によって、大和政権の版図に組み入れられたことを物語っているのである。(11)

熊野高倉下と阿刀宿禰の関係を整理するならば、まず熊野国造は尾張連氏の影響下に置かれたものと思われる。その時点で、熊野高倉下＝天香語山命という神統譜を成立させたのであろう。その後に、熊野国造は大和政権が派遣した阿刀宿禰氏によって、大和政権の版図に組み入れられたのである。すなわち、尾張連氏が大和政権の版図に組み入れられるよりも、かなり複雑な事情が認められるのである。

ところで、尾張連氏が物部連氏本流を窓口にして、大和政権と交渉を持ったのに対して、熊野国造は物部連氏の一流である阿刀宿禰氏を窓口としている。このことから、尾張連氏の服属と、熊野国造の服属の時期は異なるものと思われる。また、阿刀宿禰氏は天武朝の八色姓による改姓によって、阿刀連氏が宿禰を賜うことになる。このことから、国造本紀に記す熊野国造の氏族系譜は、天武朝以後のかなり後代のものではないかと思われる。[12]

また『日本書紀』によると、神武東征神話において、紀伊国雄水門に上陸した神武天皇は、「名草邑」において「名草戸畔」を誅滅している。「名草戸畔」については、名草郡の女性酋長であるとする説がある。しかし、「戸畔」は必ずしも女性を指す語ではないことから、紀伊国造次第に記す第五代国造の大名草比古であると考えるべきであろう。

このように考えると、名草戸畔誅滅の伝承は、紀伊国造の大和政権への服属を示すものであると考えられるだろう。[13] すなわち、紀伊国造は神武天皇に仮託される大和政権の大王による親征によって大和政権の版図に組み入れられたのである。国造本紀が、紀伊国造の任命時期を神武朝とすることも、この名草戸畔誅滅伝承に依拠しているものと考えることができるだろう。また、大和盆地と紀ノ川河口の距離的な近さを考慮するならば、大和政権大王の親征の可能性は充分にありうることであろう。

以上、尾張国造・熊野国造・紀伊国造が、大和政権の版図に組み入れられる過程を、伝承史料に基づいて考察してきた。それぞれが、それぞれの異なった時期に、それぞれの異なった状況を有して、大和政権の版図に組み入れられているのである。このような事情は、全国に基盤を有する百を越える国造の数だけ存在していたことを、私たちは充分に理解しておかなくてはならないだろう。また、大和政権の版図に組み入れられたとはいえ、各国造と大和政権との関係はそれぞれに異なり、決して画一的ではなかったことも留意しておかなくてはならないだろう。

ところで、このように個別に国造に任命され、大和政権の傘下に入ったであろうが、国造に任命される以前のその地の支配者は、どのように存在していたのであろうか。国造国の首長として、大和政権から国造に任命されたが故に、その地域の国造たりえたのであろうか。それとも、その地域の首長たるが故に国造に任命されたのであろうか。このことについて、国造ではなく県主に関する伝承で、興味深い状況を看取することが出来る。

『日本書紀』景行天皇の征西伝承、仲哀天皇の熊襲征伐伝承、神功皇后の朝鮮半島遠征伝承などに、西日本の県が多数見られる。その中で興味深いのは、それら天皇が軍事行動としてめぐる県の内、天皇に恭順の態度を示す県の首長は、県主として記されているのである。たとえば、景行天皇十八年七月七日条によると、「時水沼縣主猿大海奏言、有女神、名曰八女津媛」とあり、水沼県に到着した際、八女津媛という神が託宣を下して、水沼県主が天皇を導いている。これに対して、同じく景行天皇十八年六月三日条によると、「自高来縣渡玉杵名邑、時殺其処之土蜘蛛津頬」とあり、高来県に至った天皇は、その地の族長である津頬という土蜘蛛を退治している。このような傾向は、仲哀天皇の熊襲征伐伝承でも、神功皇后の朝鮮遠征伝承でも同様に看取することが出来る。

すなわちこれらの天皇は、県という地域に到着するが、その地域の勢力が天皇に友好的、すなわち恭順の行動を示した場合に限り、その族長は県主と称されているのである。これに対して、その県の族長が天皇の抵抗勢力である場合は、「土蜘蛛」と呼称されているのである。

ただ、抵抗勢力の県の族長が、自らを「土蜘蛛」と蔑んで自称したであろうか。おそらく、恭順の行動を示した県の族長も、抵抗の行動を示した県の族長も、自らは県の首長として誇らしげに県主を名乗ったであろう。しかし、天皇に恭順する県の首長は県主と記され、抵抗する県の首長は「土蜘蛛」として貶められたのである。すなわち、『日本書紀』は天皇の側の視点に立った極めて政治的な記述がなされていることを留意しなくてはならないだろう。

当然のことながら、同様のことが国造の任命にもいえたであろう。磐石の基盤を築いた地方首長である国造がまず存在し、その首長が大和政権の傘下に入ったとき、国造に任命されたとするのであろう。したがって、大和政権の任命の有無にかかわらず、地方首長としての国造は、それ以前から厳然と存在していたと見ることができるだろう。

このような地方首長を国造に任命した例として、『日本書紀』安閑天皇元年閏十二月是月条に収める武蔵国造の同族内抗争を指摘することができるだろう。国造たらんとして、笠原直使主と同族小杵の抗争が次のように記されている。

武蔵国造笠原直使主与同族小杵、相争国造、使主・小杵皆名也、経多年難決也、小杵性阻有逆、心高無順、密就求援於上毛野君小熊、而謀殺使、使主覚之走出、詣京言状、朝廷臨断、以使主為国造、而誅⊠憙交懐、不能黙已、謹為国家、奉置横渟・橘花・多氷・倉樔、四処屯倉、

すなわち武蔵国造の地位を巡って、笠原直使主と同族の小杵が多年にわたって抗争していた。小杵は近隣の上毛野君小熊を与党として、使主を討とうとしたところ、そのことを察知した使主は、急遽朝廷に事の次第を訴え出た。朝廷は使主を国造として、小杵を誅殺した。その後、使主はこの裁定に感謝して、四箇所の屯倉を献上した。

大川原竜一氏は、この記述をもってこの時点まで武蔵国造は存在しておらず、使主の国造任命をもって、初めて武蔵国造が誕生したとされる[14]。しかし、使主と小杵は、国造の地位を巡って抗争したのである。しかも、使主は大和政権に裁定を求めたのである。このことは、安閑元年に至るまでのきわめて長い期間、武蔵国造が大和政

権を盟主とする緩やかな上下関係を育み続けていたことを、何よりも雄弁に語るものであろう。(15)

武蔵国造は、国造本紀によると「无邪志国造」と表記され、成務天皇の時代に任命されたと記されている。これを事実と認定することはできないにしろ、伝承に語られた時代から大和政権を盟主とする緩やかな上下関係に基づく国造制に組み入れられていたものと考えるべきだろう。ただ、この安閑朝の抗争に対しては、大和政権がかなり高圧的に対処していることが窺える。その意味で、それまでの国造制が明確な上下関係を伴う国造制へと変質していったことは認められるだろう。

3　在地首長から国造へ

国造は、地方に磐石の基盤を築いて存在していた。その後、それぞれの国造が個別に大和政権の傘下に入ることによって、大和政権から国造として認定された。さらにその後、全国に分布した国造に一定の要件が付加されて、国造制が成立したという経過を想定することが出来るだろう。それでは、このような段階を古代史の流れの中にどのように位置づけることが出来るのであろうか。

『日本書紀』を詳細に見ると、宝鏡開始段に天穂日命と天津彦命という神が所出するが、それぞれ武蔵国造の祖・茨城国造の祖と表記されている。神武天皇東征段庚寅条に菟狭津彦・菟狭津媛が見えるが菟狭国造の祖と表記している。また、孝元天皇紀七年二月二日条に見える大彦命は、筑紫国造・越国造の祖であるとしている。これらの神々は国造の祖先であり、国造そのものとは記されていないのである。すなわち、孝元天皇の時代には、いまだにその地域には国造が任命されてはいないという『日本書紀』編纂者の常識を反映していると見ることが出来るだろう。

このような表記は、履中天皇紀六年二月一日条の讃岐国造の始祖伝承を最後に見えなくなる。そして、允恭天皇紀二年二月十四日条の闘鶏国造の記事は、祖という表記を伴わない国造そのものとして記されている。そして、それ以後『日本書紀』には「祖」を伴う国造の表記はまったくなくなることになる。このことから、允恭天皇の時代を前後する頃には、諸国に国造が任命されていたという常識が、『日本書紀』編纂者の意識の中に存在していたものと思われる。

ただ、允恭天皇の時代に一斉に国造が任命されたものではないだろう。神武天皇紀二年二月条に大倭国造・葛城国造の任命記事がみられる。多分に伝承的な記事ではあるが、大和政権膝下の地域では、他の地方に比べて国造の任命が早かったのであろう。先に推定したように、大和政権の傘下に入った地域にそのつど国造が任命されていったものと思われる。そして、允恭天皇の時代までに大和政権の勢力圏内にほぼ国造が任命されたものと見てよいだろう。

このように考えると、『宋書』に収める雄略天皇になぞらえられる倭王武が、宋の昇明二年に順帝に捧呈した国書の内容が、まさしく信憑性を有してくるであろう。その国書には次のように記されている。

封國偏遠、作藩于外、自昔祖禰、躬擐甲冑、跋渉山川、不遑寧處。東征毛人五十國、西服衆夷六十六國、渡平海北九十五國、

これによると、雄略天皇に比定される倭王武は、その先祖の業績を讃えて、東日本の五十カ国と西日本の六十六カ国を、自ら親征して伐り従えたと述べている。「渡平海北九十五国」は、朝鮮半島南部の任那諸国を指しているものと思われる。朝鮮半島における実効支配には大きな疑問も感じられることから、この国書の内容は極めて大きな誇張が含まれていると思われる。(16) しかし、日本国内の合計一一六か国については、征服が完了したかのような誇張はあったとしても、その数量はほぼ国内の統一されるべきものを含めた地方勢力の数を示しているものと

考えてよいだろう。すると、倭王武の時代の日本国内には、伐り従えた国とこれから伐り従えなくてはならない国が合計一一六か国存在していたと理解することができるだろう。

最も一一六か国の積算根拠となった「東征毛人五十國」と、「西服衆夷六十六國」という記述も、一方が五十という端数のない数字で、一方が六十六という同じ数字を重ねていることから、かなり造作されているとも思われる。[17] しかし、総じて一一六か国程度という程度に理解することはできるだろう。

ここで問題にしたいのは、倭王武が日本国内の勢力の数として認識した一一六程度の数量と、継体朝以前にわが国に存在したと伝えられる国造の数一二八が、それほど隔たりのない近似した数量であるということである。すなわち、倭王武が国書に記した伐り従えた国とは、まさしく全国に割拠する地方豪族の支配する地域の数であり、後の国造制における旧国造国であったと考えて大過ないであろう。

諸国に磐石な基盤を有して存在した在地の首長たちは、雄略天皇の時代までにそのほとんどが大和政権の傘下に入り国造へと任命されたものと思われる。その意味で、国造制は雄略天皇の治世までに成立したということが可能であろう。すなわち、国造とは大和政権を構成する地域首長であり、日本国内に百二十を数えるそのような在地土豪の大半が、大和政権に組み入れられ、大和政権を盟主とする統治体制が形作られたとき、国造制が完成したということができるであろう。その意味で、ほとんどの国造が雄略朝までに任命されたとする「国造本紀」の記述内容は正鵠を得ていると判断できるだろう。

4　国造制の変質

『古事記』によると、孝元天皇の時代にその皇子である比古布都押之信命の妃として、紀伊国造宇豆比古の妹の山下影日売が入っている。また、神功皇后伝承では、紀伊国造豊耳が天皇の軍隊の案内役を務めている。すなわち、紀伊国造は神話伝承の時代から畿内政権に奉仕していたのである。しかし、後代天皇の後宮には中央豪族の子女が入ることが一般的であるにもかかわらず、紀伊国の在地豪族の子女が入っているのである。また、天皇の外征軍の道案内を紀伊国の在地豪族が行っているのである。

これらを見ると、天皇への奉仕であるとはいえ、かなり上下関係のないきわめて友好的な関係であったように思われる。[18] それはあたかも、全国統一を果たした豊臣政権下において、領国を安堵された各大名が、豊臣政権への忠誠を誓った上で、それぞれが領国を独自に経営した姿に通じるものがあるだろう。[19]

緩やかな上下関係を有する大和政権と諸国の国造たちのこのような関係も、やがて大きく変質することになる。『日本書紀』を見ると、先に指摘した允恭天皇紀二年二月十四日是日条によると、その皇后の立后以前に無礼を働いた闘鶏国造が、罪を受けて姓を稲置に貶められている。

また、允恭天皇紀十一年三月条によると、天皇は衣通郎姫のために諸国の国造に命じて藤原部を定めている。さらに、雄略天皇紀二年十月六日条によると、大倭国造吾子籠宿禰が宍人部を献上したところ、その他の国造が続いて次々と献上したことが記されている。ここには、罪を問う天皇と罪に服する国造、経済的基盤を搾取する天皇と搾取される国造、部民の献上を受ける天皇と献上する国造という、明らかな上下関係を看取することができるのである。

かつて友好的な同盟関係にあった大和政権と諸国の国造たちの関係は、このように徐々にではあるが明らかな上下関係を構築していったのである。これらは臨時的ないしは突発的な事件によるものであろう。しかし、やがてそれが恒常的な関係になり、当初緩やかな同盟関係であった国造制は、大きく変質したものと思われる。私はその変質の大きな要因こそが、全国的に屯倉が設置されたことであると考える。

屯倉は天皇の直轄領であり、初期には畿内とその周辺に設置されることが多かったが、徐々に地方へと波及していった。中でも、地方豪族がその過失の贖罪のために、屯倉を献上する例が見られる。[20] この場合、過失を責める天皇と贖罪を申告する地方豪族との間に、明らかな上下関係が認められる。そこで贖罪のために、国造が屯倉を献上した例の代表的なものとして、以下に糟屋屯倉の成立状況を見てみよう。

継体天皇二十一年六月、近江毛野臣は対新羅作戦のため、六万の兵を率いて出征した。しかし、新羅と内通した筑紫国造磐井が軍勢を催して、近江毛野臣の進軍を妨げた。磐井の軍勢に進軍を諦めた近江毛野臣は、その場に滞留した。天皇は改めて二十二年十一月に物部大連麁鹿火を遣わして磐井を惨殺した。十二月には磐井の息子の葛子が父に連座することを恐れて、贖罪のために糟屋屯倉を献上した。[21]

磐井の叛乱平定から一年後の継体天皇二十三年三月条によると、実際に近江毛野臣が任那に派遣されている。しかし、同年四月是月条によると、新羅の上臣が率いてきた三千の軍勢と対峙していること[22]から見て、彼の率いた軍勢は、磐井の叛乱に際して率いた六万というほどの軍勢ではなかったと思われる。また、磐井の叛乱後の半島派遣の状況は、かなり詳しく記されているが、新羅に対して磐井との内通に関する問責が一切触れられていない。

これらのことから、当初近江毛野臣が率いた六万の軍勢は、本当に対新羅遠征作戦の軍勢だったのであろうかという疑問が生じざるを得ない。むしろ、近江毛野がその後に任那に派遣されたことをもって、その兵力が対新羅作戦軍であったかのように説明されたのではないだろうか。それでは、当初彼が率いた六万の軍勢は何を目的とした兵力だったのだろうか。

ところで、近江毛野臣が天皇の使いであることを知った磐井は、「今為使者、昔為吾伴、摩肩触肘、共器同食、安得率爾為使、俾余自伏儞前」と吐露している。すなわち、磐井と近江毛野臣は旧知であり、ともに起居した経験があったのである。地方豪族が天皇に仕えた例は、稲荷山古墳出土の鉄剣銘からも知られることであり、磐井もまた、継体天皇の下で近江毛野臣と共に宮仕えしたことがあったものと思われる。すなわち、筑紫国造磐井は、その時点で天皇に奉仕する立場にあったと思われるのである。それにもかかわらず、磐井は六万の軍勢に反旗を翻したのである。

私は、磐井の息子の葛子が、叛乱後連座を恐れて糟屋屯倉を献上していることから見て、近江毛野臣が率いた六万の軍隊は、糟屋屯倉接収を目的とした兵力であったのではないかと考える。磐井にとっては、自分の経済基盤を犯さない程度の奉仕ならば、許容できたのであろう。しかし、屯倉の設置は自らの支配領域を侵されることであり、許しがたい事態であったと思われる。

なお、磐井については、『古事記』や『筑後国風土記』逸文に、「磐井国造」とはせずに、「竺紫君石井」としていることから、本来国造ではなく、その子の葛子が糟屋屯倉を献上したことによって、初めて彼が筑紫国造に任命されたとする見解もある(23)。しかし、先に県主の例で指摘したように、大和政権に敵対行為を行う在地首長を、大和政権がオーソライズドした名称で呼ばないのは、むしろ当然のことであり、『日本書紀』がそれにも関わらず、彼を国造と表記していることにこそ注目すべきであろう。また、彼はかつて近江毛野臣とともに大和政権の宮廷で奉仕していたことが窺われる。彼が国造制成立当初の緩やかな上下関係に基づく国造としての奉仕を行っていたことは疑いようがないだろう。

磐井の叛乱は、地方豪族に国造として、天皇への絶対的な奉仕を、屯倉の献上という形で要求されたことへの反抗であったといえるであろう。その後、安閑~欽明朝にかけて全国に大量の屯倉が設置されることになる。しかし、その設置のために派遣されたのは、軍隊ではなく、欽明天皇十七年十月条に見えるように、蘇我稲目たちのような経済官僚たちであった。屯倉の設置を拒めば、筑紫国造磐井のように軍事的に抹殺されることから、地方豪族たちは、自らの支配領域に屯倉の設置を認めざるを得なかったのであろう。すなわち、地方豪族（国造）の支配領域に屯倉が設置され、国造が経済的に天皇に奉仕する体制が整った時、それまでの国造制は大きく変質したといえるであろう。

もちろん、全国の国造の支配領域にすべて屯倉が設置されたわけではない。ただ、屯倉の設置を拒んだ磐井さえもが、天皇の宮殿に奉仕していたのである。この時点で、国造の天皇への奉仕は、すでに浸透していたと見るべきであろう。そして、そのことを軍事的にも拒否することが不可能であることを、磐井の叛乱は全国の国造に知らしめたのである。その意味で、磐井の叛乱は、それまでの緩やかな上下関係に基づく国造制が、より明確な上下関係による国造制の変質を確認するための、象徴的な出来事であったといえるであろう。

おわりに

本節では、まず国造本紀の記述を基に、全国各地の国造の任命時期にかなりの相違のあることを指摘した。このことは、国造制が近代の府県制のように、ある時期一斉に施行されたものではないことを示唆しているだろう。(24)そして、尾張国造・熊野国造・紀伊国造・武蔵国造の国造任命時期とその過程を、史料に即して検討した。その結果それぞれの国造がやはり異なった時期に国造制に組み入れられていったことを確認した。

次に、在地首長が国造制に組み入れられる過程を見た。その結果、雄略天皇の時代までにほぼ全国の在地首長が大和政権を盟主とする国造制に組みいれられたものと考えた。そして、それは、雄略天皇に比定される倭王武が、宋の順帝に捧呈した国書の中に見える日本列島内で征服した国の数にほぼ相当することを指摘した。ただし、それは大和政権を盟主とする緩やかな上下関係からなる同盟関係であることを提唱した。

さらに、允恭朝頃からその緩やかな上下関係が変化しだし、より明確な上下関係を醸成するようになり、継体・欽明朝に至って、国造支配領域から恒常的な経済的搾取を目的とする屯倉を設置することによって、明らかな上下関係を形成するに至ったと考えた。確かに雄略朝までに国造の任命を完了し、国造制は完成したであろうが、それよりも以前の允恭朝にはすでにより明確な上下関係を構築する動きが芽生えていたのである。それは、国造制が法律制度に基づく明確な制度ではなく、慣習に基づく制度であったためであろう。

近年、屯倉制の成立と国造制を関連付けて論じる研究が見られる。(25) 従来のように、六世紀初頭に国造制が成立したとする概念を墨守するだけの研究ではなく、国造制の完成段階を屯倉制の成立段階に求めようとすることは、制度成立の要因を明らかにしようとしたものとして、高く評価されるべきであろう。しかし、本節で述べてきたとおり、国造制はそれ以前に成立しており、屯倉制の成立はその国造制を大きく変質させる要因であると考えるべきではないだろうか。

注

（1） 常陸国の建郡の過程については、中西正和「古代総領制の再検討」（『日本書紀研究』第十三冊、塙書房、一九八五）に詳しい。

（2） 井上光貞「国造制の成立」（『史学雑誌』六十編十一号、一九五一）は、国造制の成立を七世紀初頭とするが、篠川賢「国造制の成立過程」（『日本古代国造制の研究』、吉川弘文館、一九九六）は、「国造制の成立時期は、磐井の乱を画期とした乱後の六世紀中葉にもとめることが最も妥当であることは、改めて述べるまでもあるまい」とする。後述するが、屯倉制の成立と関連付けて六世紀にその成立を求める説が最近では多い。

（3）吉田晶「吉備地方における国造制の成立」（『日本古代国家成立史論』、東京大学出版会、一九七三）参照。
（4）和泉国は霊亀二年和泉監が設置され、天平十二年（七四〇）河内国に合併され、天平宝字元年（七五七）に和泉国が設置された。摂津国は延暦十二年（七九三）摂津職を廃して摂津国が設置された。出羽国は和銅五年（七一二）に設置され、丹後国・美作国はともに和銅六年に設置された。
（5）このことについては拙稿「奈良時代の国造」（『日本歴史』七五七、二〇一一）を参照されたい。
（6）「武蔵国胸刺国造」については、「无邪志国造」と重複している可能性が考えられる。
（7）『日本書紀』允恭天皇二年二月十四日条によると、闘鶏国造が立后以前の忍坂大中姫への無礼を責められて、国造を貶められ、姓を稲置とされたとの記述がある。このように淘汰された国造の一例と見ることができるだろう。
（8）大宝二年の国造記提出の意義については、拙稿（前掲注5）を参照されたい。
（9）稲荷山鉄剣の象嵌銘の翻刻とその意義については、有坂隆道「埼玉稲荷山古墳出土鉄剣銘試論」（『古代史の研究』創刊号、一九七八）による。
（10）拙稿「熊野国造の源流」（『和歌山地方史研究』三十六、一九九九、のち『古代熊野の史的研究』、塙書房、二〇〇四）参照。
（11）拙稿（前掲注10）参照。
（12）「国造本紀」の成立時期については、坂本太郎『大化改新の研究』（至文堂、一九三八）が、平安時代初期ないしは中期に物部氏系の人物によってまとめられたものとする。
（13）拙稿「名草戸畔と紀伊国造」（『和歌山地方史研究』五十七、二〇〇九）参照。
（14）大川原竜一「国造制の成立とその歴史的背景」（『駿台史学』一三七、二〇〇九）参照。

(15) このように理解しなければ、笠原直使主が大和政権に訴える根拠がなくなるだろう。また、大和政権は笠原直氏の在地におけるこのような内紛に介入することによって、その権力を地方に浸透させていったものと思われる。

(16) 大山誠一「所謂『任那日本府』の成立について」(『日本古代の外交と地方行政』、吉川弘文館、一九九九)は、日本の植民地としての任那日本府の存在を明確に否定している。これによるならば、「渡平海北九十五国」を誇張としなくてはならないだろう。

(17) 倭王武の国書が、東アジアにおける高句麗との覇権を競うものであることから、造作は当然認められるべきであろう。しかし、宋王朝の冊封を求めた国書である以上、一一六国という数値は、それほど破天荒なものと見る必要はないだろう。

(18) 拙稿「大和政権と紀伊国造」(『和歌山地方史研究』六十一、二〇一一)において、五世紀中頃までの紀氏集団は、大和政権を構成する主要な氏族集団であることを述べている。

(19) 三鬼清一郎「太閤検地と朝鮮出兵」(『岩波講座日本歴史』9、岩波書店、一九七五)は、「秀吉を頂点とするヒエラルキーに組み込まれることによって、領主階級の一員としての地位が保たれるのであるが、彼等は知行権の根幹とも言うべき所務・検断の機能を保有しており、一定の制約下にあったとはいえ、自己の判断によって農民支配を行っていた」と論じている。

(20) 田中興吉「発生期のミヤケと王権」(『日本歴史』七五九、二〇一一)は、贖罪として献上される屯倉以前に、初期の屯倉の存在したことを考察している。

(21) 伊藤循「筑紫と武蔵の反乱」(『継体・欽明朝と仏教伝来』、吉川弘文館、一九九九)は、この屯倉の献上をもって筑紫君は国造とされたとする。しかし、国造制成立の要因を屯倉制の成立であるとする概念から導き出されたものであると思われる。

(22)『日本書紀』によると、新羅が上臣を近江毛野臣に向けて派遣した様子を、「率衆三千」と記しており、毛野の率いた軍勢はこれに見合うものであったと見られる。

(23)舘野和己「ミヤケ制と国造」(『継体・欽明朝と仏教伝来』、吉川弘文館、一九九九)

(24)明治維新後、府藩県三治・版籍奉還を経て廃藩置県に到るが、『岩倉公実記』に収める「列藩版籍奉還の処分に付具視意見を奏上する事」の第二条に、「封建の姿に郡県の意を寓すべし」とあり、中国古代の郡県制に基づく中央集権制度を目指して、急速に制度が整備されたことが分かる。その過程は松尾正人『廃藩置県』(中公新書、一九八六)に詳しい。なお、篠川賢『国造制の成立と展開』(吉川弘文館、一九八五)は、国造制が広範囲にわたって一斉に施行されたとし、まさしく廃藩置県的な発想を披瀝される。これに対して、鎌田元一「日本古代の『クニ』」(『日本の社会史』六、岩波書店、一九八八)及び狩野久「部民制・国造制」(『岩波講座日本歴史』二、岩波書店、一九九三)等の批判がある。

(25)大川原竜一「国造制の成立とその歴史的背景」(前掲注14)・舘野和己「ミヤケと国造」(前掲注23)などが、国造制成立の要因として、屯倉制の成立と機を一にすると主張している。

第三節　奈良時代の国造

はじめに

律令制度が萌芽し、国司・国宰が諸国に発遣されるまで、地方は国造の支配に委ねられていた。その地域に磐石の権力を築いた国造は、「古代の王者」と比喩された。(1) しかし、律令制度が施行されるに及んで、地方社会の支配は、国司に委ねられることになった。ここに至って、国造のあり方と存在意義は、当然のことながら大きく変化したはずである。このように律令制度の施行に伴って変質したであろう国造を、律令国造ないしは新国造と呼称することが一般的である。(2)

しかし、律令国造と呼ばれるその存在の詳細については、いまだに一致した見解があるとはいいがたいと思われる。また、最近ではそのような奈良時代の国造を、律令制度施行以前の残影であり、律令制度施行に伴って廃止されたとする説も見られる。このように、諸説が入り乱れ、いまだに定見を見ることが出来ない一因として、私は制度と現実の乖離が存在するからではないかと考える。

奈良時代は、律令制度が整備され、最も順調に機能した時代であるといわれている。律令官僚は厳密な考課制度によってその功労が斟酌されることが、制度的にも厳格にうたわれている。しかし、その一方で、特定氏族による議政官の独占や貴族層の再生産は、律令制度の高邁な精神に反して現実に行われたのである。(3) これは、制度と現実の大きな乖離によるものであろう。このような問題が、律令制度が整備され、最も順調に機能したとされる奈良時代の中央政府部内においても、厳然として認められるのである。ましてや、律令中央政府から遠くはなれた地方社会においては、その乖離の状態はさらに増幅されたものと思われる。

これまでの国造に関する多くの研究は、律令制度が規定した国造のあり方と、現実に諸史料の端々に見える国造の実態とを、同列に扱って考察してきたため、諸説が乱立するに至ったのではないかと思われる。(4)律令官人に関する制度と実態が、先述のとおり大きく乖離していることから、律令制度が求めた国造のあり方と、史料に見える現実とは、当然のことながら、大きく乖離しているものと考えるべきであろう。

このため、本節では、まず律令法典が国造をどのように規定したかを確認したい。その上で、国造の果たすべき役割を分析してみることにする。そして、国造の制度と役割を理解した上で、奈良時代の国造の実態を導き出すことにしたい。

1　律令制度下における国造

まず、律令法体系において、国造がどのように規定されているかを確認しておこう。律令においては、神祇令諸国条において次のように記されている。

凡諸国須大祓者、毎郡出刀一口・皮一張・鍬一口及雑物等、戸別麻一条、其国造出馬一疋、

これによると、大祓の神事の際に、郡ごと及び戸別の負担と並んで、国造が馬一頭を差し出すべきことが規定されている。これは、『日本書紀』天武五年八月辛亥条の「四方為大解除、用物則国別国造輸祓柱、馬一疋・布一常、以外郡司各刀一口・鹿皮一張・钁一口・刀子一口・鎌一口・矢一具・稲一束、且毎戸麻一条」とある記事の延長であると思われる。大宝律令制定以前の天武五年であるから、浄御原令施行以前である。(5)すなわち、大祓の神事に国造が馬一頭を差し出すというのは、律令法制定以前の慣習であったと思われる。その慣習的な行為が、律令法に規定されたのである。

神祇令諸国条と天武五年八月条を比較すると、前者が郡→戸別→国造となっているのに対して、後者が国造→

郡司→戸別となっている。このため、天武五年から大宝二年に至るまでに、国造の存在価値が低下したと見ることもできる。(6) しかし、明らかに律令条文に国造が規定されていることは疑う余地がないだろう。もう一点、選叙令郡司条にも国造は、次のように記されている。

凡郡司、取性識清廉堪時務者、為大領・少領、強幹聡敏工書計、為主政・主帳、其大領外従八位上、少領外従八位下叙之、其大領・少領、才用同者、先取国造、

この条文は、郡司たるべき者の資質と官位相当を規定したものである。その割注に「其大領・少領、才用同者、先取国造」と付記されている。これは、郡司任用予定者の能力が甲乙付けがたい場合は、国造たるものを任用すべきであるとしているのである。ただ、この場合の国造は、国造の職にあるものを意味するのではなく、国造であった家柄の者という意味かもしれない。

しかし、神祇令諸国条では、大祓の儀式に際して、馬一頭を献上すべき受命単位として国造がみなされている。このことから、律令法体系における国造は、明らかに受命単位、すなわち職として理解されていたと見るべきであろう。

以上の二か条から、国造という職は、明らかに律令法に規定された職であることは疑いないだろう。ここに至って、大化前代から律令法とは無縁の存在として地方に君臨した国造は、律令法典の整備によってその法体系の中に位置付けられたことがわかるのである。したがって、現時点では律令法体系に組み入れられた職としての国造を、律令国造あるいは新国造と呼ぶことは十分に可能であろう。(7)

なお、大化建郡もしくは天武朝に国造制は廃止され、その後の史料に見える国造は、現職一代限りに存在が許された「生き残り国造」だとの見方がある。(8) 制度的に廃止されたものが、なお残存しているとするならば、それ

は制度上の問題ではなく、実態の問題である。国造の実態を便宜上認めたとしても、制度上廃止したのであれば、施行当初恒久の法典たるべく編纂された律令条文から、国造の語は抹殺されなくてはならなかったはずである。このように律令条文に明記されていることから、その職は律令制度によって恒久的に認定されたものであったと理解しなくてはならないだろう。

また、出雲・紀伊二国造を特殊例とする見方が一般的である(9)。『続日本紀』を通じて、最も頻繁に史料に見えるのが、この二国造であることから、そのように理解することも、一見首肯しうるかもしれない。しかし、何ゆえ史料に頻出するかについての考察を抜きにして、頻出することのみをもって特殊例と断定してよいものであろうか。

周知のとおり、『続日本紀』は律令国家の正式記録であり、主として五位以上の高官の動向については詳細に記録されている(10)。しかし、それ以下の官人の動向については、特別な理由のない限り記録されることは稀である。地方に磐石の基盤を有する国造といえども、その位階が五位に達するものはきわめて稀である。すなわち、国造は『続日本紀』の記述方針から、記録されることのない存在なのである。

ただし、出雲国造はその就任儀礼として神賀事を奏上することになっており、その際ほとんどの場合外位とはいえ五位に達している(11)。また、紀伊国造に関する記事については、そのほとんどが、和歌浦行幸の供奉に伴う褒章記事である(12)。奈良時代の行幸が稀有なことから(13)、その際の褒賞行為が漏らすことなく記録されたのであろう。

神賀事と行幸という特殊な事情によって、史料に頻出することをもって、出雲・紀伊二国造を特殊例として例外扱いするべきではないだろう。むしろ、問題とすべきは、出雲国造が何ゆえ就任時に神賀事を奏上するのか、紀伊国に何ゆえ頻繁な行幸がなされたのかということであろう。このような特殊事情がない限り、律令制度によって全国に認定された国造は、『続日本紀』に記録されることがなかったであろう。

2　国造の存在形態

律令法に規定された国造という職は、奈良時代にどのような形態で地方に存在していたのであろうか。大化前代以来の国造は天武朝に廃止され、出雲・紀伊の二国造だけが、王権に対する地方の服属を象徴するために儀礼的に存在したとする説がある。[14]また、その職掌は多分に儀礼的なもので、国司任国の神祇を儀礼的に行うために、一国一国造が象徴的に配置されたとする説もある。[15]

奈良時代の国造は、諸国にどのように存在したのであろうか。律令制度に規定された国造の制度的な存在を念頭におきつつ、その存在実態を示す史料を基に、その存在形態を以下に考察したい。まず、私が指摘したいのは、大宝二年二月十三日条の「是日、為班大幣、馳駅追諸国国造等入京」という記事である。

これは、大宝二年（七〇二）二月十三日に、諸国の国造を入京せしめ、大幣を分け与えたという内容である。私が注目したいのは、この記事が大宝二年二月十三日であるという点である。その前年には大宝令が完成し、早くも官位令の施行されたことが確認されている。また、神祇令仲春条には、二月に祈年祭の執行されるべきことが規定されている。さらに、『令集解』神祇令天神地祇条の朱云の解釈によると、「皆依常典祭、謂在諸国社皆約此、為班給幣帛者、但神祇官之不預諸国社者不班幣帛耳」とある。これらのことから、大宝二年二月十三日に諸国の国造は、大宝令神祇令の施行に基づいて、神祇官が関知すべき諸国神社への祈年祭の幣帛を請い受けるべく入京したことは間違いないだろう。[16]

ここで注目すべきは、入京を命じられた国造は、出雲・紀伊の二国造に限定されているのではなく、「諸国国造等」となっている点である。このことから、律令制度に基づく国造とは、中央政権に対する地方の服属を象徴するために、儀礼的に存続せしめられたという出雲・紀伊二国造を指しているものでないことは明白であろう。ただ、出雲・紀伊二国造が「諸国国造等」を体現する象徴的な存在であり、「諸国国造等」＝出雲・紀伊二国造であるとする見方も可能かもしれない。

これに対して、私はこの国造入京を命じた丁度二か月後の大宝二年四月十三日条に「詔定諸国国造之氏、其名具国造記」という記事があることに注目したい。これは、全国各地の国造名簿の作成を命じた記事である。なぜこのような命令が発せられたのかについては、二月十三日条とあわせ考えれば、容易に推測はつくであろう。大宝二年二月十三日に、神祇令の趣旨に準じて、おそらくは国司を通じて諸国の全ての国造に入京を命じたのであろう。拝命した国司は、任国内の国造を引き連れるべく、入京の準備に取り掛かったはずである。しかし、制度として国造を引き連れるべきではあるが、実態として誰が国造なのかが、地域によっては確定していなかったものと思われる。おそらく、このため二月十三日の国造入京に際して、地域によってはかなり大きな混乱が生じたのであろう。それゆえ、急遽諸国の全ての国造を確定する必要が生じたための措置であると思われる。

このように考えるならば、二月十三日条の「諸国国造」を、地方の中央に対する服属を象徴するために、象徴的に出雲・紀伊二国造をさしていると考えることは決して出来ないであろう。出雲・紀伊二国造のみをさしているのであれば、四月十三日条で国造名簿を急遽作成しなくてはならないような大きな混乱は生じなかったはずである。以上のことから、出雲・紀伊二国造は、全国に存在する国造の代表例であるとはいえるだろうが、決して例外的に設けられた特殊例ではないとしなくてはならないだろう。すなわち、奈良時代の国造は、律令制度成立当初から、制度的に諸国に認定されて存在していたのである。ただし、現実には、誰がその地域の国造であるかが、地域によっては不明瞭な状態であったと思われるのである。

地域によっては、自他ともに認められる国造たるべき氏族が存在したであろう。また、その一方で多数の氏族が乱立している地域では、国造を誰に認定すべきかに苦慮したこともあっただろう。在地土豪の各地域の支配形態やその力量は、それぞれに異なりがあったことは確かであろう。しかし、大宝律令の施行によって、各地の実態を無視して一律に制度を地方に課したための混乱であろうと思われる。

おそらく、諸国には国造を称すべき有力な土豪たちが割拠していたものと思われる。それゆえに、任地に赴いた国司の権威によってその認定をすることなどできなかったのであろう。だからこそ、『貞観儀式』に見える出雲・紀伊二国造の就任儀礼のように、太政官の権威によって、その認定が行われる必要があったものと思われる。(17) ここに、奈良時代の国造が単なる儀礼的な存在ではなく、大化前代からの優れて高い政治的権威を具備した存在であったことを知ることができるのである。

このように理解するならば、国造が一国の神祇を儀礼的に執行するために、象徴的に認定されたとも考えがたいであろう。国司任国に国造を称すべき有力土豪が一氏族のみであれば、当然一国一国造になったはずである。複数存在する場合は、国司でさえも認定がままならない存在を、厳選はしたであろうが、一氏族に限定して認定することなど、とても出来なかったと思われるのである。仮に律令制度の下で、一国一国造の方針があったとしても、現実にはその地域に割拠する国造たるべき有力氏族を一つに限定することのほうが、大きな混乱を催すであろうことは、容易に推測されるであろう。この推定を補強するために、私は天平神護元年十月二十二日条の次の記事を指摘したい。

詔曰、紀伊国今年調庸、皆従原免、其名草・海部二郡者、調庸田租並免、又行宮側近高年七十以上者賜物、犯死罪以下皆赦除、但十悪及盗人不在赦限、又国司・国造・郡領及供奉人等賜爵并物有差、授守従五位上小野朝臣小贄正五位下、掾正六位上佐伯宿禰国守、散位正六位上大伴宿禰人成並従五位下、騎兵出雲大目正六

位上坂上忌寸子老外従五位下、名草郡大領正七位上紀直国栖等五人、賜爵人四級、自余五十三人各有差、

これは、称徳天皇の紀伊国和歌浦行幸に際しての褒賞記事である。ここではまず、国司・国造・郡領に叙爵と賜物が行われ、名草郡大領紀直国栖にさらに叙爵がなされている。従来、ここに記されている国造を紀伊国造であると理解することも可能であった。そのため、前段の国造と後段の紀伊国造たるべき紀直国栖が重複ではないかとも思われる。あるいは、国栖以外に紀伊国造が存在しており、国栖が郡大領と国造を兼帯していなかった根拠ともされてきた(18)。

しかし、前段で褒賞された国造は、決して紀伊国造とは明記されていないのである。おそらく、前段で褒賞された国造とは、行幸先である紀伊国内の国造、すなわち紀伊国造と熊野国造をさしているものと考えるべきであろう。ただ、このように考えても、前段の国造の中に紀伊国造が含まれているのであれば、後段の国栖に対する褒賞は、重複であるとも思われる。しかし、国造としての褒賞と郡司としての褒賞は、それぞれ立場を異にしており、あったとしてもそれほど不思議なことではないだろう。議政官が、その位にあるものとして位封を支給され、その職にあるものとして職封を支給され、ともにそれらを受けていたとしても、それを重複だと疑問視する人は誰もいないであろう。国造として褒賞を受け、郡大領として褒賞をさらに受けることは、なんら疑問とすることではないだろう。

以上見てきたように、奈良時代の国造は律令制度によって認定された存在であった。そして、大化前代からのきわめて高い政治的権威をそのままに具備して、律令制度の下に位置づけられた存在なのである。それは、あたかも江戸時代の封建諸侯が、明治維新において華族として位置づけられたように、新しい制度の下で地方支配を確実にするための手段であったと考えることが出来るだろう。

3　国造の職掌

大宝二年二月十三日条から、国造は大宝神祇令施行とともに、各地域で祈年祭を執行していたことが知られる。もちろん、祈年祭のみならず、神祇令に規定するすべての祭祀が、全国各地の国造によって執行されたものと思われる。これこそが国造の職掌であろう。今日的に見れば、神祇を執行するということは、単なる儀礼であり、それに携わった国造は、あたかも儀礼的に存在したか、もしくは大化前代の遺風を留める名誉職的な存在であると理解されるかもしれない。

今日、宮中において多くの祭祀が営まれている。[19] それらは、敗戦後の政教分離の方針から、政治とはまったく隔絶したものとしてみなされている。しかし、戦前においては、宮中祭祀は極めて高度な政治性を伴っていたことは、衆目が一致して認めるところである。神祇の執行を単なる儀礼であると論断することは、あまりにも今日的な発想ではないだろうか。

神祇の執行は単なる儀礼的なもので、まったく政治性を伴わないものであろうか。古代の政治において、神祇の執行がどのように評価されるかによって、神祇の執行を担った国造の存在とその職掌は、まったく異なる評価が下されることになるだろう。これに関して、律令制度下において、地方支配の最高責任者である諸国国司の守の職掌に関して、職員令大国条には次のように規定されている。

守一人、掌、祠社・戸口簿帳・字養百姓・勧課農桑・糺察所部・貢挙・田宅・良賎・訴訟・租調・倉廩・徭役・兵士・器杖・鼓吹・郵駅・伝馬・烽候・城牧・過所・公私馬牛・闌遺雑物、及寺・僧尼名籍事、余守准此、

これらの項目は、国の守が任国を統治するために執行すべき職掌を列記したものである。神祇（祠社）・民生（戸

口簿帳・字養百姓・勧課農桑・田宅・良賤）・司法警察（糺察所部・訴訟）・人事（貢挙）・財政（租調・倉廩・徭役）・軍事（兵士・器杖・鼓吹・郵駅・伝馬・烽候・城牧・過所・公私馬牛・闌遺雑物）・仏事（寺・僧尼名籍）ときわめて多岐に及んでいる。その中でも、神祇がその職掌の筆頭に掲げられているのである。[20]このことをもってしても、地方政治において、神祇の執行が単なる儀礼的なものではなく、国の守が行うべき重要な行為であったことがわかるであろう。[21]

職員令大郡条によると、大領の職掌として「撫養所部・検察郡事」とある。その具体的な職務内容については、『続日本紀』和銅五年五月十六日条に収められた太政官奏に見ることが出来る。その太政官奏の「其一」には、郡司の職掌を「郡司有能繁殖戸口、増益調庸、勧課農桑、人少匱乏、禁断逋逃、粛清盗賊、籍帳皆實、戸口無遺、割断合理、獄訟無冤、在職匪懈、立身清慎」と規定している。

これは国の守の職掌である民生と司法警察にあたるものと考えられる。また、当然のことながら、郡稲・郡正倉の存在したことから、財政をも担当していたと思われる。[22]このことは、和銅五年（七一二）五月十六日太政官奏の郡司の職務として、「増益調庸」とあることからも首肯し得るであろう。すなわち、郡司大領は、国の守の職掌の内、民生・司法警察・財政を分任していたことになる。

また、職員令軍団条によると、軍毅の職掌として「検校兵士・充備戎具・調習弓馬・簡閲陳列」とあるが、これは国の守の軍事の職掌を分任していたことになるのである。さらに、大宝二年二月二十日条で「任諸国国師」とあり、この日国師が諸国に任命されている。国師は職員令に規定のない官職であるが、大宝律令完成の翌年の任命であることから、国師は、大宝僧尼令の施行に伴って任命されたものと考えるべきであろう。この国師の職掌については、宝亀元年七月十五日条に、「宜令普告天下断辛肉酒、各於当国諸寺奉読、国司・国師共知、検校所読経巻、并僧尼数、附使奏上」とあり、まさしく国師が国の守の職掌の内、仏事を分任したものと思われる。[23]

地方政治は制度上国司によって統括されていた。しかし、以上に見てきたように、その職掌は、国造（神祇）・郡司（民生・司法警察・財政）・軍毅（軍事）・国師（仏事）が分任していたのである。すなわち、国造は国司が任国において、その職務を全うするために、郡司・軍毅・国師と並んで、律令制度に基づいてその成立当初から設けられていた職であると理解しなくてはならないだろう。[24]

もちろん、国師は、その趣旨から見て中央政府から派遣されたものもあったと思われる。しかし、国造・郡司・軍毅は、任国内の有力土豪がその任に当たったと思われる。わずか数年の任期で任国を去る国司よりも、これら有力土豪の支配権は、国司の生殺与奪の権を保有していたと称しても過言ではないだろう。

ともあれ、国造の職掌とした神祇の執行は、単なる名誉職ではなく、天皇による国土支配の精神的支柱であり、政治の根幹そのものであると理解しなくてはならないだろう。もし、神祇の執行が単なる名誉職的な存在であるとするならば、長時間の準備を要し、全国に悠紀田・主基田を卜定して、あらん限りの財力を投入する大嘗祭の存在意義さえもなくなってしまうことになるであろう。[25]

すなわち、国造は天皇を頂点とする神祇体系の、地方における執行責任者であったと見ることが出来るだろう。このように、国造の職掌は律令制度上は、神祇に特化したものであったと思われる。しかし、ここで注目すべきは、紀伊国造や出雲国造の就任儀礼が、貞観儀式によると、太政官曹司庁において、律令官僚の考課・選叙を掌る式部省の所管として執行されているのである。[26]

もし、国造が律令制度上神祇のみに特化した職掌であるならば、その就任儀礼は神祇官の所管として執行されたはずである。[27]このように考えてみると、貞観儀式に見える国造就任儀礼は、律令制度によってその職掌が神祇に特化される以前の、きわめて高度な政治性を帯びていた時代を反映しているものと考えるべきであろう。また、もし国造が篠川氏の主張されるように天武朝に廃止され、天平期頃に名誉職として復活したのであれば、その職掌を勘案して、神祇官の所管として再出発したであろう。しかし、そのようなこともなく、国造の就任儀礼が太政官の所管として執行されているということは、大化前代からの就任儀礼が、営々と途絶えることなく継続していたことを示しているといえるだろう。

ただ、制度上神祇の執行を職掌とする国造ではあったが、実際の地方社会においては、それのみにとどまるものではなかったと思われる。そのことを、諸史料の分析から、国造の実態として考察してみることにしよう。

4　国造の実態

本節は、これまで国造の職掌が単なる名誉職ではなく、律令制度に基づいて、国司による地方支配を確実なものとするために、制度上認定された極めて政治的なものであることを述べてきた。その一方で、奈良時代後期になると、中央官僚が地方国造を兼帯する例が散見される。中央高級官僚であれば、当然のことながら地方における神祇祭祀を執行することは不可能であろう。奈良時代後期に至って、国造は実態を伴わない名誉職的な存在に変質してしまったのであろうか。

中央官僚の国造兼帯、すなわち地方において実際に神祇祭祀を執行し得ない国造を、本節では以下遙任国造と呼ぶことにしたい。そして、以下に『続日本紀』に見える遙任国造の例を概観することにしたい。このいわゆる遙任国造として確認できるのは、宝亀二年（七七一）十二月十四日に国造の任命を受けた因幡国造浄成女と、延暦七年（七七八）六月七日に備前国磐梨郡の建郡を奏請した備前・美作二国造の肩書きを持つ和気清麻呂の二例である。

浄成女は『日本後紀』延暦十五年十月十五日条に収められている卒伝によると、因幡国高草郡出身の采女であったことがわかる。また、延暦十三年七月には平安京に新宅を営むためとして稲を賜っている。したがって、紛れもなく因幡国には居住しておらず、京内に居住する女性であった。

また、和気清麻呂は、「中宮大夫従四位上兼摂津大夫・民部大輔」の肩書きを有しており、紛れもない中央官僚であった。(28) したがって、浄成女も清麻呂も、国造に任命された地域において、親しく神祇を執行することは出来なかったはずであり、いわゆる遙任国造と呼ぶにふさわしい存在である。しかし、「国造本紀」に掲載する百を超える国造を、この二例によって普遍化することは、九牛の一毛をもって論断するに等しいのではないだろうか。

むしろ、私は清麻呂の肩書きが「備前・美作二国造」となっていることにこそ注目すべきであろうと思う。奈良時代の国造がまったく名誉職であるとするならば、備前国造と肩書きすれば十分であったはずである。また、奏請した建郡の案件も備前国内に関するものである。それでもなお、和銅六年に分置された美作国造を兼帯しているということは、律令国司制度と国造が表裏一体であったことを雄弁に物語っているというべきであろう。遙任国造が出現すること自体、奈良時代後期に国造制度の実態は、かなりの変質を来たしたであろうが、制度としての国造は国司の地方支配を確実にするものとして、厳然と存在していたと見るべきであろう。

また、浄成女も清麻呂も、確かに遙任国造と評することはできるだろう。しかし、浄成女は先述のとおり因幡国高草郡の出身であり、清麻呂は周知のとおり備前国和気郡の出身である。彼等がその国造に任命される根拠は十分にあり、江戸時代の諸侯が名誉的に保有した、大岡越前守や浅野内匠頭という、何ら実体を伴わない大夫名とは違うことにも注目すべきであろう。

以上のように考えるならば、国造が律令制度確立以前の氏姓社会の影響を、色濃く留めた存在であることにも(29)

考慮しなくてはならないだろう。すなわち、浄成女も清麻呂も、確かに遙任国造である。しかし、彼等の故郷には彼等を国造とする一族、すなわち国造一族が磐石の基盤を保有していたはずである。それら一族が故郷において国造の行うべき職責を、代行していたと見ることは出来ないだろうか。

何よりも、中央官僚となった清麻呂が、備前国を直接視察したとも考えがたいのである。おそらく、備前国や美作国の実情が、国造一族から清麻呂に報じられたとみるべきであろう。このように、清麻呂とその故郷の一族の緊密な関係を想定するならば、国造清麻呂が行うべき、備前・美作での職務は、その一族によって執行されていたと見ることも、十分に可能であろう。

国造の職掌として、その地域の神祇を執行することを指摘した。それでは、その地域とはどのような範囲をさすのであろうか。一国一国造であるとするならば、律令制度に基づく国司任国を指していると考えるべきであろう。しかし、先述のとおり国造が大化前代の政治的な権威を具備しているとするならば、その地域は旧国造国であったと考えなくてはならないだろう。

一般的に、職員令大郡条の規定から、律令時代以前の国造は律令制度の下で郡司へと転換したと見られている。それ自体は間違いではないだろう。しかし、国造＝郡司という単純な図式ではなかったと思われる。郡司の譜第制の根拠となる「難波朝廷以還譜第重大」という文言であらわされる「譜第」とは、単純に国造の家柄、あるいは国造の職にあるものをさしているものとは思われないのである。(30)

『和名類聚抄』の国郡部によると、ほぼ六百近くの郡が全国に存在した。大化建郡以後郡の新設が行われたであろうが、大化建郡当時少なく見積もっても、五百五十程度は存在したであろう。これに対して、『国造本紀』に登載する国造は、律令時代の新置の国造を含めても百四十程度にすぎないのである。すなわち、すべての国造が律令制度に基づく郡司に転換したとしても、すべての郡の大領が国造によって占められたわけではないことになる。全国のおよそ四分の三に当たる大領が、大化建郡に際して国造以外から任命されたことになるのである。国造をも含めて、国造以外から大領に任命された者たちが、まさしく「譜第重大」なのである。[31]

すなわち、大化建郡あるいは律令国郡制の施行によって、大領に転換し得た国造は、国造以外から任命された新たな大領たちと、肩を並べることになったのである。大領という観点からのみで見るならば、大化前代からのきわめて高い政治的権威を保有し来たった国造にとっては、とても堪えられる事態ではなかっただろう。しかし、国造が郡司を兼帯することによって、そのような問題は解消されたものと思われる。

国造は、律令制度の下で神祇を執行したのである。その範囲は郡の領域を超越した旧国造国に及んでいたのである。しかも郡司を兼帯して、郡内における国司の民生・司法警察・財政を分任していたのである。さらに、直木孝次郎氏が述べられたように、律令制以前の地方軍事組織である国造軍の統帥者でもあったのである。[32]もちろん、軍毅は郡司三等以上の親が連任することは禁じられていた。しかし、そのような禁令が出されること自体、地方軍事に対する国造＝郡司の影響力が、ただならぬものであったことを示しているといえるだろう。

このように、大領を兼帯するようになった国造たちは、新たに国造以外から大領に任命された氏族とは比べるべくもない極めて大きな権限を独占保有することが、事実上可能だったのである。これほどまでに大きな権限を占有しえたがゆえに、律令制度の下で、国造以外から新たに郡司となった氏族と肩を並べて、一介の郡司に甘んじることも吝かではなかったのである。

律令国司制度の下で、郡司の権限が制度どおり執行できるならば、国造でありかつ郡司を兼帯することに、大きな利益は存在したであろう。しかし、律令制度の弛緩に伴って、郡司としての権限が制度どおりに機能しなくなったならば、国司の下で汲々として郡司の職に留まることを忌避したであろう。(33)奈良時代後期に、国造が郡司の職を兼帯しなくなる例が見られるのは、まさしくこのことによるのであろう。

おわりに

本節は、奈良時代の国造について論じてきた。まず、律令法典に見える「国造」の語句を吟味して、それが律令法典に規定された職掌であることを確認した。また、従来特殊例とみなされがちであった出雲・紀伊二国造について、『続日本紀』の記述方針による史料の偏在であることを指摘して、それらを例外扱いするべきではないことを提言した。

次に、『続日本紀』大宝二年二月十三日条の「諸国国造入京」の記事と、同書同年四月十三日条の諸国国造名簿作成記事から、国造は出雲・紀伊二国造だけではなく、全国に分布していたことを確認した。また、国造名簿作成の必要性から、大化前代からの高度な政治性を具備したままの国造であったと推定し、その存在形態は中央政府が律令国制施行に伴って、一国一国造に改変することの不可能なことを指摘した。

また、その職掌は、国司の職掌や郡司・軍毅・国師の職掌を比較して、国司の職掌のうち、神祇を分任するものであったことを明らかにした。しかも、国造が担ったその地域における神祇は、単なる名誉職的なものではなく、古代においてはきわめて重要な職務であったと評価した。

さらに、奈良時代後期になると、いわゆる遥任国造が出現し、律令制度に基づく国造制度がかなりの変質をきたしたことが認めうるが、それは単なる名誉職化したものではなく、地域との強い絆が認められることを確認した。また、大化前代の国造は律令制度の下で大領へと転換して郡内における国司の民生・司法警察・財政を分任したが、これは律令制度の下で新たに国造以外から「譜代重大」の大領となった家柄のものたちと、遜色のないものであったと思われる。しかし、旧国造から大領となったものたちは、国造であり続けたため旧国造国の神祇を執行し、かつ国造軍の系譜を引く軍団にさえも強い影響力を持ったものと推定した。

それゆえに、旧国造たちは新たな「譜代重大」の大領たちと比肩したとしても、なお地域に卓越した勢力を保持し続けることが可能であったものと思われる。旧国造という地域に絶大な勢力を誇る土豪が割拠する状態で、律令国郡制が施行しえた背景には、国造に対する上述のような破格の優遇措置が存在したからであろう。

その一方で、律令制度が弛緩するに及んで、大領を兼帯することの意味がもはや存在しなくなったとき、国造たちは郡司であることを忌避するようになる。律令制度に基づく郡司・国造ではなく、地域に根ざした土豪としての国造に回帰したものと思われる。

今日なお、古代以来の国造家の系譜を、脈々と守り続けている家系が、多く存在している。[34] 中世の争乱や近世の大名支配の下でも、その系譜を守り続け、明治維新国家では華族に列せられたものもあり、戦後を経て今日に至っている。すなわち、古代以来の国造は、長い歴史の中で、政権の所在の如何を問わず、在地に根ざした土豪として、営々とその命脈を保持し来たっているのである。[35]

そのような土豪としての国造が律令制度の導入によって、朝令暮改のごとく廃止、あるいは名誉職化されてしまうようなことが、果たしてありえたであろうか。本節は、このような観点に立ち返っての試論である。もちろん、本節中において述べたことであるが、奈良時代の国造を論じるには、位階のそれほど高くない国造の動向を、基本史料である『続日本紀』は多くを伝えてくれてはいない。そのため、多分に推測をはさまざるを得なかった部分も少なくはない。このことを含めて、諸賢の叱正を請う次第である。

注

（1）全国地方に散在する古墳の分析から、国造が地方の王者であったとする原島礼二『古代の王者と国造』（教育社歴史新書、一九七九）の書名が、このことを象徴している。
（2）植松考穆「大化改新以後の国造に就て」（早稲田大学史学会編『浮田和民博士記念史学論文集』、六甲書房、一九四三）、高嶋弘志「律令新国造についての一試論」（佐伯有清編『日本古代史論考』、吉川弘文館、一九八〇）などが、律令制度の導入によって、国造の扱われ方が大きく変化したととらえている。一方、森公章「律令制下の国造に関する初歩的考察」（『ヒストリア』一一四、一九八七）は律令制度下においても、国造の積極的な役割があったとしている。ただし、森氏の所論においても、「律令制度の下で」という条件が付されていることから、広い意味でいわゆる「律令国造」を論じられているものと見ることが出来る。
（3）野村忠夫『律令官人制の研究』（吉川弘文館、一九六七）第二編において、律令官人の出身と階層構成に関する詳細な考察がある。
（4）国造研究の難解さを表すものとして、新野直吉『謎の国造』（学生社、一九七五）の書名を指摘することが出来る。
（5）飛鳥浄御原令の施行は、『日本書紀』持統三年六月二十九日条「庚戌、班賜諸司令一部廿二巻」とあるものであろう。
（6）高嶋論文（前掲注2）は神祇令のこの国造に関する条文を、「むしろ付け足しのようにさえ見受けられる」とする。確かに大宝律令の施行によって国造の扱い方は大きく変化したものと思われる。また、磯貝正義「郡司任用制度の基礎的研究」（『郡司および采女制度の研究』、吉川弘文館、一九七八）は、「非律令的な国造を劣位に置こうとする配慮が看取せられる」と評する。しかし、「付け足し」であろうが、「劣位」であろうが、律令条文に「国造」に関する記述があることの重要性を考慮すべきであろう。

（7）薗田香融「国衙と土豪との政治関係」（『古代の日本』第九巻、角川書店、一九七一、のち「律令国郡政治の成立過程」と改題して、『日本古代財政史の研究』、塙書房、一九八一）は、「律令国造」の存在に否定的な見解を示しておられる。しかし、「律令制度に規定された国造」という意味で、このように呼称することは妥当であろうと思われる。

（8）篠川賢「国宰制の成立と国造」（『古代国造制の研究』、吉川弘文館、一九九六）では、「国造制の廃止が決定されても、その時の現任国造からすぐに国造の職（地位）を奪うというような方法はとられなかったから、と考えられるのではなかろうか。（中略）おそらくその時の国造は、そのまま終身国造の職（地位）にあることを認められたものと推定される」とする。また、篠川氏はこのような国造を「律令制下の国造」（前掲書所収）で、「生き残り」と評している。

（9）篠川「律令制下の国造」（前掲注8）では、「出雲・紀伊の二国造の存在をいかに考えるかという点であるが、結論からいえば、私はこれら二国造だけは国造制廃止後も国家の政策としてそのまま存続させられたものと考えている」とする。しかし、この二国造が何ゆえ存続させられたのかについては、明確な回答は認められない。

（10）坂本太郎『六国史』（吉川弘文館、一九七〇）は、「続紀にのせる人物は五位以上」とその傾向を分析している。

（11）『続日本紀』天平十一年二月十九日条によると、出雲国造廣嶋が外正六位上から外従五位下に、同書神護景雲元年二月十四日条によると、出雲国造益方が外正六位下から外従五位下に、それぞれ昇叙されている。

（12）『続日本紀』神亀元年十月十六日条によると、紀直摩祖が紀伊国造に任じられているが、これは聖武天皇の和歌浦行幸中の措置であった。

（13）奈良時代における畿外行幸が極めて希有であることについては、拙稿「和歌浦をめぐる行幸と景観美」（『和歌の

浦　歴史と文学』、和泉書院、一九九三）に詳述している。

（14）篠川論文（前掲注8）

（15）新野直吉「律令国造が大祓に馬を出すことに関する小考」（『続日本紀研究』一五八、一九七一）は、律令国造に関して、「律令制下の国に一国一国造宛置かれた「地方神祇官」であるということになり、これが律令国造の定義的位置づけとなる」と述べている。

（16）大宝二年二月十三日条のこのような解釈については、拙稿「大宝神祇令施行と伊太祁曾三神分遷」（『和歌山地方史研究』五三、二〇〇七）においてすでに述べている。

（17）「貞観儀式」における出雲・紀伊二国造の任官儀式の意義については、拙稿「紀伊国造任官儀式の再検討」（『和歌山地方史研究』五九、二〇一〇）を参照されたい。

（18）篠川賢「律令制下の紀伊国造」（『日本常民文化紀要』二十一輯、一九九九）

（19）現在天皇が宮中で執り行われる儀式は、正月一日の四方拝から、十二月三十一日の大祓に至るまで二十四に上るという。しかし、これらの宮中祭祀は天皇が内閣の助言を受けて行う国事行為とはみなされず、天皇家の家長として行う祭祀と位置づけられている。

（20）鬼頭清明「国府・国庁と仏教」（『国立歴史民俗博物館研究紀要』二〇集、一九八九）において、国司が任国で仏教に携わった例を多数指摘しておられる。仏教にしてそうであれば、神祇に対してはなおさらであったと思われる。

（21）国学者本居内遠は、「紀伊国神名帳」の「附考」において、国司の任国における最も重要な職務を神祇祭祀であると評している（拙稿「本居内遠筆者「紀伊国神名帳」及び附考について」、『和歌山市史研究』三十八、二〇一〇）。

（22）郡司が、国衙財政に関わっていたことは、『続日本紀』大宝元年六月八日条に「勅、凡其庶務、一依新令、又国宰郡司、貯置大税、必須如法」とあることからも明らかである。また、郡稲の詳細については薗田香融「郡稲の起源」(『日本政治社会史研究』中、塙書房、一九八四)を参照されたい。さらに、紀伊国名草郡においては、郡正倉が地形等の実情に合わせて、四院に分散されていたことが知られている(薗田香融「岩橋千塚と紀国造」、『岩橋千塚』、関西大学、一九六七、のち薗田『日本古代の貴族と地方豪族』、塙書房、一九九二)。これは、郡司が郡正倉を実質的に管理していたことを示しているといえよう。なお、名草郡四院の領域については、拙稿「紀伊国名草郡家の所在地について」(『和歌山地方史研究』二十七、一九九四)を参照されたい。

(23) 国師の権限と職務の実態については、佐久間竜「国師について」(『続日本紀研究』一一三、一九六四)が、僧尼令の施行及びそれに伴う僧綱補任に関連したもの、として位置づけておられる。また、任命された国師が中央派遣官であったことも論証しておられる。

(24) 原秀三郎「郡司と地方豪族」(『岩波講座日本歴史』古代3、一九八六)においても、このように評価されている。

(25) 大嘗祭の詳細については、和田行弘「大嘗祭に関する一試論」(『日本書紀研究』第十一冊、塙書房、一九七九)を参照されたい。

(26) 拙稿「紀伊国造任官儀式の再検討」(前掲注17)参照。

(27) 律令職員令の神祇官によると、神祇伯の職掌として、「神祇祭祀・祝部神戸名籍・大嘗・鎮魂・御巫・卜兆・惣判官事」とあり、国造の職掌が制度的に神祇に特化したものであれば、その任官儀式はこの条文に基づいて、神祇官によって執行されなくてはならなかったと思われる。

(28) 和気清麻呂の生涯については、平野邦雄『和気清麻呂』(吉川弘文館人物叢書、一九八六)を参照されたい。

(29) 福尾猛市郎『家族制度史概説』(吉川弘文館、一九六二)は、国造を後世の氏長と比較され、その族長的な性格の遺存性を指摘しておられる。
(30) 新野直吉「譜代郡司小論」(『日本歴史』一〇九号、一九五七)は、「譜代」が単なる国造ではなく、大化建郡以来の郡司職世襲の家柄であると提起された。
(31) 『先代旧事本紀』の「国造本紀」に載せる国造と諸国郡司の総量的比較については、今泉隆雄「八世紀郡領の任用と出自」(『史学雑誌』八十一-十二、一九七二)による。
(32) 初期大和王権の軍事的中枢を、国造軍が担っていたことについては、直木孝次郎「国造軍」(『日本古代兵制史の研究』、吉川弘文館、一九六八)に詳しい。
(33) 原秀三郎「郡司と地方豪族」(前掲注24)においても、『日本後紀』延暦十八年四月二十八日条を傍証史料として、この頃郡司就任辞退者の出現していることを指摘しておられる。また、「紀伊国造次第」(拙稿「紀伊国造次第について」、『和歌山市立博物館研究紀要』十七、二〇〇三)においても、第三十五代紀伊国造槻雄には、「已上不兼大領」との注記がある。
(34) 紀伊国造家の末裔を称する紀氏、出雲国造家の末裔を称する千家氏・北島氏、阿蘇国造家の末裔を称する阿蘇氏など、詳細な系図を具備し、現在に至っている国造家の末裔は枚挙に暇がない。なお、上記四氏は明治十七年七月七日施行の華族令によって、同年七月八日に、共に男爵を叙爵されている(酒巻芳男『華族制度の研究』、霞会館、一九八七)。
(35) 紀伊国造は、平安初期以来名草郡大領を兼帯しなくなったと思われる。しかし、戦乱の中世においても、在地土豪として確固たる勢力を保持し続けていたことが知られる。中世における紀伊国造の概略については、拙稿「中世の紀伊国造」(木国文化財協会『木の国』三十二号、二〇〇七)を参照されたい。

【追記】

本節執筆後、神崎勝「国造とそのクニについて」(『立命館文学』六二六、二〇一二)においてご批判をいただいた。神崎論文は『続日本紀』における「大幣」の用例を吟味して、大宝二年二月の「大幣」は、三月に記録されている大安殿鎮祭のための臨時の大祓であったと推定される。「大幣」の語義の吟味については傾聴すべき部分もあろうとは思われる。しかし、「ちなみに『続日本紀』には、大宝二年二月仲春に祈年祭が行われたという記事は見えないが、これが大幣班賜を伴う祈年祭であったとすれば、記録に残らなかったというのは不自然ではあるまいか」としている。『続日本紀』に記されていないことをもって、大宝令完成翌年の祈年祭を否定される論法はあまりにも乱暴ではないかと感じる。

また、同年四月の「国造記」制作を命じた記事に対しても、二月に国造上京を命じたために、「文書主義の建前から記録として作成されたにすぎ」ないとし、私がいうその当時「誰が国造なのかが、地域によっては確定していなかったという状況は考えがたい」とする。しかし、「国造記」は本来国造上京を命じる以前に出来ていなくてはならないものであるはずである。国造上京と「国造記」制作命令の因果関係の逆転こそが注目されるべきであろう。また、大宝令の完成によって、全国の国造がすべて政府によって把握できていたとする考え方は、あまりにも短絡的ではなかろうかと思われる。

第二章　紀伊国造の系譜

第一節　「紀伊国造次第」について

はじめに

「紀伊国造次第」（以下、「国造次第」）は、古代以来日前・国懸両社を奉祭してきた紀伊国造末裔家に伝来した系譜史料である。現在東京都在住の紀俊行氏の所蔵史料であり、展示・調査・研究のための博物館資料として和歌山市立博物館に寄託されている。

紀伊国造は、『先代旧事本紀』所載の「国造本紀」によると、神武天皇の治世下において紀伊国造の初代にあたる天道根命が、紀伊国造に任命されたことが記されている。[1]「国造次第」は、天道根命以下、歴代の紀伊国造の補任の次第を記した史料である。形状は巻子で量紙の天地の幅は一五・五cmで、全長は二二四・六cmある。

この「国造次第」については、早くは薗田香融氏が紹介され、その信憑性についても詳細に言及されている。[2]また、その後佐伯有清氏がその信憑性を確認しておられる。[3]ただ、両氏とも古代史研究の分野において、この「国造次第」に言及されたため、初代から平安中期に至るまでの「国造次第」の分析にとどまっておられる。この「国造次第」は、現状では初代天道根命から第六十七代の忠雄までの継承次第を記しているのである。すなわち、現状の「国造次第」は、忠雄が国造の任にあった戦国末期の天正年間[4]（一五七三～一五九二）までが記されているのである。このことから、現状の「国造次第」は少なくとも、天正年間以後に成立したと考えるべきであろう。

以上のことから、この「国造次第」が現状を呈するに至った経緯を明らかにしない限り、その史料としての信憑性を論じることが出来ないのではないだろうか。のみならず、この「国造次第」を通観すると、中世の歴代国造の事跡に関する記載が、他の時代の国造のそれに比して、際立って詳細であることに気づくであろう。このことは、必ずや中世地方豪族の存在形態を研究する上で、多くの情報を提供してくれるものと思われる。

本節は、以上のような問題意識のもとに、「国造次第」の全記載事項を紹介するとともに、若干の考察を行おうとするものである。まず、最初に現状の「国造次第」を翻刻し、ついで「国造次第」が現状を呈するに至った経緯を考察する。そして、最後に「国造次第」の記載内容について、若干の考察を施しておきたい。

1 「紀伊国造次第」の翻刻

国造次第（コクサウノシダイ）

日前國懸太神宮天降坐之時、天道根
為従臣仕始、即厳奉崇也、仍賜國造
任焉

今貞観十六年以甲午歳、依本書已損、改
写書

國造正六位上廣世直

第一　天道根　　第二　比古麻天道根男

第三　鬼刀祢比古麻男　　第四　久志多麻鬼刀祢男、又名目菅

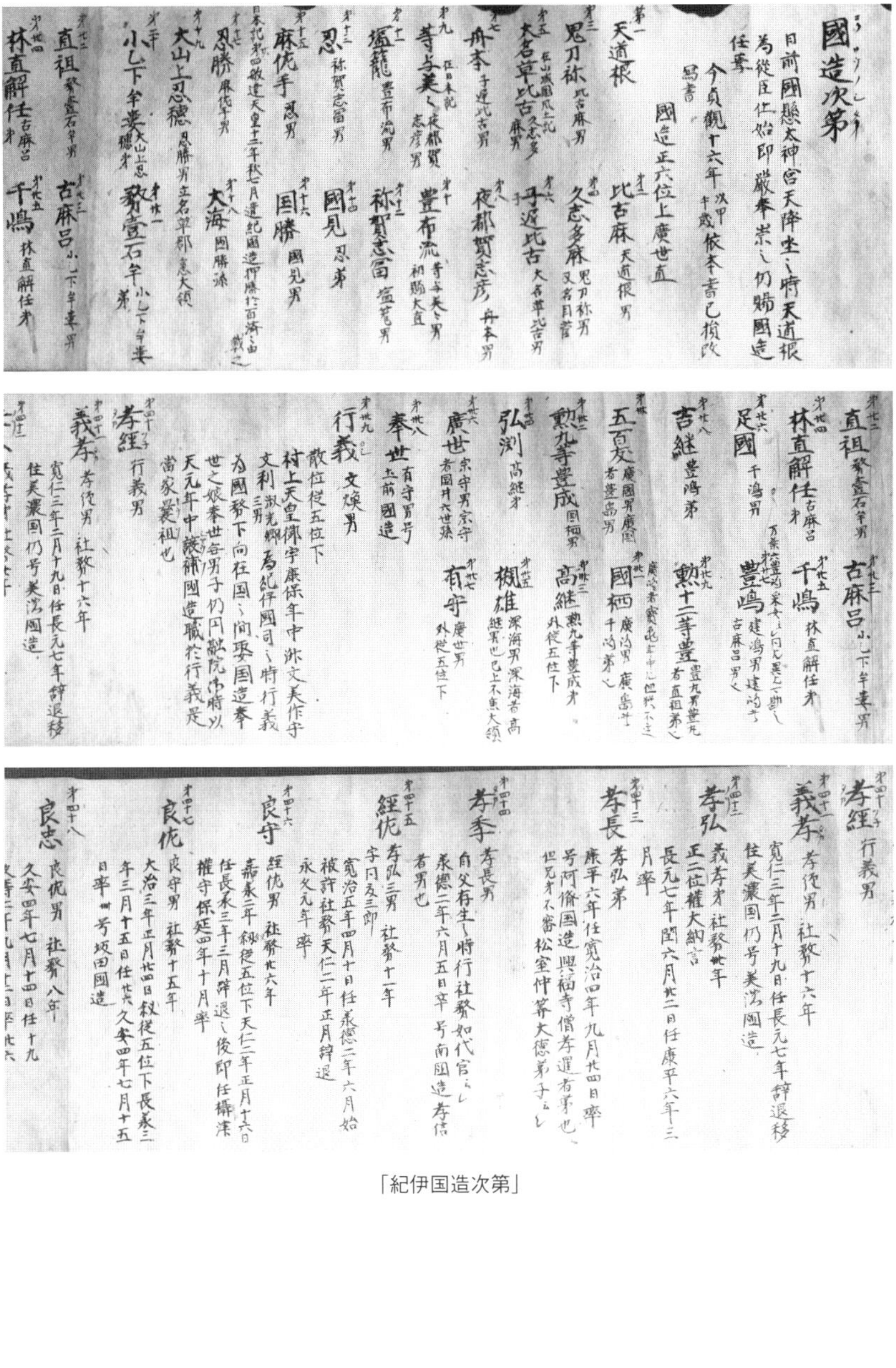

「紀伊国造次第」

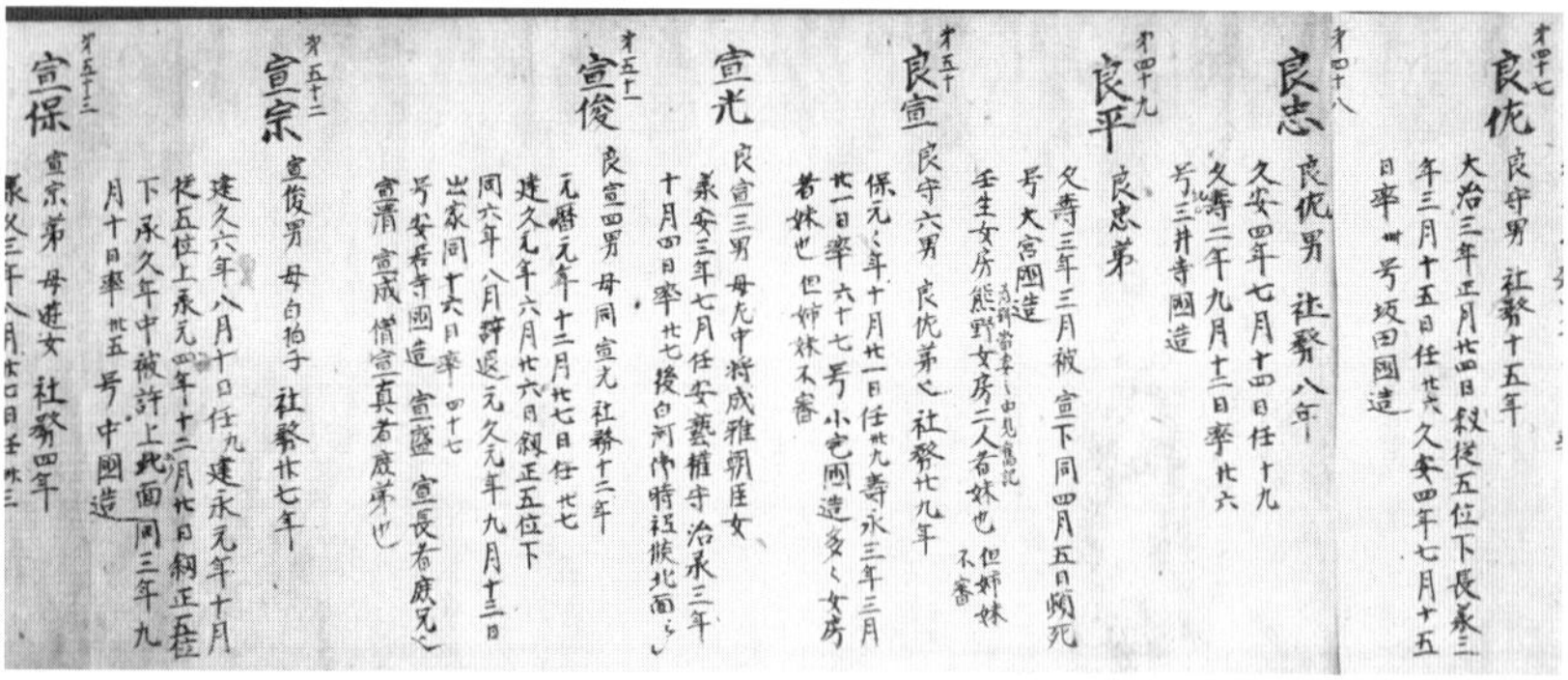
才四十七
良佐　良守男　社務十五年
大治三年正月廿四日叙従五位下　長承三
年三月十五日任　廿六　久安四年七月十五
日卒　卅　号坂田国造
才四十八
良忠　良佐男　社務八年
久安四年七月十四日任　十九
久寿二年九月十二日卒　廿六
号三井寺国造
才四十九
良平　良忠弟
久寿三年三月被　宣下　同四月五日頓死
号大宮国造
壬生女房熊野女房二人者妹也　但姉妹不審
才五十
良宣　良守六男　良佐弟也　社務廿九年
保元々年十月廿一日任　廿九　寿永三年三月
廿一日卒　六十七　号小宅国造　多々女房
者妹也　但姉妹不審
宣光　良宣三男　母左中将成雅朝臣女
承安三年七月任安芸権守　治承三年
十月四日卒　廿七　後白河仲時祗候北面々々
才五十一
宣俊　良宣四男　母同宣光　社務十二年
元暦元年十二月廿七日任　廿七
建久元年六月廿六日叙正五位下
同六年八月辞退　元久元年九月十三日
出家　同十六日卒　四十七
号安芸寺国造　宣盛　宣長者庶兄也
宣清　宣成　宣真者庶弟也
才五十二
宣宗　宣俊男　母白拍子　社務廿七年
建久六年八月十日任　九　建永元年十月
従五位上　承元四年十二月廿日叙正五位
下　承久年中被許上北面　同三年九
月十日卒　卅五　号中国造
才五十三
宣保　宣宗弟　母遊女　社務四年
承久三年八月廿七日任　卅三

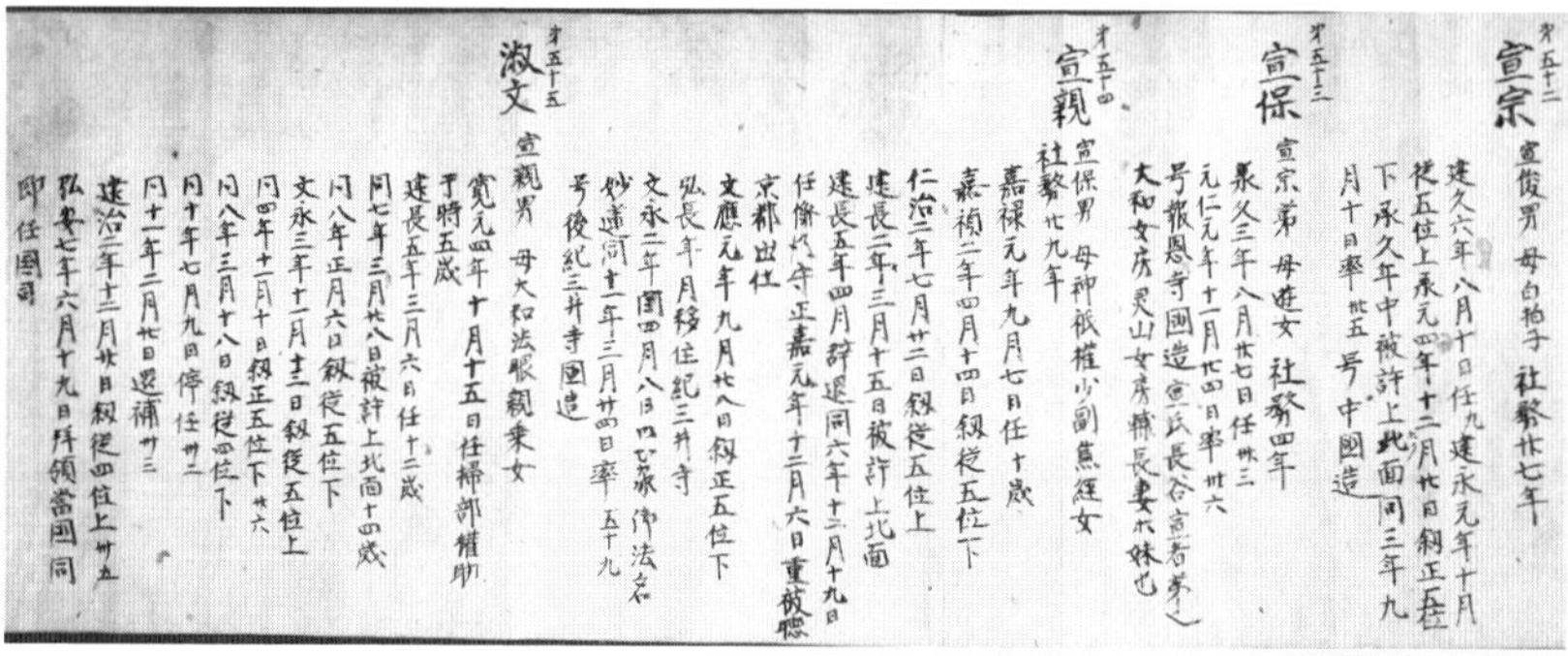
才五十二
宣宗　宣俊男　母白拍子　社務廿七年
建久六年八月十日任　九　建永元年十月
従五位上　承元四年十二月廿日叙正五位
下　承久年中被許上北面　同三年九
月十日卒　卅五　号中国造
才五十三
宣保　宣宗弟　母遊女　社務四年
承久三年八月廿七日任　卅三
元仁元年十一月廿四日卒　卅六
号報恩寺国造　宣氏　長谷宣者弟也
大和女房　是山女房　備長妻　六妹也
才五十四
宣親　宣保男　母神祇権少副兼経女
社務廿九年
嘉禄元年九月七日任　十歳
嘉禎二年四月十四日叙従五位下
仁治二年七月廿二日叙従五位上
建長二年三月十五日被許上北面
建長五年四月辞退　同六年十二月十九日
任備後守　正嘉元年十二月六日重被聴
京都出仕
文応元年九月廿八日叙正五位下
弘長年月移住紀三井寺
文永二年閏四月八日出家　法名
妙蓮　同十一年三月廿四日卒　五十九
号後紀三井寺国造
才五十五
淑文　宣親男　母大和法眼親乗女
寛元四年十月十五日任掃部権助
于時五歳
建長五年三月六日任　十二歳
同七年三月廿八日被許上北面　十四歳
同八年正月六日叙従五位下
文永三年十一月十三日叙従五位上
同四年十一月十日叙正五位下　廿六
同八年三月十八日叙従四位下
同十年七月九日停任　卅二
同十一年二月廿日還補　卅三
建治二年十二月廿日叙従四位上　卅五
弘安七年六月十九日拝領当国同
即任国司

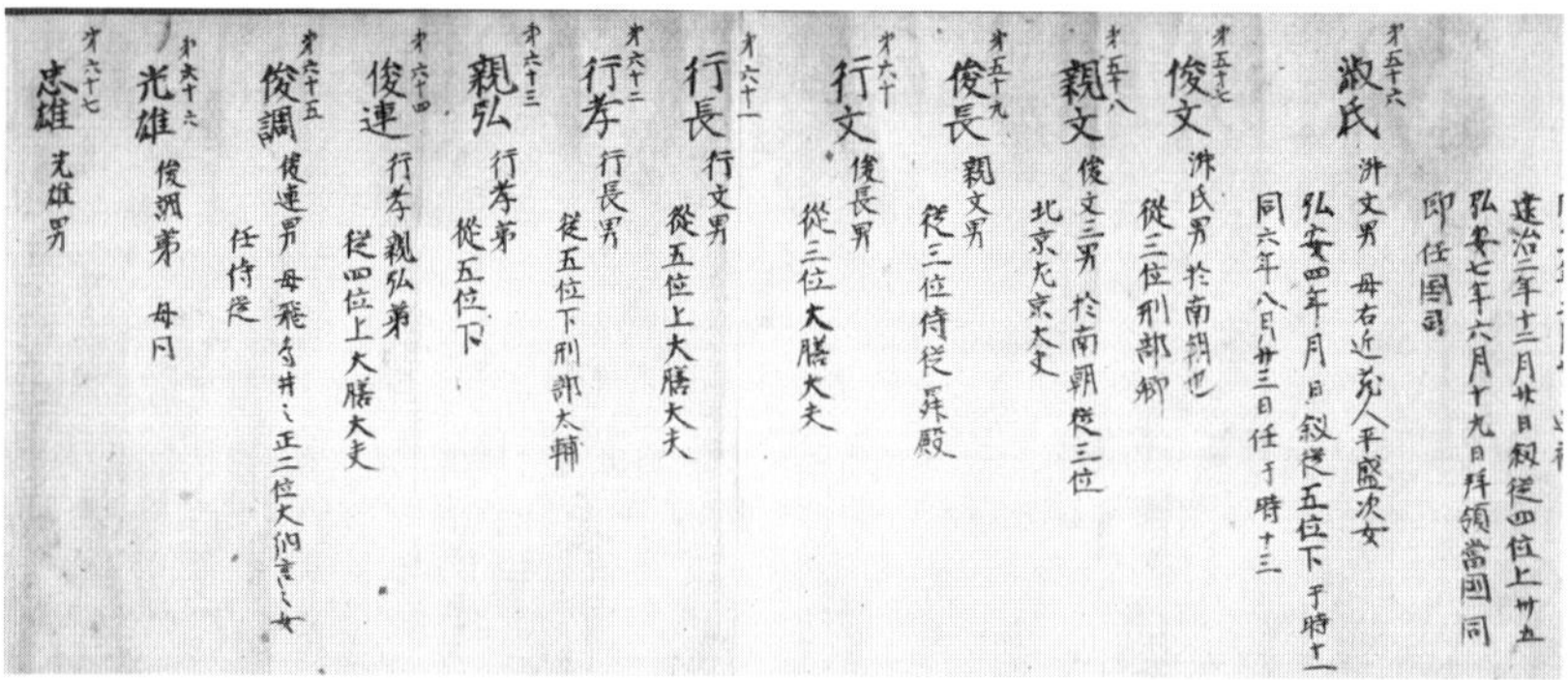
建治二年十二月廿日叙従四位上　卅五
弘安七年六月十九日拝領当国同
即任国司
才五十六
淑氏　淑文男　母右近将監平盛次女
弘安四年　月　日叙従五位下　于時十一
同六年八月廿三日任　于時十三
才五十七
俊文　淑氏男　於南朝也
従三位刑部卿
才五十八
親文　俊文三男　於南朝従三位
北京左京大夫
才五十九
俊長　親文男
従三位侍従　昇殿
才六十
行文　俊長男
従三位大膳大夫
才六十一
行長　行文男
従五位上大膳大夫
才六十二
行孝　行長男
従五位下刑部大輔
才六十三
親弘　行孝弟
従五位下
才六十四
俊連　行孝親弘弟
従四位上大膳大夫
才六十五
俊調　俊連男　母飛鳥井々々正二位大納言々々女
任侍従
才六十六
光雄　俊調弟　母同
才六十七
忠雄　光雄男

第五　大名草比古（在山城国風土記）久志多麻男

第六　于遅比古大名草比古男

第七　舟本于遅比古男

第八　夜都賀志彦舟本男

第九　等与美々（在日本記）夜都賀志彦男

第十　豊布流等与美々男、初賜大直

第十一　塩籠豊布流男

第十二　祢賀志富塩籠男

第十三　忍祢賀志富男

第十四　國見忍弟

第十五　麻佐手忍男

第十六　国勝國見男

日本記第四（廿）敏達天皇十二年秋七月、遣紀国造押勝於百済之由、載之

第十七　忍勝麻佐手男

第十八　大海国勝孫

第十九　大山上忍穂忍勝男、立名草郡兼大領

第二十　小乙下牟婁大山上忍穂弟

第廿一　務壹石牟小乙下牟婁弟

第廿二　直（真）祖務壹石牟男

第廿三　古麻呂小乙下牟婁男

第廿四　林直解任古麻呂弟

第廿五　千嶋林直解任弟

万葉六、豊嶋采女云々、同歟異歟可勘也

第廿六　足國千嶋男

第廿七　豊嶋建嶋男、建嶋者古麻呂男也

第廿八　吉継豊嶋弟

第廿九　勲十二等豊豊丸男、豊丸者直祖弟也

廣嶋者宝亀年中歟、但猶不定

第卅　五百友廣國男、廣國者豊島男

第卅一　國栖廣嶋男、廣島者千嶋弟也

第卅二　勲九等豊成国栖男

第卅三　高継勲九等豊成弟、外従五位下

第卅四　弘渕高継弟

第卅五　槻雄深海男、深海者高継男也、已上不兼大領

第卅六　廣世宗守男、宗守者国井六世孫

第卅七　有守廣世男、外従五位下

第卅八　奉世有守男、号吐前国造

第卅九　行義文煥男

散位従五位下

村上天皇御宇、康保年中、淑文（叔父カ）美作守
文利淑光卿三男、為紀伊國司之時、行義
為國務下向在国之間、娶国造奉
世之娘、奉世無男子、仍円融院御時、以
天元年中、譲補（シャウフ）國造職於行義、是
当家嚢祖（ナウソ）也

第四十　孝経（タカツネ）行義男

第四十一　義孝（タカ）孝経男　社務十六年

寛仁三年二月十九日任、長元七年辞退、移
住美濃国、仍号美濃国造

第四十二　孝弘（ノリ）義孝弟　社務卅年

正二位権大納言

長元七年閏六月廿二日任、康平六年三

月卒

第四十三　孝長孝弘弟
康平六年任、寛治四年九月廿四日卒
号阿備国造、興福寺僧・孝暹者弟也
但兄弟不審、松室仲筭大徳弟子云々

第四十四　孝季（タカ）孝長男
自父存生之時、行社務如代官云々、
承徳二年六月五日卒、号南国造、孝信
者男也

第四十五　経佐孝弘三男、字同友三郎　社務十一年
寛治五年四月十日任、承徳二年六月始
被許社務、天仁二年正月辞退、
永久元年卒

第四十六　良守経佐男　社務廿六年
嘉承二年叙従五位下、天仁二年正月十六日
任、長承三年三月辞退之後、即任攝津
権守、保延四年十月卒

第四十七　良佐良守男　社務十五年

大治三年正月廿四日叙従五位下、長承三年三月十五日任廿六、久安四年七月十五日卒卌、号坂田国造

第四十八　良忠良佐男　社務八年
久安四年七月十四日任十九、久寿二年九月十二日卒廿六、号紀三井寺国造

第四十九　良平良忠弟
久寿三年三月被宣下、同四月五日頓死、号大宮国造、
壬生女房・熊野女房二人者妹也但姉妹不審
為別当妻之由、見旧記

第五十　良宣良守六男、良佐弟也　社務廿九年
保元々年十月廿一日任卅九、寿永三年三月廿一日卒六十七、号小宅国造、多々女房者妹也但姉妹不審
宣光良宣三男、母左中将成雅朝臣女
承安三年七月任安芸権守、治承三年

十月四日卒廿七、御白河御時祇候北面云々

第五十一　宣俊良宣四男、母同宣光、社務十二年

元暦元年十二月廿七日任廿七

建久元年六月廿六日叙従五位下

同六年八月辞退、元久元年九月十三日

出家、同十六日卒四十七

号安居寺國造、宣盛・宣長者庶兄也、

宣清・宣成・僧宣真者庶弟也

第五十二　宣宗宣俊男、母白拍子　社務廿七年

建久六年八月十日任九、建永元年十月

従五位上、承元四年十二月廿日叙正五位

下、承久年中被許上北面、同三年九

月十日卒卅五、号中國造

第五十三　宣保宣宗弟、母遊女　社務四年

承久三年八月廿七日任卅五

元仁元年十一月廿四日卒卅六

号報恩寺國造、宣氏・長谷宣者弟也、

大和女房・灵山女房・輔長妻等妹也

第五十四　宣親宣保男、母神祇権少副兼経女

社務廿九年

嘉禄元年九月七日任十歳

嘉禎二年四月十四日叙従五位下

仁治二年七月廿二日叙従五位上

建長二年三月十五日被許上北面

建長五年四月辞退、同六年十二月十九日

任備後守、正嘉元年十二月六日重被聴

京都出仕

文応元年九月廿八日叙正五位下

弘長年月移住紀三井寺

文永二年閏四月八日御出家、御法名

妙連、同十一年三月廿四日卒五十九

号後紀三井寺國造

第五十五　淑文宣親男、母大和法眼親乗女

寛元四年十月十五日任掃部権助

于時五歳

建長五年三月六日任十二歳

同七年三月廿八日被許上北面十四歳
同八年正月六日叙従五位下
文永三年十一月十三日叙従五位上
同四年十一月十日叙正五位下廿六
同八年三月十八日叙従四位下
同十年七月九日停任卅二
同十一年二月廿日還補卅三
建治二年十二月廿日叙従四位上卅五
弘安七年六月十九日拝領当国、同
即任国司

第五十六　淑氏淑文男、母右近蔵人平盛次女
弘安四年月日叙従五位下、于時十一
同六年八月廿三日、于時十三

第五十七　俊文淑氏男、於南朝也
従三位刑部卿

第五十八　親文俊文三男、於南朝従三位
北京左京大夫

第五十九　俊長親文男

従三位侍従昇殿

第六十　行文俊長男

従三位大膳大夫

第六十一　行長行文男

従五位上大膳大夫

第六十二　行孝行長男

従五位下刑部大輔

第六十三　親弘行孝弟

従五位下

第六十四　俊連行孝・親弘弟

従四位上大膳大夫

第六十五　俊調俊連男、母飛鳥井之正二位大納言之女

任侍従

第六十六　光雄俊調弟、母同

第六十七　忠雄光雄男

2　現状本の成立

以上、「国造次第」の現状本を翻刻したが、それに基づいて次に系図化して示しておこう。なお、第三十六代廣世の直系の祖となる国井については、歴代の国造との継承関係が不明である。これについては後に触れるが、こ

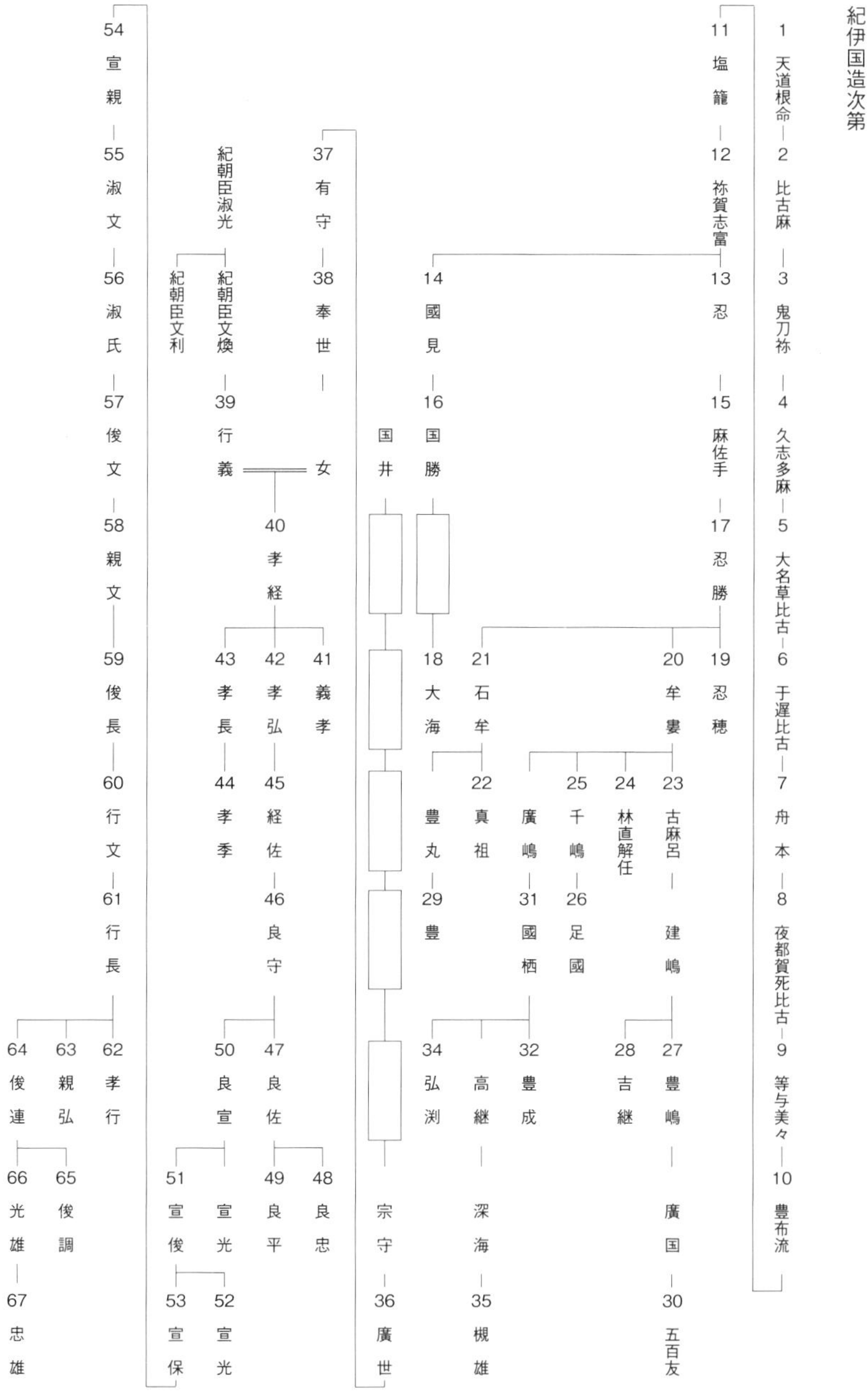
紀伊国造次第
1 天道根命
2 比古麻
3 鬼刀祢
4 久志多麻
5 大名草比古
6 宇遅比古
7 舟本
8 夜都賀死比古
9 等与美々
10 豊布流
11 塩籠
12 祢賀志富
13 忍
14 國見
15 麻佐手
16 国勝
国井
17 忍勝
18 大海
19 忍穂
20 牟婁
21 石牟
22 真祖
豊丸
23 古麻呂
24 林直解任
25 千嶋
廣嶋
26 足國
27 豊嶋
28 吉継
29 豊
30 五百友
廣国
31 國栖
32 豊成
高継
深海
34 弘渕
35 槻雄
宗守
36 廣世
37 有守
38 奉世
女
紀朝臣淑光
紀朝臣文煥
紀朝臣文利
39 行義
40 孝経
41 義孝
42 孝弘
43 孝長
44 孝季
45 経佐
46 良守
47 良佐
48 良忠
49 良平
50 良宣
宣光
51 宣俊
52 宣光
53 宣保
54 宣親
55 淑文
56 淑氏
57 俊文
58 親文
59 俊長
60 行文
61 行長
62 孝行
63 親弘
64 俊連
65 俊調
66 光雄
67 忠雄

の系図においては現時点では明示しないことにする。

本史料の冒頭部分に、「今貞観十六年以甲午歳、依本書已損、改写書　国造正六位廣世直」と記されている。すなわち、貞観十六年（八七四）に本来の「国造次第」が損なわれたため、第三六代の廣世が改写したと記しているのである。このことから、原「国造次第」が貞観十六年まで存在し、それをもとに廣世が改写本を成立させたことがわかる。

廣世の改写本作成の動機については、薗田香融氏が彼の傍系からの相続と、貞観年間（八五九〜八七七）前後の氏族系譜作成の一般的情勢から、事実とみなしてよいと判断される。さらに、上述のような動機のもとに改写がなされたのであれば、傍系から相続した廣世が、彼に至るまでの歴代を、ことさらに潤色する必要は存在しなかったと見てよいであろう。

以上のように、廣世は原「国造次第」を忠実に転写して、改写本を成立させたものと考えてよいであろう。しかし、現在伝世している「国造次第」は、廣世が転写した改写本そのものではないと思われる。そこで、現在伝世している「国造次第」を、以下現状本と呼ぶことにしたい。現状本が改写本そのものではないと思われる根拠は、現状本が第三六代廣世にとどまらず、第六十七代忠雄までを記していることである。しかも、筆者が原本を目視調査したところでは、書体や書癖及び異体字等の用い方から、終始一貫して一人の手によって、記されていると判断できるからである。

すなわち、改写本が廣世によって成立した後、以後の国造たちによって歴代が書き継がれ、第六十七代忠雄の代に至って一括して再度改写されたものが現状本であると考えられるのである。それでは、私が忠雄によって再度改写されたとする根拠を次に述べておこう。

ここで、再度の改写を行ったとする忠雄について、その事跡を明らかにしておこう。『紀伊続風土記』[5]の「国造家譜」に収める第六十七代忠雄の項によると、次のように記されている。

光雄ノ男、天正十二年　東照宮小牧御陣の時、忠雄御内命を蒙り、御味方に奉仕するを以て御感状を賜ふ、同十三年豊太閤当国に発向ありて、根来寺を滅ぼし、続きて当社を破却し、神領悉没収せらる。これに依りて忠雄神霊を奉じて、高野寺領毛原といふ所に遁る、此時旧記の類多く散逸し、東照宮より賜ふ所の御感状も亦紛失す、乱後私に仮殿を造る、同十五年大和大納言秀長卿、若山ノ目代桑山修理大夫に命じて、仮殿造替あり、天正十八年八月晦日卒す

これによると、忠雄は羽柴秀吉による天正十三年（一五八五）の紀州攻めの際の当主であり、この紀州攻めによって国造家（日前宮）に伝わる史資料が、大いに喪われたというのである。日前宮が秀吉によって手ひどい仕打ちを受けた理由を、前年の小牧長久手の戦に際して、日前宮が徳川家康に荷担したことによるものであると説明している。

日前宮破却の原因を、日前宮が小牧長久手の戦において、徳川家康に荷担したと言う主張は、近世の紀州の領主が御三家徳川氏であったことから、多分に領主に迎合したものであろうと思われる。[6]しかし、日前宮は周知のとおり紀ノ川平野における最大の荘園領主であり、[7]太閤検地を目指す秀吉にとっては、淘汰しなくてはならない最大の中世的権威であったことは間違いないであろう。[8]したがって、国造家（日前宮）が天正十三年の秀吉の紀州攻めによって、手痛い被害を蒙ったという記述はほぼ事実であったと認めることが出来るであろう。

おそらく、廣世が改写してその後も書き継がれてきた改写本も、このときにかなりの被害を蒙ったと考えられるであろう。この被害の修復にあたった国造こそが、第六十七代忠雄なのである。彼は高野寺領毛原（現和歌山

県海草郡紀美野町）まで日前宮の神体を奉じて避難したと伝えられている。そして、その後の復興は二年後の天正十五年から彼の手によって開始されたのである。その際、日前宮の祀官である国造家の何たるかを確認することが急務であり、もし「国造次第」の改写本が大きく損傷を受けたとすれば、神体の奉還と並んで最も急いで改写しなくてはならない作業であったと思われる。

『紀伊続風土記』の記述に信を置くならば、日前宮の復旧は天正十五年から開始され、忠雄の没年が天正十八年であるから、おそらくこの三年の間に忠雄による再度の改写がなされたものと考えられるであろう。しかも、その改写は拙速と評しうるほどに、かなり急いで行われたようである。そのため、改写の際の誤字・脱字・誤解と思われる個所がかなり見受けられる。

薗田氏がすでに指摘しておられるが、第二十一代国造の名として「務壹石牟」が記されているが、「務壹」は明らかに天武天皇十四年施行冠位制の務位をさしていると思われる[9]。すなわち、石牟の帯していた冠位を名前の一部と誤解したのであろう。また、第六代国造の名として「于遅比古」が見える。これは原本を観察すると、本来「子遅比古」と記していた「子」の字を抹消して、朱字で「于」と訂正している。これは、改写当初意味を十分に理解せず「子」と記したものを、現状本成立後に諸史料を勘案して訂正されたものであろう。

また、数箇所カタカナで注記の施されている個所がある。これらも、おそらく拙速な改写を行ったために生じた誤記を後代に訂正しようとして注記されたものであろう。第四十二代国造の名として「孝弘」が見えるが、「孝」の右横に「ノリ」というカタカナ注記が施されている。これは「孝弘」を「ノリヒロ」と読むべきことを注記したものであるが、管見に及ぶ範囲では「孝」という漢字に「ノリ」という名乗りの訓は存在しないと思われる。

このことについて、奈良の手向山神社所蔵の「紀氏系図[10]」が明確な判断材料を提供してくれる。孝弘は第三十九代行義の孫にあたる。行義は紀朝臣氏から国造家に養子として入って三十九代を継承した人物である。そのため、「紀氏系図」に行義の直系を中心とする系図が記されている。それによると、彼の孫として「国造教弘」が明記されている。このことから、第四十一代国造の名は本来「教弘」であり、転写の際に「教」のつくりの「攵」を脱落させてしまって「孝」と記したものと思われる。しかし、国造家には四十一代国造の名乗りが「ノリヒロ」であるということが伝わっていたため、後代にカタカナの訓が付されたものと思われる。

以上、「国造次第」現状本の改写が、かなり拙速に行われたことを示す点を、典型的な数点にわたって指摘した。もちろん、細部にわたってはこれ以外にも指摘すべき点は多々ある。これらのことから、忠雄による改写がかなり拙速に行われたことは、十分に証明できたものと思われる。このことは、現状本の史料的な価値をかなり減ぜしめる結果となった。しかし、それは逆に忠雄が改写する際に、改写本に何も付け加える余地すらなかったことを示しているということが出来るであろう。すなわち、現状本にはかなりの誤字や誤写が存在することを念頭において、関連諸史料と校勘することによって、十分に史料として利用することが出来るであろう。

3　信憑性に関する若干の問題

現状本は、拙速な改写を行ったため、誤字や誤写が極めて多く含まれている。しかし、そのことは逆に後世の人による潤色が少ないことの証しでもある。それゆえに、現状本を史料として利用する際には、そのことをよく留意しておく必要がある。そして、それを留意して用いる限り、現状本は私達にかなりの情報を提供してくれると思われる。そこで、この現状本の史料としての信憑性を物語る問題を数点指摘しておくことにしよう。

第六代国造として、于遅比古の名が見える。これについては、当初現状本に「子遅比古」と記されていたものが、先にも述べたように後代このように朱字によって訂正されたものであろう。現状本の当初の記述を訂正するからには、国造家に伝わる関係資料や口碑伝承によって、訂正がなされたものと考えられる。このことから、六代国造は原「国造次第」にも、「于遅比古」と表記されていたと判断できるであろう。

この于遅比古は、『日本書紀』や『古事記』にもその名を見ることが出来る。『古事記』孝元天皇段によると、武内宿禰の生母である山下影日売の出自として「木国造之祖、宇豆比古之妹」となっている。ここに「木国造」とあるのは紀伊国造のことであり、「宇豆比古」は万葉仮名で于遅比古に音が通じることから、まったく同一人物を差していると考えてよいであろう。一方、この武内宿禰生誕伝承は、『日本書紀』では景行天皇紀に配されており、やはり武内宿禰の生母を影媛とし、その出自を「紀直遠祖菟道彦女」としている。紀伊国造の本姓が紀直氏であり、「菟道彦」がやはり万葉仮名で于遅比古に音が通じることから、同一人物をさしていることは間違いないであろう。

ここで問題となるのは、現状本が「于遅比古」、『古事記』が「宇豆比古」、『日本書紀』が「菟道彦」と、同一人物を指しながらそれぞれに表記が異なっていることである。このことは、「国造次第」が、記紀を参照してその記述に迎合するために筆録されたものではないことを、何よりも雄弁に物語っているといえるであろう。このことは、現状本で第九代となっている「等与美々」が『日本書紀』神功皇后紀に「豊耳」とあり、第十七代となっている「忍勝」が『日本書紀』敏達天皇紀に「押勝」と標記されていることも同様のことがいえるであろう。すなわち、現状本から知ることが出来る「国造次第」の記述内容は、記紀とはまったく別系統の、紀伊国造独自の伝承なのである。そして、それらの内容が記紀とかなりの整合性を有しているのである。(11)

次に、「国造次第」の歴代に付された系譜記載について触れておこう。各代の国造にはそれぞれ原則として前代国造との血縁関係が明記されている。ただし、前代国造と遠縁にあたる場合は、第十八代大海のように、「国勝孫」と記している。この場合は、大海の父の名前を明らかにしてはいないが、大海と第十六代国勝との血縁関係を明示している。このことは、国造を継承するにあたって、もっとも注目された事柄が、誰の子であるかということよりも、歴代の国造とどのような系譜関係にあるかという問題であったからであろう。

このような「国造次第」の筆録態度を理解した上で再度通覧すると、内容において最大の不整合が生じている個所が第三六代廣世の注記であろう。それによると、「宗守男、宗守者国井六世孫」と記されている。すなわち、廣世は宗守の男子であるが、その宗守は国井という人物の六代目の子孫であるというのである。先に紹介したように、薗田氏は廣世の「国造次第」改写本作成の蓋然性として、彼がかなりの傍流から国造家を継承したことを指摘された[12]。そうであるとするならば、この改写本に廣世が施すべき最大の作業は、いかに傍流であろうとも国造家を継承した廣世自身に立派な継承資格があることを明示することであったはずである。そして、それこそが廣世自身が歴代のどの国造からの血縁関係を引いているかを明らかにすることであったはずである。

このように理解した時、廣世に注記された「国井」は、この「国造次第」を紐解く者誰もにとって、一目瞭然に理解できる人物でなくてはならないことになる。すなわち、「国井」は、必ずや廣世以前の国造であったと思われるのである。しかし、廣世以前の歴代国造を見ても「国井」という名の国造を検出することが出来ないのである。このことに関して『紀伊続風土記』は、おそらく同様に考えたのであろうが、廣世の項に「按するに、国井は国栖同人にて、かくも書けるならむ」と注記している。このように解釈した背景については、今では憶測する以外ないが「井」と「栖」の音がともに「セイ」であることに着目したのではないだろうか。

これに関して、薗田氏は「『続風土記』は、この国井を三一代国栖に比定するが、それでは世代数が合わず、両者は別人」と断じている。たしかに、国栖とするには代数が合わないことから、薗田氏の判断は的を射ているだろう。国井の比定を保留した上で、「廣世の出自にしてかくのごとくであってみれば、かれが系譜の改写を手がけた理由もほぼ首肯される」とする。すなわち、「国造次第」の中で処理できないほどの傍流から国造家を継承したからこそ、「国造次第」の改写を行ったのだとするのである。しかし、先に述べたように、「国井」が廣世以前の歴代国造の中で処理できないとするならば、廣世に付された注記そのものの存在が無意味なものになってしまうであろう。

この「国井」に関して、佐伯有清氏は、「もし「国井」が誤写であれば、系図の中にみえる忍の弟、「国見」が同一人の可能性が大きい。国見の六世孫が宗守、その子が廣世と」推定した。(13) そして、国見━国勝━□━大海━□━□━宗守━廣世の系図を復元されたのである。前述のごとく、現状本はかなりの誤写が存在することを指摘したが、このことを考慮すれば、佐伯氏の推定はかなりの説得力を有していると思われる。しかし、佐伯氏が復元された系図のとおりであるとするならば、廣世の注記における宗守の出自は、直近の国造を指して記されたはずであるから、「宗守者大海三世孫」と表記されたはずである。したがって、佐伯氏の提示された復元系図案には即座に従えない。

しかし、佐伯氏が「国井」を廣世以前の歴代国造の中で処理しようとされた点は、卓見であると評価したい。ただ、「国井」を国見に比定されるが、なぜ国勝を退けられたのかという点について、なんらの説明もないことに大きな不安を感じざるを得ない。先にも述べたように、現状本はかなりの誤字が認められる。「井」の字が誤写されるとするならば、「見」よりも「勝」の方がその可能性が高いように思われるのである。「勝」の偏の月を草書に崩して書く場合、「井」の第二画と第三画を組み合わせたような形になるのである。仮に現状本のもととなった改写本の注記が草書や行書で記されていたとするならば、国見よりも国勝の方が「国井」に誤写される可能性は高かったであろう。少々希薄な根拠ではあるが、私は「国井」を国勝に比定すべきであると提言したい。「国井」が国勝の誤写であるとするならば、宗守は国勝の六世の孫であったことになる。ただし、国勝の子孫であったとしても、それは大海の系統に属するものではないはずである。もしそうであれば、宗守の系譜は大海から説き起こしたはずである。したがって、宗守の系譜は国勝の子で、大海の父の兄弟の系統であったと思われる。以上の推定に大過なしとするならば、廣世は第三十五代槻雄と同世代に位置することになり、槻雄から第三十六代国造を継承するに相応しい立場となるであろう。

最後に、第三十代五百友と第三十一代国栖の継承関係に言及しておこう。現状本によると、第三十代五百友になっているが、彼は『続日本紀』延暦九年五月八日条に「癸酉、以外従八位上紀直五百友、為紀伊国造」と見える。一方、第三十一代国栖は、やはり『続日本紀』天平神護元年九月二十一日条に「名草郡大領正七位上紀直国栖等五人、賜爵人四級」と見える。しかも、系譜関係を一覧すると、国栖は五百友よりも三世代上に位置している。このことをもって、早くは本居内遠が次のように述べている。[14]

国栖・五百友と次第すへきを、家系前後を写誤れり、国栖は廿五代千島の弟なる廣島の子なり、五百友は廿七代豊島の弟廣国の子なるにても、時代後なること知るへし

すなわち、本居内遠は国栖・五百友の世代と『続日本紀』の所出年代を勘案して、両者の継承順位が逆転しているであろうと指摘したのである。その後、薗田氏も前掲論文においてこの指摘を承認しておられる。これに対して、佐伯有清氏は基本的には前後の誤写はなかったとされる。その論拠として、次のように述べられる。[15]

かつて名草郡大領であった国栖（『続日本紀』天平神護元年十月庚辰条）が、大領を退任してしばらくたって、延暦十五、六年前後（七九六―七九七）ごろに、五百友の後を受けて国造に任ぜられたとも考えられる。

天平神護元年（七六五）当時、名草郡の大領であった国栖が、三十一、二年後の延暦十五、六年頃まで、はたして生存していたかどうか疑問も生じるであろうが、天平神護元年に三十歳代であれば、三十一、二年後の延暦十五、六年ごろまで、なお健在であったとみることは不自然ではない。さらに、「国造次第」にもとづいて作成した系図にあきらかなように、第二十七代国造の豊嶋以後、第二十八代の吉継、第三十代の五百友といったごとく豊嶋の近親者が国造を独占し（ただし第二十九代の国造は、豊嶋からかなりかけ離れた豊という人物）、ついで国造の任は豊嶋とは別系の国栖が第三十一代の国造となって、それ以後、国造の任は、この系統の近親者に承け継がれていることから見ても、国造の継承は、五百友（古麻呂系）から国栖（古麻呂の弟広嶋系）へとなされたとする方が自然であろう。

佐伯氏の主張されるとおり、氏族の長の近親による独占傾向は十分に想定できることであろう。しかし、佐伯氏自身が認められるように、第二十九代国造はまったく別系統から継承しており、近親による独占傾向は完全なものではなかったと思われる。何よりも、天平神護元年時点で国栖が名草郡大領であったことは動かしようのない事実である。その三十余年後に国栖が五百友の後を受けて国造を継承したというのであれば、天平神護元年時点での紀伊国造は果たして誰であったといわれるのであろうか。

律令時代の国造の存在形態については、議論の分かれるところである。[16] しかし、「国造次第」が歴代の国造を列記しているのは、国家の承認の有無を問わず、紀ノ川平野に盤居する大化前代からのこの地の支配者である紀直氏（＝紀伊国造）の長であることを誇らしげに訴えているに他ならないのである。そして、律令国家制度成立に伴い、それら地方権力者は郡司として、その官僚機構の中に自らを郡大領として位置付けようと腐心したのである。

すなわち、地方権力者としての紀直氏の長は、大化前代からの権力者としての称号を国造として称し、新たな律令制度の中では郡大領として位置付けようとしたのである。大領職が他の氏族に奪取されない限り、それは国造氏族の長の占有するところであったと見なくてはならないであろう。すなわち、紀直氏の長にとって国造と郡大領は表裏一体のものであったといえるであろう。このように考えるならば、天平神護元年に名草郡大領の任にあった国栖は、その時点で紀直氏の長であり、律令国家の承認の有無を問わず、紀ノ川平野に君臨する国造であったはずである。また、延暦九年に国造に就任した五百友は、大領職就任の有無を問わず紀直氏の長であったはずである。

以上の考察によって、『続日本紀』の記載内容から、天平神護元年時点の紀直氏の長（＝国造）が、国栖であることは明白であり、延暦九年時点のそれが五百友であることもまた明白であるといわなくてはならないであろう。したがって、本居内遠が指摘して、薗田氏が首肯されたように、国栖と五百友の継承順位に逆転があったことを認めなくてはならないであろう。なお、前後の国造に関しては、六国史の所出年から大きな矛盾は認められず、継承順位の逆転はこれ以外にないものと判断して差し支えないであろう。

以上のような国栖・五百友の逆転は、改写本ないしは現状本作成時の単純な誤写であろうと思われる。このような誤写を誘発した要因は何であろうか。原「国造次第」や改写本の状態を知ることの出来ない今となっては、想像をたくましくして憶測する以外すべはない。以下に、それに関する若干の憶測を述べておこう。

現状本の巻頭部分、廣世の改写行為の述懐に続いて、歴代の国造が列記されているが、第一代から第十八代まででは、奇数代が上に、偶数代が下に配され、一行に二代ずつ記されている。そして、第十九代忍穂は、一人で一行を占めている。これは、忍穂に付された注記が大量に及んだからであろう。そして、第二十代から第三十七代までが再び偶数代を上に、奇数代を下に配され、一行に二人ずつ配されている。しかし、第十九代忍穂の例から見て、原「国造次第」にも歴代のうち、注記の多い国造については、一代で一行が充てられていたのではないだろうか。その原「国造次第」が二度の改写を経る過程で、一行に二代ずつを配するように書き改められたのではないだろうか。その際に生じた継承次第の逆転ではなかろうか。五百友・国栖に付された注記の量を見るとき、このような憶測も許されるのではないだろうか。

おわりに

本節は、「紀伊国造次第」の現状本を紹介し、その成立と信憑性について考察を行った。まず、現状本の翻刻については、第六十七代忠雄までの記述をすべて行った。そして、そこから得られる情報を系図化した。次に、現状本の成立を、廣世が改写した改写本が、忠雄の代に至って羽柴秀吉の紀州攻めによって大いに損なわれたため、彼の手によって現状本が成立させられたものと推定した。

また、それぞれの改写の際の動機を推定し、過剰な潤色は付されていないものと判断できるとした。ただし、忠雄の改写がかなり拙速に行われたため、現状本にはかなりの誤字や誤写の存在することを指摘した。

次に、現状本の歴代国造人名表記から、この「国造次第」が記紀等の記述を参照し、その内容に迎合しようとして著された史料ではなく、まったく紀伊国造家独自の伝承であることを指摘した。さらに、第三十六代廣世の直系の祖として現状本に記されている「国井」を、第十六代国勝の誤写であろうと推定した。

最後に、第三十代五百友と第三十一代国栖の所出年代の不整合について考察した。このことについては、律令体制下における地方豪族の族長の伝統的権威を堅持しようとする傾向と、彼らが新しい律令体制へ自らを位置付けようとする傾向から、紀直氏内部における国造の呼称と郡大領の官職は不可分なものであると指摘した。したがって、誤写による継承次第の逆転が存在したことを認めるべきであると提言した。

以上が、本節において考察した結果である。平安時代中期以前、すなわち第三十六代廣世以前については、その内容がこれまでにも紹介され考察されていたが、それ以後の歴代については、今後の研究材料となるのではないかと思われる。ただし、翻刻以外の考察部分については、私自身が誤写・誤字が多いと指摘した現状本をもとに、かなりの推測を挟んで考察を展開しなくてはならなかった。これらに関しては、今後の叱正を受けてさらなる考察を進めていきたいと思う。

注

（1）『先代旧事本紀』国造本紀によると、紀伊国造の任命を「橿原朝御世、神皇産霊命天道根命定賜国造」とある。

（2）薗田香融「岩橋千塚と紀国造」（末永雅雄・薗田香融・森浩一編『岩橋千塚』、関西大学、一九六七、のち薗田『日本古代の貴族と地方豪族』、塙書房、一九九二）

（3）佐伯有清『新撰姓氏録の研究』考証篇四（吉川弘文館、一九七二）

（4）後に触れるが、紀忠雄の没年は、『紀伊続風土記』所収「国造家譜」によると、天正十八年（一五九〇）である。

（5）『紀伊続風土記』は、文化三年（一八〇六）に幕命を受けた紀州藩が、領内学術スタッフを総動員して編纂を開始し、天保十年（一八三九）に完成させた。特に、本居国学の研究成果を反映しており、史伝に関する考証は精密である。その編纂過程及び信憑性については、『和歌山市史』第二巻（和歌山市、一九八九）第四章第三節（三尾功担当）に詳しい。

（6）『和歌山市史』第一巻（和歌山市、一九九一）、中世篇第三章第六節のうち、「雑賀衆を語る文芸」（寺西担当）。なお、秀吉と太田城に篭城した紀州勢との関係に言及した「太田家文書」（『和歌山市史』第四巻、一九七七）があるが、これの位置付けについては、播磨良紀「太田城水攻めと原刀狩令」（津田秀夫先生古稀記念論文集『封建社会と近代』一九八九）に詳しい。

（7）小山靖憲「中世の宮井用水について」（『紀州経済史文化史研究所紀要』三、一九八三、のち小山『中世村落と荘園絵図』、東京大学出版会、一九八七）

（8）播磨良紀「紀州における豊臣秀吉の寺院焼打について」（『和歌山市史研究』十一、一九八三）

（9）天武天皇十四年正月二十一日施行、「明・浄・正・直・勤・務・追・進」の徳目を著す漢字一文字に、「広・大」と「一〜四」で格差を表記した。その意義と運用については、拙稿「天武朝の対皇親政策」（『古代史の研究』七、一九八七、のち寺西『古代天皇制史論』、創元社、一九八八）に詳しい。

（10）東京大学史料編纂所架蔵影写本による。なおそれによると「淑光―文煥―教経―教弘―経佐―淑守」の系譜が明示されている。

（11）このことに関しては、拙稿「紀氏」（別冊『歴史読本』二七巻一七号、二〇〇二）に略述した。

（12）薗田前掲論文（前掲注2）

（13）佐伯前掲書（前掲注3）

（14）本居内遠「紀伊国造補任考」（天保七年（一八三六）、のち本居豊穎編『本居全集』第六、一九〇三）

（15）佐伯前掲書（前掲注3）

（16）律令制下の国造は、律令国造ないしは新国造と分類されることが多い。令制国に一国造が配置されたものと見られている（新野直吉『研究史国造』、吉川弘文館、一九七四）。その存在形態については、高嶋弘志「律令新国造についての一試論」（『日本古代史論考』、吉川弘文館、一九八〇）、篠川賢『国造制の成立と展開』（吉川弘文館、一九八五）が、多分に名誉職的なものであり、その職責は祭祀面に限定されていたとする。これに対し、森公章「律令制下の国造に関する初歩的考察」（『ヒストリア』一一四、一九八七）は、国造が律令国家の地方支配上一定の役割を果たしていたとする。いずれも、律令中央政府から見た国造を論じたものであろう。地方にあって営々とその地を支配してきた豪族が、中央政府の意向の何たるかに関わらず、その地において「国造」として、高い権威と影響力を保っていたことは否定すべきではないだろう。あたかも、明治維新政府成立後のかつての封建諸侯が、旧領国において磐石の権威と権力を、その後も保ち続けたことを例に取れば、容易に理解しうるであろう。

【追記】

本節執筆後、鈴木正信①「『紀伊国造次第』の成立とその背景」（『彦根論叢』三八九、二〇一一）と、やはり同氏②「『紀伊国造次第』の書写方針と注記」（『香川県立文書館紀要』十五、二〇一一）によってご批判を頂いた。

まず①は、「紀伊国造次第」は、親子関係を明らかにすることを目的としており、必ずしも歴代国造との系譜関係を明らかにするものではないとされる。したがって、廣世の祖先である国井をあえて歴代国造とする必要はないともされる。高継がすでに宿禰を名乗っているにもかかわらず、廣世がなお直を名乗っているのは、紀伊国造家本宗以外のなお直を名乗っている一流から継いだのであろうと推測される。さらに、廣世は紀伊国造傍系にあって名草郡大領であったが、本宗後継者が不在であったため、大領でありながら国造に就任した可能性が高いとされる。

廣世が大領の任にあったか否かについては、完全に否定できるものではないが、まったくの憶測であろう。また、父子関係を明らかにすることが一義であるとするならば、廣世の注記は「宗守男」で充分であったはずであり、意味不明な「国井」を記す必要はなかったはずである。廣世が傍流から本宗を継いだことはこれまでも大方の首肯するところであるが、それゆえに、「国井」と記された人物は、歴代国造でなくてはならなかったものと私は考える。なお、鈴木氏の指摘された廣世の姓が「直」であることについては、貴重な指摘であり、今後の課題としたい。

次に②は、忠雄の現状本作成がきわめて拙速に行われたとする私の指摘に対して。第一に、『賀茂御祖皇大神宮禰宜河合神職鴨県主系図』の例から、冠位と名前を同じ大きさで記す例があり、冠位を名前の一部と単純に誤解したとは断定できないとされる。第二に、出雲国造北島家では四十八代宗孝（ムネノリ）・八十代建孝（タケノリ）と名乗る例があり、孝には「ノリ」という名乗りはあったと指摘される。第三に、次第には、「弟」の文字が、正字と略字が混用されており、これは忠雄が底本に忠実に書写したことを示しており、拙速ではなかったことを示しているとされる。

第一については、大宝令位階制は尻付注記で処理されているのに、大宝令施行以前の冠位は名前と同じ大きさで記されており、忠雄には令制以前の冠位の知見に乏しかったと思われる節がある。石牟に付された「務壱」についても、そのような知見があれば「大」ないしは「広」を書き漏らすことはなかったであろう。第二に出雲国造の名乗りの例を上げて「孝」に「ノリ」の名乗りのあることを指摘しておられるが、奈良手向山神社所蔵の紀氏系図に「教経」・「教弘」と明記されていることをどのように理解されるのであろうか。最後に第三については、確かにこの国造次第が順次書き足されていたことの証左であろうと思われる。しかし、弟の一文字を正字・略字を底本に忠実に筆写したことこそ、忠雄がなんら批判を加えずただ機械的に筆写したことを示しており、一般的にはこのような行為を拙速と評すべきものと考える。

なお、鈴木氏には他に「紀伊国造の系譜とその諸本」（『ヒストリア』二一〇、二〇〇八）があり、紀伊国造系譜に関わる十七種類に及ぶ諸本を博覧し、その成立経緯を考察した労作がある。

第二節　「紀伊国造系図」について

はじめに

私は前節で、紀伊国造末裔家に伝来する巻子本「紀伊国造次第」を紹介した。(1)全文を翻刻し、その成立過程を考察し、同史料が記している歴代国造の継承関係について論じた。その結果、「紀伊国造次第」の記述内容は、古代以来の紀伊国造家独自の伝承をとどめたものであることを明らかにした。また、現状を呈するに至ったのは、戦国時代末期の天正十五年（一五八七）から同十八年の間であろうと考察した。

これらの考察は、薗田香融氏(2)や佐伯有清氏(3)のこれまでの成果の驥尾に付したものであった。ところで、紀伊国造末裔家には、国造家系譜資料として、この「紀伊国造次第」とは別に、懸幅装の「紀伊国造系図」（以下、本史料）という一幅が伝来している。これについても薗田・佐伯両氏の研究がすでにあり、最近では鈴木正博氏の詳細な研究がある。(4)とくに鈴木氏の研究は、それまで江戸中期の成立と考えられてきた本史料の成立を江戸初期にまで遡及できるとする見解を披瀝された。

戦国時代末期に現状を呈するに至った「紀伊国造次第」が、前節で述べたように、独自の伝承をとどめているというのであれば、「紀伊国造系図」の記述内容に関しても吟味しておく必要があると思われる。特に、鈴木氏による本史料の成立時期の当否についての検討は、行われなくてはならないだろう。

私がこのように思うようになった契機は、鈴木氏の精緻な研究成果に接したことによることはもちろんである。しかし、それ以上に鈴木氏が、本史料の成立過程について、筆癖を詳細に検討し、本史料が書き継がれた経緯を詳細に検討されながらも、何故に書き継ぎがなされたのか、あるいは、何故に書き継ぎをするべき必要性があったのか、すなわち本史料の成立に関する歴史的要因の解明がなされていないことに、大きな疑問を感じたからである。

そこで、本節ではまず「紀伊国造系図」の全文を翻刻したい。その上で、筆跡等を観察して鈴木氏が提示された書き継ぎの過程を検討したい。そして、本史料が現状を呈するに至った経緯を、特に書き継ぎするべき歴史的要因を中心に明らかにしたい。さらに、「紀伊国造系図」の記述内容について、「紀伊国造次第」の記述内容と比較しつつ、若干の考察を行いたい。

1 「紀伊国造系図」の翻刻

天御中主尊
帝王外戚祖神
高皇産霊尊
神主大祖
神皇産霊尊
卜部・中臣・藤原祖神
津速産霊尊

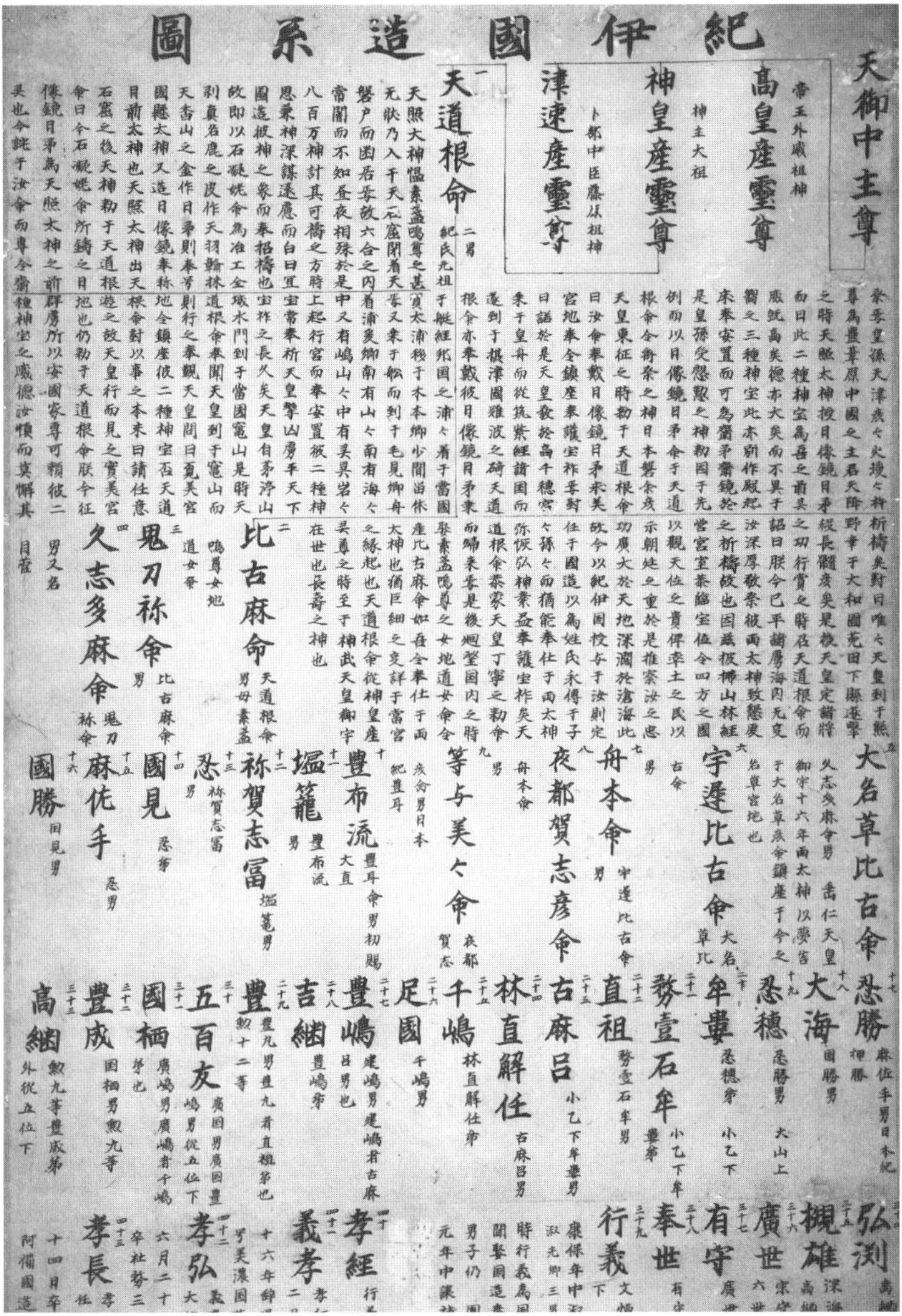
紀伊國造系圖
天御中主尊
高皇産靈尊
神皇産靈尊
津速産靈尊
一 天道根命
二 比古麻命
三 鬼刀祢命
四 久志多麻命
五 大名草比古命
六 宇遅比古命
七 舟本命
八 夜都賀志彦命
九 等与美々命
十 豊布流
十一 塭籠
十二 祢賀志冨
十三 忍
十四 國見
十五 麻佐手
十六 國勝
十七 忍勝
十八 大海
十九 忍穗
二十 牟婁
二十一 務壹石牟
二十二 直祖
二十三 古麻呂
二十四 林直解任
二十五 千嶋
二十六 足國
二十七 豊嶋
二十八 吉繼
二十九 豊
三十 五百友
三十一 國栖
三十二 豊成
三十三 高繼
槻雄
廣世
有守
奉世
行義
孝經
義孝
孝弘
孝長

「紀伊国造系図」

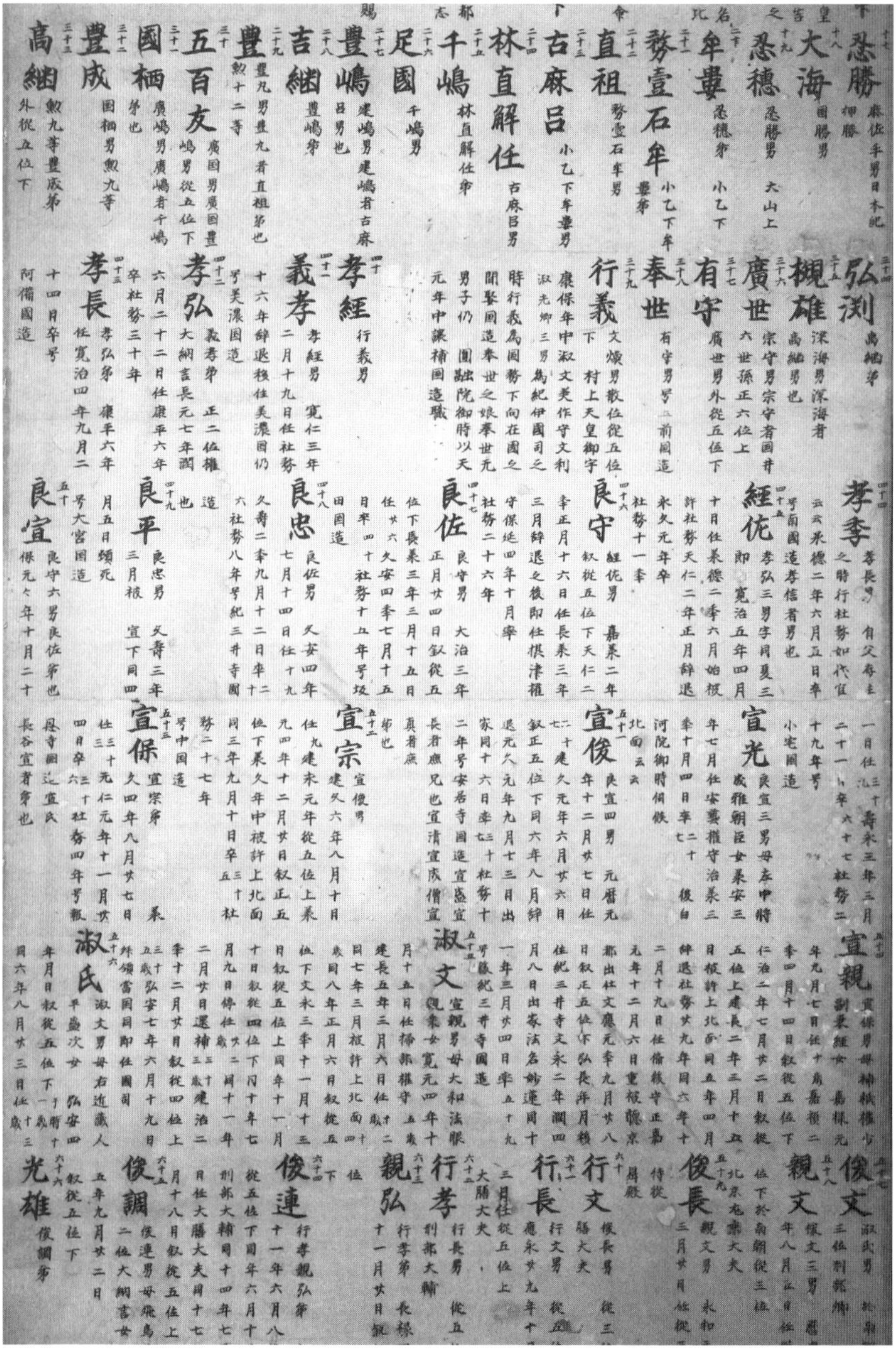

十七 忍勝 麻佐手男日本紀 押勝
十八 大海 国勝男
十九 忍穗 忍勝男 大山上
二十 牟婁 忍穗弟 小乙下
二十一 務壹石牟 牟婁弟 小乙下牟
二十二 直祖 務壹石牟男
二十三 古麻呂 小乙下牟婁男
二十四 林直解任 古麻呂男
二十五 千嶋 林直解任弟
二十六 足國 千嶋男
二十七 豊嶋 建嶋男建嶋者古麻呂男也
二十八 吉總 豊嶋弟
二十九 豊 豊丸男豊丸者直祖弟也 勲十二等
三十 五百友 廣国男廣国豊嶋男從五位下 廣嶋男廣嶋者千嶋弟也
三十一 國栖
三十二 豊成 国栖男勲九等
三十三 高總 勲九等豊成弟 外從五位下

三十四 弘渕 高總弟
三十五 槻雄 深海男深海者高總男也
三十六 廣世 宗守男宗守者国井六世孫正六位上
三十七 有守 廣世男外從五位下
三十八 奉世 有守男 号前国造
三十九 行義 文煥男叙位從五位下 村上天皇御宇
四十 孝經 行義男
四十一 義孝 孝經男
四十二 孝弘 義孝弟
四十三 孝長 孝弘弟

四十四 孝季
四十五 經佐
四十六 良守
四十七 良佐
四十八 良忠
四十九 良平
五十 良宣
五十一 宣光
五十一 宣俊
五十二 宣宗
五十三 宣保

五十四 宣親
五十五 淑文
五十六 淑氏
五十七 俊文
五十八 親文
五十九 俊長
六十 行文
六十一 行長
六十二 行孝
六十三 親弘
六十四 俊連
六十五 俊調
六十六 光雄

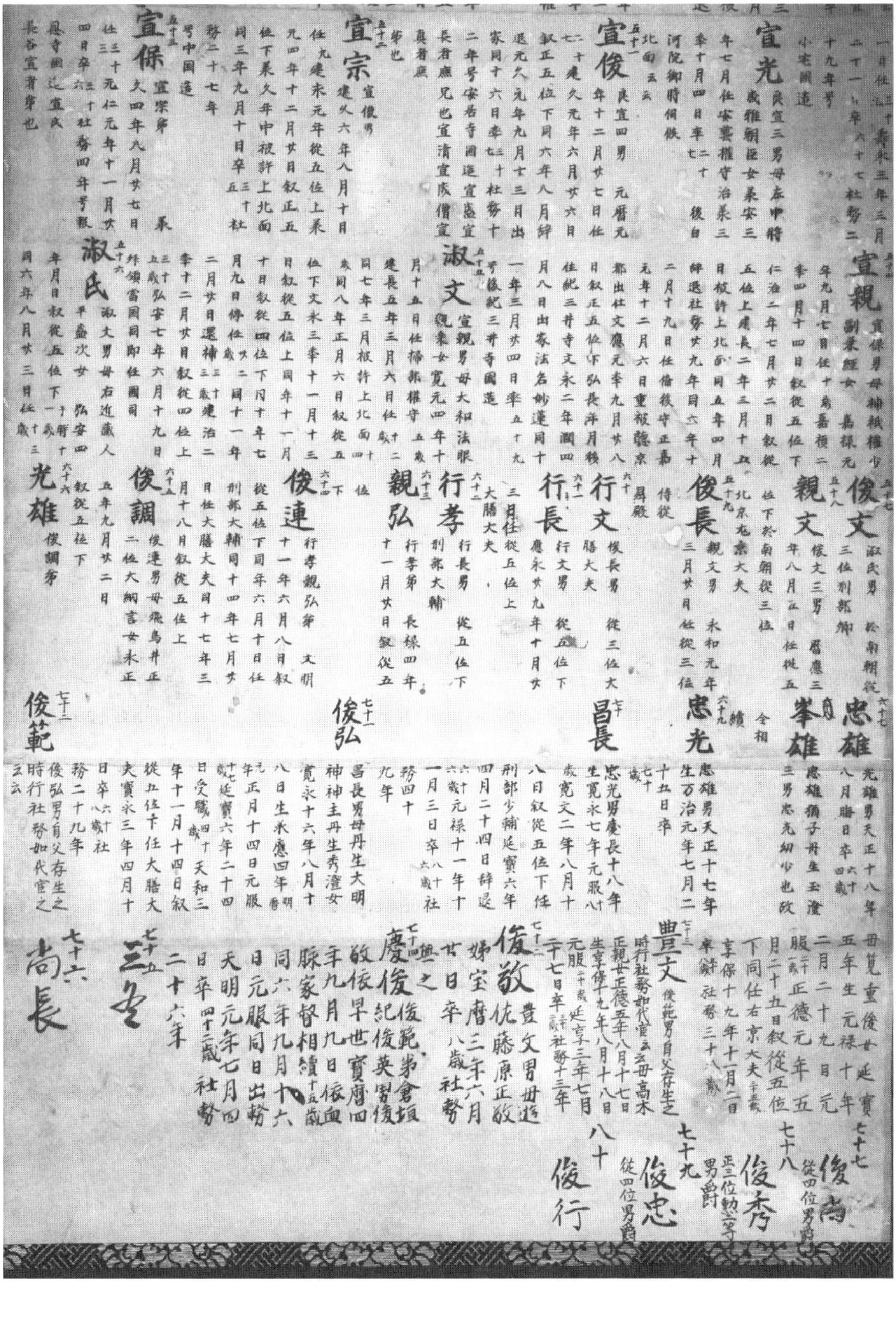
五十四 宣親
宣光
五十一 宣俊
五十二 宣宗
五十三 宣保
五十五 淑文
五十六 淑氏
五十七 俊文
五十八 親文
五十九 俊長
六十 行文
六十一 行長
六十二 行孝
六十三 親弘
六十四 俊連
六十五 俊調
六十六 光雄
六十七 忠雄
峯雄
六十九 忠光
七十 昌長
七十一 俊弘
七十二 俊範
七十三 豊文
七十四 俊敬
慶俊
七十五 三冬
七十六 尚長
七十七 俊尚 従四位男爵
七十八 俊秀 正三位勲三等男爵
七十九 俊忠 従四位男爵
八十 俊行

一　天道根命　二男、紀氏元祖

天照大神、慍素盞嗚尊之甚无状、乃入于天石窟、閉着天磐戸、而幽居焉、故六合之内常闇而不知昼夜相殊、於是八百万神計其可禱之方、時思兼神深謀遠慮而白曰、宜図像彼神之象而奉招祷也、故即以石凝姥命治工、全剥真名鹿之皮作天羽鞴株、天香山之金作日矛、則奉号国懸大神、又造日像鏡奉称日前大神也、天照太(大カ)神出天石窟之後、天(大カ)神勅天道根命曰、今石凝姥命所鋳之日像鏡・日矛、為天照大神之前霊也、今詑(託カ)于汝命、而専令斎祭焉、天津彦々火瓊々杵尊為豊葦原中国之主君天降之時、天照大神授日像鏡・日矛、而曰此二種神宝為吾之前霊、威既高矣徳亦大矣。而不異于嚮三種神宝、此亦別作殿起床奉安置、而可為斎矛斎鏡、於是皇孫受慇懃之、神勅因于先例時以日像鏡・日矛命于天道根命令斎祭之、神日本磐余彦天皇東征之時、勅于天道根命曰、汝命奉戴日像鏡・日矛、求美宮地、奉令鎮座奉護宝祚焉、対曰諾、於是天皇発於高千穂宮、乗于皇舟、而従筑紫経諸国、而遂到于摂津国難波之碕、天道根命亦奉戴彼日像鏡・日矛、乗于艇経邦国之浦々、着当国賀太浦、移于木本郷少間留休焉、又于船而到毛見郷、舟着浦、爰郷南有山、々南有海、々中又有嶋山、々中有霊異岩、々上起行宮、而奉安置彼二種神宝、常奉祈、天皇撃凶虜、平天下宝祚之長久矣、天皇自茅渟山城水門于当国竈山、是時天道根命奉天皇到于竈山、而則行之奉観、天皇問曰、覓美宮地、令鎮座彼二種神宝否、天道根命対以事之本来曰、請任意遊之、故天皇行而見之、実美宮地也、仍勅于天道根命、朕今征群虜所以安国家、専可頼彼二種神宝之威徳、汝慎而莫懈其祈祷矣、対曰唯々、天皇到于熊野、幸大和菟田下縣、撃殺長髄彦矣、是後天皇定諸将之功行賞之時、召天道根命、而詔曰、朕今已平諸虜、海内无事、汝深厚敬祭彼両太神、致懇爰之祈祷故也、因茲披払山林、経営宮室、恭臨宝位、令四方之国以観天位之貴俾、率土之民以示朝廷之重、於是推察汝之忠功、広大於天地、深潤於蒼海、此故今以紀伊国授与于汝、則定任于国造、以為姓氏、永伝于子々孫々、而猶能奉仕于大神、弥恢弘神業、益奉護宝祚矣、天道根命恭蒙天皇丁寧之勅命、而帰来焉、是後廻望国内之時、娶素盞嗚尊之女地道女命、令産比古麻命、如吾奉仕于両大神也、巨細之事詳于当宮之縁起也、天道根命従神皇産霊尊之時至于神武天皇御宇在世也、長寿之神也、

二　比古麻命
天道根命男、母素戔嗚尊女地道女命、
三　鬼刀祢命　比古麻命男
四　久志多麻命　鬼刀祢命男、又名目菅、
五　大名草比古命
久志多麻命男　垂仁天皇御宇十六年、両大神以夢告于大名草彦命、鎮座于今之名草宮地也、
六　宇遅比古命　大名草比古命男
七　舟本命　宇遅比古命男
八　夜都賀志彦命　舟本命男
九　等与美々命　夜都賀志彦命男、日本紀豊耳、

十　豊布流　豊耳命男、初賜大直、

十一　塩籠　豊布流男

十二　祢賀志富　塩籠男

十三　忍　祢賀志富男

十四　國見　忍男

十五　麻佐手　忍男

十六　国勝　國見男

十七　忍勝　麻佐手男、日本紀押勝

十八　大海　国勝男

十九　忍穂　忍勝男　大山上
二十　牟婁　忍穂弟　小乙下
二十一　務壹石牟　小乙下牟婁弟
二十二　直祖　務壹石牟男
二十三　古麻呂　小乙下牟婁男
二十四　林直解任　古麻呂男
二十五　千嶋　林直解任弟
二十六　足國　千嶋男
二十七　豊嶋　建嶋男、建嶋者古麻呂男也、

二十八　吉継　豊嶋弟

二十九　豊　豊丸男、豊丸者直祖弟也、勲十二等

三十　五百友　広国男、広国豊嶋男、従五位下

三十一　國栖　廣嶋男、廣嶋者千嶋弟也、

三十二　豊成　国栖男、勲九等

三十三　高継　勲九等豊成弟、外従五位下、

三十四　弘渕　高継男

三十五　槻雄　深海男、深海者高継男也、

三十六　廣世　宗守男、宗守者国井六世孫、正六位上、

三十七　有守　廣世男、外従五位下、

三十八　奉世　有守男、号吐前国造、

三十九　行義　文煥男、散位従五位下、村上天皇御宇、康保年中、淑文美作守、文利淑光卿三男、為紀伊国司之時、行義為国務下向、在国之間、娶国造奉世之娘、奉世无男子、仍圓融院御時、以天元年中、譲補国造[redacted]（職行義、是当家嚢祖也カ）

四十　孝経　行義男

四十一　義孝　孝経男、寛仁三年二月十九日任、社務十六年、辞退、移美濃国、仍号美濃国造、

四十二　孝弘　義孝弟、正二位権大納言、長元七年閏六月二十二日任、康平六年卒、社務三十年、

四十三　孝長　孝弘弟、康平六年任、寛治四年九月二十四日卒、号阿備国造、

四十四　孝季　孝長男、自父存生之時行社務如代官云々、承徳二年六月五日卒、号南国造、孝信者男也、

四十五　経佐　孝弘三男、字同夏三郎、寛治五年四月十日任、承徳二年季六月始被許社務、天仁二年正月辞退、永久元年卒、社

務十一年

四十六　良守　経佐男、嘉承二年叙従五位下、天仁二年季正月十六日任、長承三年三月辞退之後、即任攝津権守、保延四年十月卒、社務二十六年、

四十七　良佐　良守男、大治三年正月廿四日叙従五位下、長承三年十五日任廿六、久安四年季七月十五日卒四十、社務十五年、号坂田国造、

四十八　良忠　良佐男、久安四年七月十四日任十九、久寿二季九月十二日卒二十六、社務八年、号紀三井寺国造也、

四十九　良平　良忠男、久寿三年三月被宣下、同四月五日頓死、号大宮国造、

五十　良宣　良守六男、良佐弟也、保元々年十月二十一日任三十九、寿永三年三月二十一日卒六十七、社務二十九年、号小宅国造、

宣光　良宣三男、母左中将成雅朝臣女、承安三年七月任安芸権守、治承三季十月四日卒二十七、後白河院御時伺候北面云々、

五十一　宣俊　良宣四男、元暦元年十二月廿七日任二十七、建久元年六月廿六日叙正五位下、同六年八月辞退、元久元年九月

十三日出家、同十六年卒三十七、社務十二年、号安居寺国造、宣盛・宣長者庶兄也、宣清・宣成僧、宣真者庶弟也、

五十二　宣宗　宣俊男、[redacted]（母白拍子カ）、建久六年八月十日任九、建永元年従五位上、承元四年十二月廿日叙正五位下、承久年中被許上北面、同三年九月十日卒三十五、社務二十七年、号中国造、

五十三　宣保　宣宗弟、[redacted]（母遊女カ）、承久四年八月廿七日任三十三、元仁元年十一月廿四日卒三十六、社務四年、号報恩寺国造、宣氏・長谷宣者弟也、

五十四　宣親　宣保男、母神祇権少副兼経女、嘉禄元年九月七日任十歳、嘉禎二季四月十四日叙従五位下、仁治二年七月廿二日叙従五位上、建長二年三月十五日被許上北面、同五年四月辞退、社務廿九年、同六年十二月十九日任備後守、正嘉元年従二月六日重被聴京都出仕、文応元季九月廿八日叙正五位下、弘長年月移住紀三井寺、文永二年閏四月八日出家、法名妙蓮、同十一年三月廿四日卒五十九、号後紀三井寺国造、

五十五　淑文　宣親男、母大和法眼親乗女、寛元四年十月十五日任掃部権守五歳、建長五年三月六日任十二歳、同七年三月被許上北面十四歳、同八年正月六日叙従五位下、文永三年季十一月十三日叙従五位上、（四脱カ）同年十一月十日叙従四位下、同十年七月九日停任卅二歳、同十一年二月廿日還補三十三歳、建治二季十二月廿日叙従四位上三十五歳、弘安七年六月十九日拝領当国、同即任国司、

五十六　淑氏　淑文男、母右近蔵人平盛次女、弘安四年月日叙従五位下于時十一歳、同六年八月廿三日任十三歳、

五十七　俊文　淑氏男、於南朝従三位刑部卿、

五十八　親文　俊文三男、暦応三年八月五日人従五位下、於南朝従三位、北京左京大夫、

五十九　俊長　親文男、永和元年三月廿日任従三位侍従、昇殿、

六十　行文　俊長男、従三位大膳大夫、

六十一　行長　行文男、従五位下、応永廿九年十月廿三日任従五位上大膳大夫、

六十二　行孝　行長男、従五位下刑部大輔、

六十三　親弘　行孝弟、長禄四年十一月廿日叙従五位下、

六十四　俊連　行孝・親弘弟、文明十一年六月八日叙従五位下、同年六月十日任刑部大輔、同十四年七月廿日任大膳大夫、同十七年三月十八日叙従五位上、

六十五　俊調　俊連男、母飛鳥井正二位大納言女、永正五年九月廿二日叙従五位下、

六十六　光雄　俊調弟、

六十七　忠雄　光雄男、天正十八年八月晦日卒六十四歳

六十八　峯雄　忠雄猶子、丹生玉澄三男、忠光幼少也故令相続、

六十九　忠光　忠雄男、天正十七年生、万治元年七月二十五日卒七十歳

七十　昌長　忠光男、慶長十八年生、寛永七年元服十八歳、寛文二年八月十八日叙従五位下、叙刑部少輔、延宝六年四月二十四日辞退六十六歳、元禄十一年十一月三日卒八十六歳、社務四十九年、

七十一　俊弘　昌長男、母丹生大明神神主丹生秀澄女、寛永十六年八月十八日生、承応四年明暦元年正月十四日元服十七歳、延宝六年二十日受職四十歳、天和三年十一月十四日叙従五位下、任大膳大夫、宝永三年四月十日卒六十八歳、社務二十九年、

七十二　俊範　俊弘男、自父存世之時行社務、如代官之云々、母筧重敏女、延宝五年生、元禄十年二月二十九日元服二十一歳、正徳元年五月二十五日叙従五位下、同任右京大夫三十五歳、享保十九年十一月二日卒五十八歳、社務三十八歳、

七十二　豊文　俊範男、自父存生之時行社務如代官云々、母高木正親女、正徳五年八月十七日生、享保十九年八月十八日元服二十歳、延享三年七月二十七日卒三十二歳、社務十二年、

七十三　俊敬　豊文男、母遊佐藤原正敬娣、宝暦三年六月廿日卒八歳、社務無之、

七十四　慶俊　俊範弟倉垣紀俊英男、俊敬依早世、宝暦四年九月九日、依血脈家督相続十五歳、同六年九月十六日元服、同日出務、天明元年七月四日卒四十二歳、社務二十六年、

七十五　三冬

七十六　尚長

七十七　俊尚　従四位男爵

七十八　俊秀　正三位勲三等男爵

七十九　俊忠　従四位男爵

八十　俊行

2 「紀伊国造系図」の成立

本史料は懸幅装で、本紙は横三七・二cm、縦一一五・一cmである。ただし、本紙を詳細に観察すると、上段・中断・下段の三紙が貼り継がれていることがわかる。そこで上から第一紙・第二紙・第三紙と呼ぶことにする。第一紙は、本紙の大半を占めており、その縦は九六・九cm、第二紙は七・二cm、第三紙は一一・〇cmである。なお、第一紙と第二紙の糊代は〇・五cm、第二紙と第三紙の糊代は〇・三cmである。このように糊代の幅が異なることから、第一紙に第二紙が貼り継がれた時期と、第一紙・第二紙に第三紙が貼り告がれた時期は、技術的に見ても異なっていると考えることができるだろう。

本史料は、本紙に全十三段にわたって系譜資料が記されている。第一紙には第一段から第十段までの全てと、第十一段の冒頭名前部分だけが記されている。第十一段の冒頭名前部分に続く注記は、第二紙に記されている。すなわち、第十一段の記述は、第一紙と第二紙が貼り継がれた後に書き記されたことになる。また、第十二段は冒頭名前部分が、第二紙と第三紙の継ぎ目を渡っている。このことから、やはり第十二段の記述は第二紙と第三紙が貼り継がれた後に書き記されたことになる。

第二紙が貼り継がれた時期と第三紙が貼り継がれた時期が、その糊代の幅から異なると考えられることから、第十一段と第十二段が書き記された時期は、異なるものと思われる。すなわち、第十一段が書き記された後、しばらくの時をおいて第十二段が書き記されたと考えられる。なお、第十三段は第十二段の下部の余白ともいうべき狭い場所に書き記されている。

薗田香融氏は、第十一段末行の第七十二代俊範までが同筆であるとされ、俊範が国造であったと思われる宝永年間（一七〇四～一七一一）頃に本史料の第一次の原型が成立したとされた。(5) これに対して、鈴木正信氏は、より詳細に筆癖を観察し、第六十六代忠光までとそれ以後が別筆で記されていることを明らかにされた。(6) これによって、本史料の第一次の原型成立時期を、忠光が国造の任にあったと思われる寛永年間（一六二四～一六四四）であるとされた。ここで、書き継ぎに関する鈴木説の概略を確認しておきたい。

まず、鈴木氏は第十一段目の第六十九代忠光の名前部分までが、一括して同筆であり忠光が国造の任にあった寛永年間に一次の成立があったとされる。次に、忠光の注記部分から第十一段末尾の第七十二代俊範の注記途中部分までが、二次の書き継ぎであるとされる。次に、第十二段冒頭から俊範の注記完結までを三次の書き継ぎであるとされる。そして、次の第七十三代豊文から第七十四代慶俊までを四次、第七十五代三冬から第七十六代尚長までを五次、第七十七代俊尚から俊行までを六次のそれぞれ書き継ぎであるとされる。尚、鈴木氏は「少なくとも七回に亘る書き継ぎを経て、現状を呈するに至った」と述べておられるが、ここで確認したとおり、六回の書き継ぎであると主張しておられるものと思われる。

私が目視調査したところでは、第六十九代忠光の名前部分とその注記はそれぞれの筆跡から、鈴木氏の観察結果が正鵠を得ていると思われる。しかし、第一段から第十一段の忠光までが、果たして同筆であると断じられるであろうか。鈴木氏は第十一段冒頭からの忠雄・峯雄・忠光の筆跡とその次の昌長の筆跡を比較しておられるが、第十段目までの筆跡と忠雄・峯雄・忠光の筆跡の比較をしておられない。私が、このように疑問を呈するのは、第十一段目の記述が、先に述べたように、第一紙と第二紙にわたっているからである。仮に鈴木氏のいわれるとおり、第六十九代忠光までが一人の筆跡で記されたのであれば、第一紙の料紙をなぜそれに見合うように用意しなかったのであろうか。第二紙がわずか七・二㎝であることを考えれば、大きな違和感を有さざるを得ない。

このような観点で、本史料を目視調査したところ、第一段から第十段までは、同一の筆跡であると考えられる。第十一段についてては一見同筆のように見えるが、詳細に見ると頻繁に用いられている「年」の字が第十段目までは楷書体であるが、第十一段ではその第四画が横を向いたやや行書体的な筆法である。また、やはり頻繁に用いられている「十」の字の縦棒が、第十段目までは末筆を溜めているのに対し、第十一段目では流している。加えて、第十段末尾の第六十六代光雄と第十段冒頭に記されている忠雄・峯雄の名前表記に、異なった筆使いが確認できる。すなわち、忠雄・峯雄が共有している「雄」の旁の隹は、現在の表記と同じ書き方である。それに対して、光雄の場合は、人偏に土を二つ重ねていることが明らかにわかる。これらのことから、第十段目までと第十一段は別人によって書き記されたと判断できる。そして、本史料の第一次の成立は、第六十六代光雄までを十段にわたって書き記すことが目的であったと見るべきであろう。

第十段目の最後に記されているのは、第六十六代光雄である。光雄に関する本史料の注記は「俊連弟」とあり、第六十四代国造俊連の弟であることが語られているだけである。ところで、紀伊国造末裔家には、上記の巻子本「紀伊国造次第」と懸幅本「紀伊国造系図」のほかに、「紀伊国造次第」という内題を有する冊子本史料（以下、冊子本）がある。(7) これは、紀伊国造家が男爵に叙爵される際に、第七十七代国造の俊尚が明治新政府に提出した書類の写しであると思われる。(8) 本来ならば、冊子本も翻刻すべきであろうが、重複する部分が多いため、適宜必要な箇所を翻刻引用することにしたい。

第六十六代光雄は、冊子本によると「永正六年、任、始メ武光ト号ス、侍従、天文十九年辞職、後入道善憲ト号ス、社務四十二年」とある。この光雄の後を受けた第六十七代国造が、その子息の忠雄である。前節で述べたとおり、忠雄は天正十三年の羽柴秀吉の紀州攻めで被害を受けた日前宮の復興に努めた人物であり、「紀伊国造次第」の現状本を成立させた人物である。(9)

ただ、「紀伊国造次第」現状本の最末尾には、現状本を成立させた忠雄が、自らの名前を第六十七代として記している。それに対して、一括して記された本史料の第一段から第十段までには、忠雄の名前が記されていないことになる。あるいは自らの名前を記そうとしながらも、第六十六代の記述をもって第十段目の最末尾に至ったため、自らの名前を記さなかったのかもしれない。しかし、「紀伊国造次第」現状本に自らの名を記した忠雄であれば、あらかじめ自分の名前を記すことのできる料紙を用意したはずである。

そこで注目すべきは、光雄の注記がその系譜関係だけにとどめられていることである。それまでの歴代の国造は、卒年・在任期間・極位・極官をできるだけ記している。しかし、光雄の注記には、それらのいずれもが記されていないのである。本史料の第一次の現状を成立させた人物は、歴代の国造の事跡を書き記したが、光雄の卒年・在任期間・極位・極官は、その時点で確認できなかったものと思われる。すなわち、第一次の成立は第六十六代光雄本人によるものであったと考えることが最も妥当であろう。

いずれにしても、このことから、本史料の第十段目までが現状を呈するようになったのは、「紀伊国造次第」現状本の成立と同時かそれよりも古いと考えることができるだろう。もちろん、それは現状を呈した時期の問題であり、本史料の記述内容が「紀伊国造次第」現状本のそれよりも古いということではけっしてない。このことについては、本節で後に改めて述べることにしたい。

それでは、光雄による第一次の成立は、何時のことであろうか。冊子本によると、彼は大永六年（一五二六）に国造に就任し、天文十九年（一五五〇）に職を辞したとあり、社務は四十二年であったと記されている。大永六年から天文十九年であれば、その間は二十四年になるはずであり、在任期間を四十二年とするのは、単純な錯誤であろうと思われる。ともあれ、第一次の成立は大永六年から天文十九年の間と見ることができるだろう。

さらに、光雄に本史料第一次の成立を促させた動機は何であろうか。先に私は忠雄が「紀伊国造次第」現状本を成立させた背景に、羽柴秀吉の紀州攻めによって神宝が大いに損なわれたことを指摘した。光雄にも同様の事情があったのではないだろうか。日前宮文書に収められている元亀三年（一五七二）五月付の「日前宮炎上日記」によると、天文二年三月二十三日に、神宮寺から出火して、社殿が焼失したことが記されている。[10]『紀伊続風土記』によると、その後十年の歳月をかけて天文十二年に自力で社殿の再建を果たしている。すなわち天文二年からの再建を行った国造こそが光雄だったのである。[11]社殿の再建の功なった時、光雄は自らの家系を確認するために、本史料の第一次の成立を行ったのではないだろうか。したがって、本史料の第一次の成立は、第六十六代光雄の手によって、天文十二年をそれほど下らない時期になされたものと考えられるだろう。

光雄が本史料の第一次を成立させた後に、第二紙が貼り継がれ、第六十七代忠雄から第六十九代忠光までが、第二次として書き継がれたものと思われる。ただ、忠光の注記は、鈴木氏がすでに指摘されたように、行頭の位置がそれまでとは異なっている。そのため、忠光の注記は、忠光の死後に書き継がれたものと思われる。すなわち、二次の書き継ぎは、忠光の冒頭名前部分までであり、忠光自身によってなされたものと考えられる。

忠光は、冊子本によると天正十七年に忠雄の子息として生まれ、慶長六年（一六〇一）十二月に新領主浅野幸長から社領を安堵され、寛永四年（一六二七）には紀州徳川家初代藩主頼宣のもとで、社殿の復興を果たしている。そして、万治元年（一六五八）七月二十五日に卒去している。「社務四十一年」とあるから、万治元年まで国造の任にあったとすれば、浅野氏領主時代の元和三年（一六一七）から国造の任にあったことになる。まさしく近世初頭の混乱期の日前宮を守り支え、御三家である紀州徳川家の下で、日前宮の地位を築き上げた功労者であると評することができるだろう。

すなわち、忠光に第二次の書き継ぎをさせた動機とは、鈴木氏が指摘されたとおりであろう。天正十三年の羽柴秀吉の紀州攻めに際し、大いに被害を受けた日前宮の復興は、忠光の父で第六十六代忠雄によって緒についたが、その完了を成し遂げたのが、忠光なのである。その感慨が彼をして第二次の書き継ぎを行わせたのであろう。

その後第三次の書き継ぎは、第七十二代俊範によってなされたと思われる。第十一段の最後に俊範の事跡が記されており、第十二段にまでわたっている。しかし、鈴木氏が指摘されたように、同じ俊範の事跡ではあるが、その注記の筆跡は第十一段と第十二段ではまったく異なっている。したがって、第三次の書き継ぎは第十一段の俊範の「俊弘男、自父存生之時、行社務如代官之云々」までであり、その後の彼の極位・極官・在任期間に関する記述は、彼の死後に第四次の書き継ぎの際に付加されたものと思われる。したがって、第三次の書き継ぎは、俊範が国造の任を継いだ元禄年間（一六八八～一七〇四）から、卒去する享保十九年（一七三四）までになされたと思われる。

それでは、俊範はいかなる動機によって、第三次の書き継ぎを行ったのであろうか。俊範の国造在任期間は、紀州藩では第二代光貞・第三代綱教・第四代頼職・第五代吉宗・第六代宗直が藩主であった時代である。なかでも第五代藩主吉宗は、正徳四年（一七一四）四月に極めて厳しい倹約令を出して、藩財政の建て直しを行ったことで有名である。その際、同時に領内寺社に対して、非常に厳しい通達を出している。(12) 倹約を命じてはいるが寺社の信仰行事は例外であるとしながらも、修行を怠っている寺社は退転をも辞さないと触れている。この命令によって、領内寺社は自らの由緒を再確認せざるを得なかっただろう。このように考えると、俊範の第三次の書き継ぎは、正徳四年の吉宗の倹約令を契機としたものだといえるだろう。

第四次の書き継ぎは、その筆跡から見て、第七十三代豊文の注記部分完了までであろう。第五次の書き継ぎは、その筆跡から見て第七十五代三冬以後であると思われるから、第四次の書き継ぎは第七十三代俊敬か第七十四代慶俊によってなされたものと考えられる。ただし、俊敬は八歳で卒去しており、「社務無之」と記されていることから、第四次の書き継ぎは、慶俊によってなされたとするべきであろう。

慶俊は、第七十二代国造俊範の弟で、倉垣姓を名乗って分家した俊英の子息である。従兄弟である第七十三代昌長の卒去後、その子俊敬が第七十三代を継いだが、宝暦三年（一七五三）に八歳で早世したため、急遽七十四代国造に就任した。冊子本はその時の様子を「国造俊敬卒シテ嗣子ナシ、当家ノ血脈タルニヨリ、国主ノ命ヲ以テ宝暦四年九月九日相続ス、于時十五歳」と記している。幼くして藩命により国造本家を継ぐことになった慶俊は、かつて貞観十六年（八七四）に遠縁から国造本家を相続した廣世が「紀伊国造次第」を改写した時と同じ動機を有したものと思われる。また、慶俊在任中の延享年間には、紀州藩領の神社を総覧する『南紀神社録』が編纂されている。[13] このような神祇に対する関心の高まりも影響したものと思われる。

なお、鈴木氏はその言うところの三次の書き継ぎは、第十二段に属する俊範の注記部分完了までとされ、第七十二代豊文から第七十三代慶俊までを同筆として、その言うところの四次の書き継ぎとしておられる。しかし、俊範の注記部分と豊文の名前及び注記部分は、漢数字の筆跡や享保の年号の筆跡などが、きわめて酷似しており、私見では同筆であろうと思われる。また、豊文から慶俊までを同筆とされるが、豊文に関する記述部分と、それに続く俊敬・慶俊の記述部分の筆跡は、同筆とするにはあまりにも異なっており、明らかな違筆と判断するべきであろう。

したがって、第五次の書き継ぎは、その筆跡から見て、第七十三代俊敬と第七十四代慶俊の記載部分であろう。そして、その書き継ぎを行ったのは、第七十五代三冬であろう。三冬も京都の飛鳥井家から紀伊国造家に養子に入って国造を継いだ人物であり、動機は慶俊と同様であったと思われる。さらに、三冬は本居宣長の門人を記録した「授業門人姓名録」にも名を記されており、[14]寛政四年（一七九二）に御前講釈のために和歌山を訪れた宣長と、親しく交流したことが記録されている。[15]和歌山におけるこのような国学の隆盛も、動機の一つとして考えることができるだろう。冊子本によると、彼が紀伊国造家の養子に迎えられたのは天明二年（一七八二）で、翌年元服を経て即日社務に従事したとある。このことから、天明三年頃に書き継ぎがなされたと思われる。

第六次の書き継ぎ部分は、筆跡から見て第七十五代三冬・第七十六代尚長・第七十七代俊尚の冒頭名前部分まで であると思われる。なお、鈴木氏は、第十三段の第七十七代以降を一括して同筆と見ておられるようであるが、第七十七代俊尚と第七十八代俊秀の書体はまったく異なっていると思われる。この第六次の書き継ぎを行ったのは、第七十七代俊尚であろう。紀伊国造家は、明治五年に華族に列せられ、俊尚は従五位に叙せられ、さらに明治十七年には男爵を叙爵している。このときに当って、彼自身が明治政府に膨大な家系資料を提出したと思われ、第六次の書き継ぎも彼が行ったものと思われる。なお、彼の注記にある「従四位男爵」は、彼の極位であり彼自身が記したものではないはずである。その筆跡は第七次の書き継ぎ部分と同筆であると思われる。

第七十七代俊尚の注記以後、最後の俊行に至るまでが第七次の書き継ぎである。この書き継ぎは、本史料の現在の所蔵者である紀俊行氏自身が、本史料を和歌山市立博物館に寄託する際に書き継がれたものである。[16]

以上、本史料の成立過程を考察したが、頻繁な書き継ぎ過程を経て現在に至ったことがわかる。その過程を、以下に概観しておきたい。第一次の成立は、第一段から第十段の第六十六代光雄までの記述であり、それは光雄自身の手によって、天文十二年をそれほどくだらない時期になされた。

次いで、第十一段の第六十九代忠光までが、第二次の書き継ぎとして、忠光自身によって、万治元年までになされた。さらに、第十一段の第七十二代俊範の注記部分までが、第三次の書き継ぎであり、俊範自身の手によって、正徳四年頃になされた。さらに、第十二段に属する俊範の注記から豊文の注記末行までが、七十四代慶俊によって、延享年間頃に第四次の書き継ぎとしてなされた。次いで、第七十三代俊敬と第七十四代慶俊の記述が、第五次の書き継ぎとして、天明三年頃に第七十五代三冬によってなされた。そして、第七十五代三冬から第七十七代俊尚の冒頭名前部分までが、第六次の書き継ぎとして明治初年に俊尚の手によってなされた。最後に、近年になって俊尚の注記から末行までが、俊行氏の手によってなされた。

なお、本史料を精査すると、第三十九代行義・第五十二代宣宗・第五十三代宣保のそれぞれ注記部分に削り取って抹消した箇所がある。これについては、すでに鈴木氏が「紀伊国造次第」との交合によって、第三十九代行義については「於行義是当家之嚢祖也」、第五十二代宣宗については「母白拍子」、第五十三代宣保については「母遊女」が、それぞれ抹消されていることを明らかにしておられる。それでは、この抹消は何時頃なされたのであろうか。

行義に国造職を譲補したことはよいが、彼を「嚢祖」として認めることをはばかる考え方があったことになる。また、白拍子や遊女を卑賤とする考え方があったことになる。確かに白拍子や遊女は、今日的には卑賤であると思われるかもしれない。

しかし、前近代における男系社会においては、母親は「仮腹」であり、どのような母親から生まれようと、男系を引いているのであれば、なんらはばかられるものではなかったはずである。(17) 江戸幕府歴代将軍で、正室から生まれて将軍となったのは、三代将軍徳川家光ただ一人である。[18] 幕府中興の祖と讃えられる八代将軍徳川吉宗に至っては、その生母の素性すら判然としていない。[19] このような例から考えて、前近代では母親の貴賤を問題視することはなかったと思われる。

また、家名の継続を第一義とする近世社会であれば、養子を当然のこととして認識していたはずである。このような観点から、明治民法によって一夫一婦制が謳われたことと、明治憲法によって天皇家の万世一系思想が称揚された影響が認められるべきであろう。したがって、これらの抹消は、明治期以後になされたものと考えたい。

3 「紀伊国造次第」との関係

前節で「紀伊国造次第」の現状本の成立は天正十五年から同十八年の間であろうと推定した。本節において、「紀伊国造系図」の第一次の成立が天文十二年をそれほどくだらない時期であろうと結論付けた。すなわち、「紀伊国造系図」の第一次の成立が、「紀伊国造次第」のそれよりも古いことになる。

また、鈴木氏は「紀伊国造次第」と「紀伊国造系図」の記載内容を交合して、後者が前者を引用していることを証明しておられる。先に言及した第三十九代行義・第五十二代宣宗・第五十三代宣保のそれぞれの抹消部分についても、抹消された文字数が「紀伊国造次第」のそれとまったく一致していることから、鈴木氏のこの結論はゆるぎないものと思われる。しかし、「紀伊国造次第」現状本の成立が「紀伊国造系図」のそれよりも遅れるということは、「紀伊国造系図」が参考にした「紀伊国造次第」は、現状本ではなく、廣世が貞観十六年に改写したものであった可能性が高いと思われるのである。

私は先に「紀伊国造次第」に記している第三十代五百友と第三十一代国栖の継承関係について、本居内遠以来の説[20]に従って、逆転していることを述べた。「紀伊国造系図」の第一次成立部分においても、この二人の継承関係は「紀伊国造次第」と同様になっている。このことから、この二人の継承関係の逆転は、現状本の成立時に行われたのではなく、廣世の改写本成立時に行われたものと考えてよいだろう。

本史料が「国造次第」と大きく異なるのは、「国造次第」が天道根命から書き起こしているのに対して、天御中主尊・高皇産霊尊・神皇産霊尊・津速産霊尊の四神から記していることである。周知の通り、天道根命は神皇産霊尊の系譜を引いている。[21] また、天御中主尊は神皇産霊尊と親子関係にある。したがって、天御中主尊から書き起こすことは、それなりの意味があるだろう。しかし、高皇産霊尊と津速産霊尊はまったく必要はないはずである。

また、天御中主尊・高皇産霊尊・神皇産霊尊は、記紀神話の天地創造神話に先駆けて登場する別柱の神であるが、津速産霊尊は記紀神話にさえも登場しない神である。このように考えると、これらの神は、津速産霊尊を導き出すために書き連ねられたものと思われる。津速産霊尊は、「卜部・中臣・藤原祖神」と注記されている。これらの氏族は、宮廷における神祇官を独占する氏族である。一方、紀伊国造の祖神である神皇産霊尊には「神主大祖」と注記されている。このことから、日前宮神官である紀伊国造を、宮廷神祇官を独占する氏族と比肩しようとする意図が働いていたと見ることができる。

卜部氏は室町中期に卜部兼倶が吉田姓を名乗り、唯一神道を唱えて神道家の世界で勇名を馳せることになる。[22] したがって、津速産霊尊を記して紀伊国造家を卜部氏と比肩しようとする考え方は、室町中期以前の状況を反映しているものと考えてよいだろう。すなわち、本史料の第一次の成立は天文十一年頃であろうが、その内容は、室町中期以前の伝承を含んでいると考えられる。それらの伝承は、天道根命の注記に見える「当宮之縁起」に記されていたものであろう。

第五代大名草比古命の注記に、日前宮の遷座伝承が記されている。これについては、鈴木氏が垂仁天皇二十六年の伊勢神宮遷座伝承に迎合したものであるとされる。たしかに、年代設定は鈴木氏のいわれるとおりであろう。しかし、日前宮が現在の社地に移ってきたことは、湯橋家文書に収める永享五年（一四三三）六月付の高大明神雑掌申状案の中に、「今神宮領葦原千町者、為当社手力雄尊敷地鎮坐之処、日前・国懸影向之刻、去進彼千町於両宮、御遷座山東」とある。[23] すなわち、日前宮の遷座伝承そのものは、室町時代以前の伝承であることが確認できるのである。

以上見てきたように、本史料は「国造次第」に依拠しながらも、室町以前に成立したと思われる日前宮縁起（当宮之縁起）を引用しているのである。そして、私が最も注目したいのは、第一代天道根命の膨大な注記の中で、彼が素盞鳴尊の娘である地道女命を娶ったという記載と、第二代比古麻命の系譜伝承に、彼の生母をやはり素盞鳴尊の娘である地道女命とする記載である。以下、このことについて考察してみたい。

4　紀伊国造と素盞鳴尊

「国造次第」を見ると、系譜伝承で母系を明記しているのは、第五十一代宣俊がその兄宣光と共に、その母が「左中将成雅朝臣」であるとする例が、最も古いものである。これ以後鎌倉時代の終わる第五十六代淑氏までは、母系の出自が明記されている。「国造次第」と重複する本史料に載せる歴代国造の母系の記載もほぼ同じである。おそらく、この頃紀伊国造家は京都の公家貴族との交流が頻繁になり、それらとの姻戚関係を誇らしく感じて、母系を明記するようになったのだろう。

第三十九代行義は、紀朝臣氏から養子として紀伊国造家を継いだ人物であり、その際第三十八代奉世の娘を娶っている。しかし、その女性の名前すら明記していないのである。従って女性の名を明記するようになるのは、平安時代末期からの顕著な傾向であると考えられるだろう。

それでは、第二代比古麻命の生母を明記するようになったのも、平安時代末期から鎌倉時代のこのような風潮の影響であろうか。もしそうだとしたら、比古麻命だけでなく伝説上の歴代国造の生母も適当に捏造されてもよかったはずである。そのような捏造がないことから、天道根命と素盞嗚尊の娘である地道女命の婚姻伝承は、やはり日前宮縁起に記されていたものと考えるべきであろう。

それでは、この伝承は何時頃どのような意図をもって成立したものであろうか。先に室町時代以前に日前宮の遷座伝承が存在したことを述べた。その伝承は、具体的には伊太祁曽神社が日前宮の現在社地を退いて、山東に移転したことになっている。そして、その伊太祁曽神社の祭神こそが、素盞嗚尊の御子神である五十猛神なのである。すなわち、地道女命が素盞嗚尊の娘であるということは、五十猛神の妹であるということを意味しているのである。

『先代旧事本紀』によると、伊太祁曽神社の祭祀は、紀伊国造が執り行っていた。[24] 紀伊国の木の神である伊太祁曽神社は、本来紀伊国造が地方豪族として奉祭した紀伊国固有の神を祭る神社であったと思われる。それに対して、天道根命に付された注記は、天孫降臨神話・神武東征神話を引用し、日前宮が天照大神や神武天皇の意を戴した国家神であることを述べているのである。

在地の神を祀り続けて来た紀伊国造が、日前宮の国家神化に伴って、日象鏡と日矛を祀るようになったのである。すなわち、紀伊国造と五十猛神の妹の婚姻は、在地の神と国家神の宗儀系譜の成立を、婚姻によって語っているに他ならないのである。日前宮の国家神化は、諸氏が述べておられるように、五世紀に果たされたものと思われる。[25] そして、天石窟神話で天照大神を導き出すために鋳造された宝鏡の所在地が、『日本書紀』第一の一書に日前宮と明記されていることから、日前宮の国家神としての地位は、『日本書紀』成立時点まで、鮮明に認識されていたのである。

しかし、平安初期に編纂された『古語拾遺』には、伊勢神宮の優位が語られることになり、国家神としての日前宮の地位は、もはや忘却されていたのである。(26) したがって、平安初期以後に、このような宗儀系譜を物語る婚姻伝承を成立させる必要性は、まったくないことになるだろう。

天道根命に付された注記を見ても、彼が奉戴した日象鏡と日矛は、明らかに三種の神器とは異なる存在として語られている。このことから、国家神としての地位はたしかに忘却されつつあることがわかる。しかし、国家神と在地の神の婚姻は、日前宮の国家神化の段階を物語るものであり、平安初期を遡る古い要素を具備しているとは認められるべきであろう。

おわりに

本節では、紀伊国造末裔家に伝来する懸幅の「紀伊国造系図」の概略を紹介すると共に、その全文を翻刻した。次いで、紙継ぎ目・筆跡等から、その成立過程を考察した。特に、その第一次の成立が、第十段目第六十六代光雄までであるとした。その成立時期は、彼が国造の任にあった大永六年から天文十九年に至る二十四年の間、特に天文二年の日前宮社殿焼失を受けて、十年の歳月をかけた光雄による社殿復興がなった天文十二年頃であろうと推定した。

さらに、二次の書き継ぎは第六十九代忠光による、日前宮の天正兵火からの復興完了の時期であろうとした。三次の書き継ぎは、第七十二代俊範によってなされ、その時期は五代藩主吉宗による正徳四年の寺社調査であろうと考えた。第四次の書き継ぎは、第七十三代豊文によって、第五次の書き継ぎは第七十五代三冬であろうとし、それぞれ遠縁から紀伊国造家を継承したことによるものとした。六次の書き継ぎは明治時代に第七十七代俊尚によってなされ、男爵叙爵に関係するものとした。最後に行なわれた七次の書き継ぎは、俊行氏によってなされたものであり、本史料が和歌山市立博物館に寄託される際になされたものであるとした。

以上の考察によって、「紀伊国造系図」は、天正年間に現状を呈するに至った「紀伊国造次第」現状本よりも、その第一次の成立が古いものであることがわかった。ただ、語句の交合から、「紀伊国造系図」は「紀伊国造次第」を引用していると思われる。そのため、「紀伊国造系図」が引用した「紀伊国造次第」は、後に忠雄が天正兵火の後に復元させた現状本ではなく、平安時代の貞観十六年に第三十六代国造に就任した廣世が成立させた改写本であろうとした。

また、初代に擬せられている天道根命が、素盞嗚尊の娘である地道女命を娶って、第二代比古麻を儲けたという独自の所伝を掲載していることに注目した。この所伝は、素盞嗚尊の皇子神五十猛命を祭神とする伊太祁曾神社をかつて紀伊国造が祭祀していたことと、その後に紀伊国造が祀る神社が国家神化されたことを説明するための、宗儀系譜の名残であろうと考えた。

以上が、ここで行った「紀伊国造系図」に関する考察である。筆者の興味がおもむくままに考察したため、極めて偏った問題意識の下に考察を進めた。そのため、ここで扱った問題以外に重要視すべき課題もあったと思われる。これらの問題については、今後の課題としたい。

注

（1）拙稿「紀伊国造次第について」（『和歌山市立博物館研究紀要』十七号、二〇〇三）

（2）薗田香融「岩橋千塚と紀国造」（末永雅雄・薗田香融・森浩一編『岩橋千塚』、関西大学、一九六七、のち薗田『日

本古代の貴族と地方豪族』、塙書房、一九九二）
（3）佐伯有清『新撰姓氏録の研究』考証篇四（吉川弘文館、一九七二）
（4）鈴木正信「『紀伊国造系図の成立と伝来過程』（『和歌山県立博物館研究紀要』十五号、二〇〇九）
（5）薗田前掲書（前掲注2）
（6）鈴木前掲論文（前掲注4）
（7）紀伊俊行氏（東京都在住）所蔵の美濃和紙袋綴じ全二十七丁からなる資料である。
（8）紀伊国造家は、酒巻芳男『華族制度の研究』（霞会館、一九八七）によると、第七十七代俊尚の代の明治五年に華族に列せられ、明治十七年七月七日に男爵に叙せられている。
（9）前掲拙稿（前掲注1）
（10）「日前宮文書」（『和歌山市史』第四巻所収、和歌山市、一九七七）による。
（11）『紀伊続風土記』巻之十四に載せる「国造家譜」の光雄の項には、「按するに、旧記ニ云、天文二年両宮炎上す、同十二年私に神領を以て大宮造をなす」と注記がある。
（12）『南紀徳川史』有徳公伝正徳四年是歳条によると、この年吉宗は倹約を命じたと記されており、その詳細は吉宗が著した「紀州政事鏡」及び「紀州政事草」にあるとする。同書附録の「紀州政事草」によると、「領内之者、寺院諸社、御先祖より御附被置候ても、平日勤行等、懈怠不行跡之段相聞候は丶、吟味之上相違於無之者、軽重により て、或は退院或追院可申付候、雖寺社領其節之依子細可減者也、少しも遠慮不可有事也」とある。なお、「紀州政事草」・「紀州政事鑑」については、これを後世の偽作とする遊佐教寛「徳川吉宗の紀州藩政と二冊の偽書」（『和歌山県史研究』十三、一九八六）がある。遊佐氏は、両書の用字・用語を詳細に検討されており、その結論には従うべきであり、後世の作為のあったことは認めるべきであろう。しかし、ここに述べる布令がなかったことまではいえないであろう。事実、遊佐論文でもここで掲げた条項についての検討はなされていない。

(13) 和歌山県立図書館所蔵『南紀神社録』は、大正二年に浦野茂手による全一四七丁の写本であるが、その著者杉原泰茂の自序によると、その成立は延享三年である。全藩領を網羅しており、『紀伊続風土記』に載せる本居国学による神社校訂がなされる以前の状況を知る上で、好個の資料である。

(14) 鈴木淳校訂「校本授業門人姓名録」(鈴木著『本居宣長と鈴屋社中』、錦正社、一九八四)による。

(15) 紀伊国造家と本居宣長・大平との親交については、拙稿「本居宣長紀州藩召抱え前史」(『和歌山市立博物館研究紀要』十六、二〇〇二)を参照されたい。

(16) 紀俊行氏による書き継ぎであることは、筆者が直接ご本人から伺ったことである。

(17) 注記の抹消がなされた第五十二代宣宗・第五十三代宣保は、鎌倉時代の紀伊国造である。この時期の相続について、福尾猛市郎『日本家族制度史概説』(吉川弘文館、一九七二)は、嫡庶の厳格な序列があったとしながらも、「相続人の変更も被相続人の自由にまかされ」とする。このことから、被相続人からの指定を受けた相続人は、その生母の如何に関わらず、立場は磐石のものであったと見ることができる。

(18) 徳川十五代将軍のうち、二代秀忠の正室である江が生んだ三代将軍家光だけが、嫡出子であった。

(19) 八代将軍徳川吉宗の生母については、いまだ不明な点が多い。この問題については、小山誉城「徳川吉宗の母浄円院」(『和歌山地方史研究』二十八号、一九九五、のち『徳川将軍家と紀伊徳川家』所収、清文堂、二〇一一)に詳しい。

(20) 本居内遠「紀伊国造補任考」(天保七年(一八三六)、のち本居豊頴編『本居全集』第六、一九〇三)

（21）『新撰姓氏録』「右京神別下」の「滋野宿禰」の項によると、「紀直同祖、神魂命五世孫天道根命之後也」とある。
（22）古代より卜部氏を称してきたかが、永和四年に足利義満が花御所を営むに際し、卜部氏の敷地とその室町の称号を譲り、代わって吉田神社の祠官であったことから、以後吉田家を名乗ることになったという。詳しくは、久保田収『中世神道の研究』（神道史学会、一九五九）参照。
（23）『和歌山市史』第四巻所収
（24）『先代旧事本紀』巻四の地神本紀によると、伊太祁曾神社の祭神である五十猛神・大屋姫神・抓津姫神を列記して、「已上三柱、並坐紀伊国、則紀伊国造斎祠神也」と注記されている。
（25）五世紀頃に、日前宮の国家神化がなされたであろうとする説は、薗田前掲書（前掲注2）が代表的であるが、その後越原良忠「二つの紀氏」（『和歌山地方史研究』二十七号、一九九四）でも確認している。
（26）日前宮がかつて独自の日神信仰を有し、それによって国家神化がなされながらも、後代そのことが忘却されたとする説については、越原良忠「忘れられた日神」（『和歌山県史研究』十号、一九八三）を参照されたい。

【追記】

本節脱稿後、鈴木正信「紀伊国造と日前宮縁起」（『香川県立文書館紀要』一四、二〇一〇）に接した。鈴木氏は多和文庫所蔵「日前宮神主紀国造系譜」は紀俊行氏所蔵紀伊国造系図を底本とすると提言される。そして、天道根命の注記は、紀州徳川家の援助で日前宮を再興する際、紀伊国造家の創祀起源を明らかに示すため、『日本書紀』の記事を巧みに取捨選択して新しい論理を創造したとされる。

鈴木氏の論理は、「紀伊国造系図」が六十九代忠光までが一次の成立であるとすることから始まっているように思われる。本節で述べたように、第一次の成立が天文十二年をそれほどくだらない時期であるとするならば、当然鈴木氏の結論は再考を要するであろう。

第三章　古代国家の成立と紀伊国造

第一節　古代日前宮の祭祀

はじめに

日前宮は、紀ノ川平野の中心、和歌山市秋月に鎮座する神社である。古代から紀伊国造が奉祭し来たった神社であることは周知である。現在、神社境内北部の東側に日前宮、西側に国懸宮の社殿がある。すなわち、日前宮・国懸宮の二社からなる神社であるが、現在では一般的にこの両社を一括して日前宮と呼んでいる。

現在、日前宮には日前大神を祀り、相殿に思兼命・石凝姥命を配し、国懸宮には国懸大神を祀り、相殿に玉祖命・明立天御影命・鈿女命を配している。(1) 古代以来の神社は、古代豪族によって祀られ、その祭神はそれら古代豪族の祖先神であることが一般的である。このような例からすれば、紀伊国造が奉祭する日前宮の祭神は、初代紀伊国造として伝えられる天道根命であってしかるべきであろう。

紀伊国造系図に記す天道根命にかかわる所伝によると、天孫降臨に際して日象鏡と日矛を託された天道根命が、諸国遍歴の末当地に鎮座せしめたものが日前宮であると伝えている。(2) すなわち古代豪族紀伊国造が祀る神社は、祖先神を祭神としてはいないのである。これは、古代豪族とその祀る神社の一般的なあり方からすると、極めて異例ないしは注目すべき問題であるといえるだろう。本節は、日前宮と紀伊国造のこのような極めて異例な状況が、どのような歴史的背景を経て創出されたものであるかを論じることとしたい。

1　記紀神話に見える日前宮の祭神

『日本書紀』宝鏡出現段の本文によると、素戔嗚尊の行状に怒った天照大神は、天石窟に隠れてしまった。いわゆる天石窟神話である。高天原に参集した神々は、再び天照大神を導き出すために、その姿を模した鏡を鋳造した。その甲斐あって天照大神は天石窟から無事導き出されたというのである。大筋において、『古事記』に記されている伝承も同様である。

これが、三種の神器の一つである八咫鏡であり、一般的には伊勢神宮の神体とされている。しかし、『古事記』にも『日本書紀』本文にも、その鏡がどこに祀られているかを明示していないのである。一方、『日本書紀』はこの伝承に三つの異伝を掲載している。その第一の一書によると、思兼命の発案によって、天照大神の姿を模して鋳造することになり、石凝姥命がそれを施工したと伝えている。その様子を次のように記している。

宜図造彼神之象而奉招祷也、故即以石凝姥為冶工、採天香山之金、以作日矛、又全剥真名鹿之皮、以作天羽鞴、用此奉造之神、是即紀伊国所坐日前神也、

これによると、宝鏡は日前宮に祀られていることが明示されているのである。すなわち、日前宮の祭神は、皇祖神であると記しているのである。一方、第二の一書は、「此即伊勢崇秘之大神也」としている。第三の一書は宝鏡の鎮座場所には言及していない。これによって、皇祖神すなわち宝鏡鎮座の場所は、伊勢神宮と日前宮が候補地として挙げられていたことがわかる。ただ、『古事記』も『日本書紀』本文も、その鎮座場所を明記していないことから、記紀完成時にはその鎮座場所が確定してはいなかったことがわかる。

ところが、『日本書紀』の異伝に日前宮と伊勢神宮が、皇祖神を祀る神社の候補として明記されたことから、そ

の後若干の混乱をきたすことになる。平安初期に斎部広成によって著された『古語拾遺』は、このことについて次のように記している。

初度所鋳少不合意、是紀伊国日前神也、次度所鋳其状美麗、是伊勢大神也、

斎部広成は、天照大神を導き出すために、宝鏡が二度鋳造されたと理解し、最初の鏡の出来栄えがよくないので日前宮に祀ることにし、二度目に鋳造された鏡の出来栄えがよいので伊勢神宮に祀ることにしたと解釈している。これによって、『日本書紀』の異伝に日前宮と伊勢神宮が候補として上げられている問題を、整合的に解釈しようと試みたのである。しかし、この解釈は『日本書紀』の異伝に記されている日前宮と伊勢神宮の両社を、何とか理解しようとする苦肉の策だといえるだろう。

日前宮を宝鏡の鎮座地とする第一の一書も、伊勢神宮を宝鏡の鎮座地とする第二の一書も、ともに鎮座地の候補地として異伝に記されてはいるが、最終的に『日本書紀』本文は何れに決することも出来なかったのである。『日本書紀』完成時において決することができなかった問題を、さらに百年後の斎部広成が、何をよりどころとして判断することが出来たのであろうか。この点は、はなはだ疑問といわざるを得ない。

また、伊勢神宮をその鎮座地とする第二の一書には、その鏡について「是時、以鏡入其石窟者、触戸小瑕、其瑕於今猶存」と明記している。すなわち、斎部広成は出来栄えの悪い鏡が日前宮に配されたとするが、第二の一書を素直に読めば、瑕疵のある鏡こそが伊勢神宮に配されたことになるのである。斎部広成の解釈は、『日本書紀』の異伝を詳細に見るならば、決して成り立つものではないだろう。

斎部広成が『古語拾遺』を著した平安時代初期には、幾度も宮中で『日本書紀』の講読の会が催されている。(3)そのような過程で、伊勢神宮の皇祖神化が進むことになる。この段階では、宝鏡の鎮座する神社は伊勢神宮であ

るという考え方が一般的になるのである。このような考え方の下では、第一の一書に記されている日前宮をどのように排除し、伊勢神宮に皇祖神を祀る神社としての尊厳を与えるかに腐心したのであろう。それゆえに、伊勢神宮が瑕疵のある鏡を祀るという『日本書紀』の異伝を無視して、日前宮に出来栄えの悪い鏡を配したとする牽強付会の説を述べざるを得なかったのであろう。

以上のように、『日本書紀』の完成時点で、宝鏡が鎮座する神社は、日前宮と伊勢神宮が有力な候補として、間違いなく認識されていた。しかし、『日本書紀』本文も『古事記』も最終的には、どちらとも決することが出来なかったのである。ただ、ここで問題とすべきは、紀伊国の日前宮が、なにゆえ宝鏡の鎮座する神社として、伊勢神宮と並び称されて候補となったのかという問題である。このことについては、日前宮を奉祭する紀伊国造が、本来なにを祀っていたのかを考えてみる必要があるだろう。

2 日前宮と伊太祁曾神社

日前宮は、伊勢神宮と並んで皇祖神の姿を模した宝鏡を祀る候補の神社として、『日本書紀』完成時まで認識されていた。しかし、日前宮はなにゆえ皇祖神を祀る社の候補とされたのであろうか。そのことを考える前に、本来日前宮はなにを祀っていたのであろうか。このことについて、『先代旧事本紀』地神本紀には次のような記述がある。

次五十猛神亦云大屋彦神

次大屋姫神

次抓津姫神

已上三柱、並坐紀伊国、則紀伊国造斎祠神也、

これによると、紀伊国造が奉祭していた神は、五十猛神・大屋姫神・抓津姫神の三柱の神であったことになる。すなわち、本来紀伊国造はこれら三神を祀っていたというのである。『先代旧事本紀』の成立は、『日本書紀』の成立よりも、かなり後のことと思われる。[4]したがって、この記述のみをもって断定することは避けなくてはならないだろう。しかし、『日本書紀』宝剣出現段の異伝が、この『先代旧事本紀』の記述に信憑性を与えてくれるものと思われる。

天石窟神話は、天照大神を導き出した後、素盞嗚尊を高天原から放逐して物語は完結する。その後『日本書紀』本文や『古事記』によると、素盞嗚尊は出雲国に天下り、その地で八岐大蛇を退治して、その胎内から草薙剣を獲得し、これを天照大神に献上することになる。これが三種の神器の一つであり、この物語は宝剣出現段といわれている。

『日本書紀』には、この物語を記した本文に続いて、六つの異伝を掲載している。そのうち第四の一書によると、素盞嗚尊は御子神の五十猛命を従えて朝鮮半島に天下ったことになっている。その時、五十猛命は木種を携えていたが、朝鮮半島を好まず、筑紫に辿り着いて、その後日本全国に木種を蒔き、国土をすべて青山となしたという。そして、最終的に紀伊国に鎮座したという。第四の一書には、次のように記されている。

初五十猛神天降之時、多将樹種而下、然不殖韓地、尽以持帰、遂始自筑紫凡大八洲国之内莫不播殖而成青山焉、所以称五十猛命為有功之神、即紀伊国坐大神是也、

ここでは、「紀伊国坐大神」として、紀伊国を代表する神として五十猛命が扱われているのである。[5]ところで、紀伊国を代表する神として、あつかわれる神は、『日本書紀』持統天皇六年五月二十六日条に次のように見える。

庚寅、遣使者、奉幣于伊勢・大倭・住吉・紀伊大神、告以新宮、

これは、持統天皇四年から造作が始まり、その後同八年に遷都が予定されている新宮、すなわち大和川上流河畔の藤原京への遷都が間近いことを、有縁の神社に報告したものである。[6] ここに列記されている四社は、藤原京の所在する大和国の地主神である大倭神社と、遷都後に藤原京の外洋への窓口となる大和川河口に位置する住吉神社、そして皇祖神を祀るとされる伊勢神宮と日前宮である。国家的大事業である遷都の報告は、皇祖神を祀る日前宮にこそなされてしかるべきであろう。そして、ここでは日前宮が「紀伊大神」と記されているのである。[7]

『古語拾遺』によって、紀伊国造が祀るとされた五十猛命は、『日本書紀』宝剣出現段第四の一書によると「紀伊国坐大神」とされ、同じく紀伊国造が皇祖神を祀る日前宮は『日本書紀』持統天皇紀によると「紀伊大神」とされているのである。ここに至って、紀伊国造が祀る神は、ある時から五十猛命から皇祖神へと神格を大きく変化させたと考えられるのである。

それでは、五十猛命とはどのような神なのであろうか。第四の一書は、樹木起源説話である。すなわち、五十猛命は木をもたらした神なのである。また、宝剣出現段第五の一書では、五十猛命に大屋津姫命と抓津姫の妹神が列記されている。これが、伊太祁曾三神である。前掲の『古語拾遺』によると、五十猛命には「大屋彦神」という別名があったと伝えている。

大屋津姫と大屋彦は男女一対神で、その語幹となる大屋は、巨大建築物を示す語である。また、抓津姫の「つま」は、大屋根の妻面を示す語であろう。以上のことから、これら三神はいずれも、巨大建築物もしくはその建築材料となる材木を神格化した神であったと見られる。このように考えた時、神社名のイタキソは、建築部材の板をあらわし、社にコソの古訓があることから、「板の社」という意味であったのだろう。[8]

なお、伊太祁曾三神は、『続日本紀』大宝二年二月二十二日条によると、分遷が命じられている。[9] おそらく、前年に完成した大宝律令神祇令による処置と思われる。『紀伊続風土記』によると、伊太祁曾三神のそれぞれの分遷先は、五十猛命が現在の伊太祁曾神社、大屋津姫命が大屋津姫神社（和歌山市宇田森）、抓津姫命が高積神社（和歌山市禰宜）であるとなっている。『紀伊続風土記』のこの考察が正鵠を得ているかどうかの確証は無い。しかし、次に示す永享五年六月付高大明神雑掌申状案[10]によると、中世において抓津姫命が、高積神社に祀られていると信じられていたことは確かなようである。

紀伊国高大明神雑掌謹支言上

右、於当社用水者、垂迹以来取来云々、随而和佐庄高大明神神田并給人等用水、是又井路開発以来為同前之処、始而去今両年、号各別違乱以外之次第也、就中当宮本末之儀為井溝可無益歟、雖然今神宮領葦原千町者、為当社手力雄尊、敷地鎮座之処、日前・国懸影向之刻、去進彼千町於両宮、御遷坐山東、其後又御遷坐和佐高山以来、自神宮被勤毎年数ケ度神事於当宮、曾自和佐村対神宮無社役、若可為本社歟、其外雑事多略之、

これによると、高積神社（高大明神）は、鎮座以来用水を自由に扱ってきたが、近頃その先例と異なった主張を日前宮（神宮）がしてきたというのである。現在日前宮が鎮座している土地は、高積神社の祭神である手力雄尊が、その敷地を「日前・国懸影向之刻」に譲り渡して、山東に遷座し、その後さらに和佐高山の高積神社に遷座した、とその由来を述べるのである。さらに、それゆえ、日前宮が高積神社の神事に奉仕することはあっても、高積神社が日前宮に奉仕する筋合いはない、と主張するのである。

これは、日前宮膝下の日前宮条里区に水をもたらす宮井用水について、日前宮とその上手に位置する和佐庄との用水争論にかかわる文書である。この頃以前に、宮井用水の取水口が上手に位置するようになったため[11]、途中の和佐庄がその水を上流で使い尽くす事態が生じたものと思われる。おそらくそのことについて、日前宮領から

抗議を受けたため、和佐庄はその鎮守である高積神社の権威を楯に取ろうとしたのである。

まず、日前宮の鎮座地は手力雄尊が「日前・国懸影向之刻」に譲って山東に遷座したものであり、本来は手力雄尊の土地であったと主張している。中世の神仏習合によって、一時期伊太祁曾神社の祭神は手力雄尊であるとされたことがあり、この主張は日前宮の鎮座地は、本来伊太祁曾神社のものであったということにほかならない。そして、その後さらに山東から高積神社（和佐高山）に遷座したというのは、大宝二年の遷座命令によって、抓津姫命が高積神社に遷座したことを指しているものと思われる。

すなわち、永享五年（一四三三）段階で抓津姫命が山東から高積神社に遷座したことは、和佐庄の人々によって信じられていたことは確かである。また、注目すべきは、伊太祁曾神社が日前宮に鎮座地を譲って、山東に遷座したという主張である。これによるならば、紀伊国造によって祀られていた伊太祁曾三神は、日前宮に鎮座地を譲って山東に遷座したというのである。[12] そして、その後紀伊国造は日前宮を祀るようになったのであろう。

『古語拾遺』の伊太祁曾三神を紀伊国造が祀っているという記載は、紀伊国造が日前宮を祀るようになる以前の状態を語っているのであろう。ある時期、紀伊国造はそれまで祀っていた伊太祁曾三神を山東に遷座せしめ、それ以後日前宮を祀るようになったのである。それでは、紀伊国造が祀るべき神を大きく変化させた「日前国懸影向之刻」とはいつのことなのであろうか。そして、そのような変化はなにによって惹起されたのであろうか。

3　大和と日前

『古語拾遺』には、神武天皇が橿原宮に即位して宮殿を造営する際に、建材として紀伊国の材木が当てられたことが記されている。[13] もちろん、神武天皇の即位は虚構であろうが、紀伊国が古代国家への材木の供給源であったことから語られるようになった伝承であろう。

このような紀伊国の他地域と異なった特色が、五十猛命の樹木起源説話を誕生せしめたものと思われる。また、律令制度によって、この地域は「紀伊国」と表記されることが一般的である。しかし、その表記に古体をとどめるとされる『古事記』は、「木国」と表記することが一般的である。[14]これらのことから、紀伊国はまさしく「木国」と認識されていたのである。そして、紀伊国最大の特徴である樹木を神格化した五十猛命を、この地域最大の勢力を誇る紀伊国造が奉祭することも、まさしく当然のことであろう。

一方、最澄の作と伝えられ、弘仁四年（八一三）六月付の年紀を有する長講金光明経会式[15]には、「名草上下溝口神」という名称が見える。紀伊国名草郡にあって、上下二箇所を数える代表的な神社とは、日前神と国懸神をともに祀る日前宮を指していると考えて間違いないだろう。日前宮の北東ほど近くに、宮井用水の水を日前宮条里区に分配する音浦分水工がある。このことから、日前宮は、紀ノ川平野最大の耕地である日前宮条里区に豊饒を約束する水を支配する農耕神としての神格を見ることができる。

古墳時代になると鉄器が普及し、大土木工事を行うことが出来るようになった。農耕に不可欠な水を導くための水路を開発し、かつての木の神は、農耕神としての神格を付加させたのである。紀伊国造の奥津城とされる岩橋千塚で、爆発的な古墳の築造が行なわれるのは、六世紀に入ってからのことである。[16]古墳築造という大土木工事が、水路築造による富の蓄積の成果であると考えるならば、日前宮に農耕神としての神格が付加されるのは、岩橋千塚で古墳築造が盛行する時期と並行するか、その以前のことであろうと思われる。

また、かつて紀伊国造が祀っていた五十猛命にかかわる伝承の中に、農耕神としての神格を語る伝承が見出せないことから、伊太祁曾三神が山東に遷座を迫られて以後、そして、紀伊国造が日前宮を祀るようになって以後に付加されたものと思われる。すなわち、岩橋千塚の築造経過を勘案するならば、「日前国懸影向之刻」とは六世紀初頭以前のことと考えてよいであろう。

紀伊国の特徴ともいうべき木の神を祀っていた紀伊国造が、皇祖神を祀るようになったことは、紀伊国造の事情によるものではないだろう。紀伊国造に皇祖神を祀らせる事情は、むしろ大和政権にこそ存在したはずである。それゆえに、日前宮は紀伊国の人々にとって、「影向」してきた神と認識されていたのである。

ところで、「日前宮」は、正しくは「ひのくまのみや」と訓む。薗田香融氏は、本来日前とは地名であり、「日前に坐す国懸の宮」であったとされた。[17] 日前宮が、大和政権の事情によって紀伊国に「影向」してきたというのであれば、その日前という地名は、大和政権によって名付けられたと見るべきであろう。かつて、紀伊国には日神信仰が存在していたという指摘もあることから、[18]「日（ひ）」は太陽を示していると考えて間違いないだろう。それでは「前（くま）」とはいかなる意味であろうか。

私は、以前熊野の名義を探るため、「くま」の意味を考察したことがある。[19] その際、「くま」には、歌舞伎役者の「隈絵取り」などの例から、影の意味があると提唱した。これによるならば、「ひのくま」は太陽の陰る地ということになるだろう。すなわち、日前宮の鎮座地は大和政権の本拠である大和盆地から見て、太陽の陰る西に位置することを指していると考えられるだろう。それでは、大和政権の本拠から見て、西に位置する紀ノ川河口が、何ゆえに皇祖神を祀るほどの重要な地域とみなされるようになったのであろうか。

4 古代国家と日前宮

古代国家は、大和を本拠地として芽生え、全国的な軍事行動を展開して、国土統一の野望を成し遂げていった。具体的には、中国南朝宋の昇明二年（四七八）に倭王武が、順帝に奉呈した国書にあるように、全国的な軍事行動を展開したことであろう。その際、膨大な軍需物資と兵員を各地に派遣したであろう。

これらの大量物資と人員の輸送には、大和政権の本拠地である大和盆地から、外洋への窓口を経て、さらにはるかな遠征先を目指したはずである。そして、大和盆地から外洋への窓口地点までの内陸交通手段は、もっとも大量に物資輸送ができる河川交通が重要視されたであろう。[20]その河川交通こそが南大和に水源を発する紀ノ川であったと思われる。

一方、同じく南大和に水源を発し東に流れる櫛田川がある。そしてその河口に伊勢神宮が鎮座している。すなわち、紀ノ川河口と櫛田川河口は、ともに大和政権が全国に軍事行動を展開する上で、それぞれ西の外洋への窓口と東の外洋への窓口だったのである。これら古代国家の命運を賭けた遠征軍を送る外洋の窓口が、日前宮の鎮座する紀ノ川河口と伊勢神宮の鎮座する櫛田川河口だったのである。それゆえに、国家の命運を掌中に握るこれらの地に皇祖神が祀られる必要があったのである。

大和政権の国土統一は、記紀伝承によると、景行天皇の征西伝承・日本武尊の熊襲征伐に代表されるように、西日本への軍事行動が東日本へのそれに先立って発動された。また、最終的には新羅遠征軍となる仲哀天皇の出陣も、そして神功皇后による凱旋も、紀伊国を発着点としている。さらに、信憑性の高いとされる雄略朝に頻繁に行われた朝鮮半島への軍事行動には、紀伊国の在地土豪と思われる将卒たちの名前を多く見ることができる。[21]これらのことから、初期の古代国家の国土統一の力点は、西日本を大きな目標に据えられていたものと思われる。

それでは、それは何時頃のことであろうか。

五世紀前半の遺構として、和歌山市鳴滝に巨大倉庫群が確認されている。これは、その規模からみて、紀伊国の在地勢力の施設と見るよりも、古代国家の主導によって設けられた施設と見るべきであろう。その一方で、五世紀後半の遺構として、大阪市の法円坂に難波倉庫群が確認されている。これもまた、古代国家の主導で設けられた施設であろう。これら施設の時期的な相違を見ると、五世紀中頃に、古代国家の西日本への外洋の窓口が、紀ノ川河口から大阪湾へと変化したと見ることができるだろう。[22]

このように外洋への窓口が移転することによって、それ以後の古代国家における紀ノ川河口の重要性が、極端に低下したであろうことは想像に難くない。すなわち、紀ノ川河口に鎮座する日前宮は、もはや五世紀中頃以後において、皇祖神を祀る必要性が低下したと思われるのである。ひるがえって考えるならば、日前宮に皇祖神を祀る必要があったのは、五世紀中頃以前のことであったと見ることができるであろう。

かつて、私は『日本書紀』神武東征神話を論じ、神武天皇に誅殺される名草戸畔の伝承を、紀伊国造が大和政権の大王によって服属せしめられた伝承であろうと考察した。[23] それでは、紀伊国造は、いつごろ大和政権に組み入れられたのであろうか。栄原永遠男氏は、前方後円墳の秋月一号墳築造が、三世紀中頃であることから、この頃に紀伊国は大和政権と接触を持つようになったと提唱された。[24] これによるならば、紀伊国造が大和政権に組み入れられるのも、若干の幅を持たせたとして、三世紀中頃から四世紀初頭のことと考えてよいであろう。すなわち、名草戸畔誅殺の伝承は、このような過程をモチーフとしたものであろう。

ただ、三世紀中頃は紀伊国造が大和政権に組み入れられた時期であり、大和政権が西日本に遠征するために、紀ノ川河口を兵站基地として活用するのは、それよりも後のことであろう。すなわち、日前宮に皇祖神が祀られるようになるのは、三世紀中頃以後五世紀中頃以前と見るべきであろう。それでは、紀ノ川河口が大和政権の西日本攻略のための兵站基地となるのは、その期間内の何時頃のことなのであろうか。

高句麗好太王碑の碑文によると、四世紀後半に高句麗と日本の軍事的衝突があったと記されている。この碑文については、その改作を巡って議論がなされているが、日本と高句麗との軍事的緊張が存在したことは認め得るであろう。[25] すなわち、四世紀後半には朝鮮半島の政治勢力と軍事的衝突に至るまでになっていたと考えてよいだろう。

このように考えると、景行天皇の征西伝承や日本武尊の熊襲征伐伝承は、四世紀後半以前になされた西日本攻略の史実をモチーフとしたものと考えることができるだろう。そして、そのような軍事行動の兵站基地として、大和政権にとって紀ノ川河口は重要性を増したものと思われる。したがって、「日前国懸影向之刻」、すなわち紀ノ川平野に鎮座する日前宮が皇祖神を祀るようになったのは、四世紀中頃のことと見てよいだろう。

すなわち、紀伊国の特長ともいうべき木の神を祀りつづけてきた紀伊国造は、四世紀中頃に皇祖神を祀るようになったのである。そして、五世紀中頃に古代国家の外洋への窓口が難波へと変わったことによって、皇祖神を祀る神社としての国家的重要性は低下したのである。さらに、六世紀初頭に至って、鉄器を利用した耕地開発が進み、農耕神としての新たな神格を付加したものと思われる。

おわりに

本節は、古代日前宮の祭祀について論じてきた。まず最初に日前宮に関わる記紀伝承を分析し、日前宮がかつて伊勢神宮と並んで皇祖神を祀る神社として、古代国家から重要視されていたことを指摘した。次に五十猛命の樹木起源説話を分析し、紀伊国造が皇祖神を祀るようになる以前に、木の神を祀っていたことを指摘した。

古代国家統一過程において、紀ノ川河口が外洋への窓口として重要視されたことが、皇祖神を祀る神社たらしめたと考えた。そして、古代国家の西日本統一と朝鮮半島への軍事行動から、日前宮が皇祖神を祀るようになったのは、四世紀の中頃のことであり、五世紀中頃に古代国家の外洋への窓口が難波へと変更されたことによって、日前宮の皇祖神を祀る神社としての地位は低下したものと考えた。さらに、鉄器を利用した耕地開発が進み、六世紀初頭頃までに農耕神としての神格を付加させたものと考えた。

以上が、本節で論じた概要である。記紀編纂完了時点では、皇祖神を祀る神社が確定しなかったのである。しかるに、平安時代の『古語拾遺』が著される頃には、伊勢神宮が皇祖神として絶大な崇敬を受けるようになり、日前宮には出来栄えの悪い鏡が配されたとされるようになったのである。

国家の命運をかけた軍事行動と皇祖神が、密接に関係しているとするならば、伊勢神宮の皇祖神化も同様に理解するべきであろう。古代国家は西日本統一と朝鮮半島遠征を最初に手がけた関係上、日前宮の皇祖神を祀る神社としての地位は、きわめて高いものがあっただろう。しかし、奈良時代後半になると、古代国家の軍事行動は東日本の蝦夷征服に、軍事力が傾注されることになる。[26] したがって、東への外洋への窓口である伊勢神宮の皇祖神化に、一層の拍車がかかったのではないかと考えられるだろう。

五世紀中頃に外洋への窓口としての地位を失い、奈良時代後半には蝦夷征服事業のために、伊勢神宮の皇祖神化が進み、日前宮は出来栄えの悪い鏡を祀る神社と評価されるに至るのである。『古語拾遺』における斎部広成が、日前宮に出来栄えの悪い鏡が配されたという苦肉の解釈も、このような風潮の中で考案されたものなのであろう。しかし、きわめて守旧的な神祇制度の中で、かつて皇祖神を祀るとされた日前宮への扱いには、顕著な特徴を有していた。

律令神祇制度は、天皇とその国家の安寧を祈願するものであった。それゆえに、天皇と国家の安寧に神威を発露した神に対しては、天皇から神階が授与された。顕著な例では、天平宝字八年（七六四）の藤原仲麻呂の乱に際して、翌年・翌々年に全国の神社に神階叙位が行われている。[27] その後も、多くの神社にその都度神階が授与されている。しかし、伊勢神宮と日前宮に関しては、歴史上いかなる神階も授与されてはいない。

天皇が神階を授与するということは、その神を天皇の臣下に位置づけることに他ならないのである。最高の神階である正一位であろうとも、それは律令制度に基づく官位相当制から見れば、最高の官職ではあるが、太政大臣というまさしく天皇の臣下に付与されるべき位階なのである。皇祖神が天皇の祖先である以上、それを祀る神社に神階を授けるということは、天皇自身が皇祖神を自らの下位に位置づけることになるのである。それゆえ、かつて皇祖神を祀っていた日前宮には、いかなる神階も授与されることは無かったのである。

おそらく、律令制度上において日前宮に神階を授与してはいけないとか、明らかな皇祖神であるとかという認識はもはや無かったであろう。日前宮がかつて皇祖神を祀っていたという事実は、律令制度が整う遥か以前のことであった。それゆえに、守旧的な神祇制度の中で、遥か昔からの慣習がかたくなに固守されてきたのであろう。

注

（1）日前宮の現在の祭神については、『和歌山県の地名』（平凡社、日本歴史地名体系31、一九八三）によった。

（2）紀伊国造系図は、掛幅装一幅の史料で紀俊行氏（東京都）の所蔵で、現在和歌山市立博物館で保管している。翻刻については、本書第二章第二節で行っているが、他に鈴木正信「『紀伊国造系図』の成立と伝来過程」（『和歌山県立博物館研究紀要』十五、二〇〇九）がある。

（3）この時期頻繁に『日本書紀』の講読が宮中で開催されたことは、坂本太郎『六国史』（吉川弘文館、日本歴史叢書27、一九七〇）に詳しい指摘がある。このような過程で皇祖神を祀る神社の校訂が成されるようになったものと思われる。

（4）坂本太郎『大化改新の研究』（至文堂、一九三八）は、平安時代のある時期に『古事記』・『日本書紀』を題材として、物部氏に属する人物によって編纂されたとする。

（5）佐伯有義編『増補六国史日本書紀』（名著普及会、一九四〇）の同条頭注においても、「伊太祁曾神社是也」としている。

（6）『日本書紀』同条の三日前に、「丁亥、遣浄広肆難波王等鎮祭藤原宮地」とあることから、このように推測して差し支えはないだろう。

（7）『増補六国史日本書紀』（前掲注5）の同条頭注においても、「神名式に紀伊国名草郡日前神社国懸神社とある是なり」としている。

（8）『和歌山市史』第一巻（和歌山市、二〇〇一）古代編第一章第二節（薗田香融氏担当）による。

（9）伊太祁曾三神の分遷については、拙稿「大宝神祇令施行と伊太祁曾三神分遷」（『和歌山地方史研究』五三、二〇〇七）を参照されたい。

（10）湯橋家文書（『和歌山市史』第四巻、和歌山市、一九七七）

（11）小山靖憲「中世の宮井用水について」（『紀州経済史文化史研究所紀要』三号、一九八三、のち『中世村落と荘園絵図』所収、東京大学出版会、一九八七）は、平安後期に宮井用水の取水口が、紀ノ川上流に位置する那賀郡の大伝法院領山崎荘内に移動していたことを指摘する。

（12）この文書を用いて、伊太祁曾神社が日前宮の鎮座地から、山東に移転したことを最初に指摘したのは、本居内遠「伊太祁曾三神考」（『本居全集』六、一九〇三）であろう。ただし、内遠はその移転時期を『続日本紀』大宝二年二月二十日条の分遷命令によるものとしている。これについては、前掲拙稿（前掲注9）において私見を提示した。

（13）このことは、『先代旧事本紀』天皇本紀にも、「紀伊国名草御木・麁香二郷、其採在忌部所居」と見える。

（14）拙稿「紀伊国の名称」（『和歌山市史研究』一一号、一九八三）参照。

（15）『伝教大師全集』四（天台宗宗典刊行会、一九一二）所収。なお、この文書をもって日前宮に農耕神的な神格のあることを指摘されたのは、薗田香融「岩橋千塚と紀国造」（末永雅雄他編『岩橋千塚』所収、のち『日本古代の貴族と豪族』所収、塙書房、一九九一）である。
（16）薗田香融「岩橋千塚と紀国造」（前掲注15）参照。
（17）薗田香融「岩橋千塚と紀国造」（前掲注15）参照。
（18）越原良忠「忘れられた日神」（『和歌山県史研究』一〇号、一九八三）参照。
（19）拙稿「熊野名義考」（『古代熊野の史的研究』所収、塙書房、二〇〇四）参照。
（20）横田健一「大和国家権力の交通的基礎」（橿原考古学研究所編『近畿古文化論巧』、吉川弘文館、一九六二）参照。
（21）『日本書紀』雄略天皇九年三月条には、紀小弓宿禰・紀崗前来目連が見え、同五月条には、紀大磐宿禰が見える。
（22）拙稿「畿内政権と紀伊国造」（『和歌山地方史研究』六一号、二〇一一）参照。
（23）拙稿「名草戸畔と紀伊国造」（『和歌山地方史研究』五七号、二〇〇九）参照。
（24）栄原永遠男「和泉南部地域と紀伊」（『泉佐野市史研究』七号、二〇〇一、のち『紀伊古代史研究』所収、思文閣、二〇〇四）による。しかし、丹野拓「秋月遺跡と平野部の古墳」（『和歌山平野の集落遺跡』、財団法人和歌山県文化財センター、二〇一一）によると、秋月一号墳の築造年代については、伴出遺物の詳細な検討から、三世紀中頃から四世紀前半と幅をもたせている。本節では、栄原氏の着想に従いながらも、同古墳の築造年代については、若干の幅をもたせて考えることにしたい。
（25）李進煕『広開土王陵碑の研究』（吉川弘文館、一九七二）は、日本軍による碑文の改竄があったとするが、徐建新『好太王碑拓本の研究』（東京堂出版、二〇〇六）はこれを否定している。また、碑文の解釈にも定見を見ていない。

しかし、高句麗と日本が軍事的緊張を有していたことは認めてよいだろう。

(26) 古代国家における蝦夷征服事業の概略・経緯については、高橋崇『蝦夷』(中央公論新書、一九八六)に詳しい。

(27) 藤原仲麻呂の乱とその後の神階叙位の関係については、岸俊男『藤原仲麻呂』(吉川弘文館人物叢書、一九六九)に詳しい。

第二節　名草戸畔と紀伊国造

はじめに

『日本書紀』の神武天皇東征伝説によると、その即位前紀戊午年六月丁巳条に、紀伊国に到った神武天皇は、名草邑で「名草戸畔」という賊を誅殺している。その記述は「軍至名草邑、則誅名草戸畔者」といたって簡単である。神武天皇東征伝説は、大和王権の国土征服事業を、神武天皇という一人の英雄に仮託して形成された物語であると思われる。[1] したがって、名草戸畔は紀伊国名草郡に勢力を有し、大和王権に征服された抵抗勢力を意味していると考えてよいだろう。

それでは、名草戸畔とはいかなる存在であったのだろうか。紀伊国名草郡は、周知のとおり、紀伊国造に任命された紀直氏が大化前代から、営々と勢力を保有してきた地域である。[2] それでは、征服された名草戸畔と紀伊国造は、どのように関係しているのであろうか。本節は、以上のような問題意識に基づいて、名草戸畔の実態を論じようとするものである。

1　戸畔に関する見解

名草戸畔に関する見解として、飯田武郷の『日本書紀通釈』の説がある。[3] この飯田説が、おそらく現在の通説の根幹となっていると思われる。次に、その該当部を抄引しよう。

名草戸畔は、名草邑によれる名なり、戸畔は、重胤云、処部の義にて、其地に長たるものを云り、と云り、こゝに或人云、今も名草戸畔の墓あり、さて此もの、事は、紀伊国造系譜に、第五世大名草姫・大名草彦とありて、名草彦は国造の祖先なること灼然けれと、名草姫のこと外に伝なし、仍て思ふに、此名草戸畔は、必名草姫なるへし、と云り、さらは此戸畔は女の称なり、なほよく考へし、

まず、飯田は名草戸畔の名草を、紀ノ川河口一帯の地名である名草に関連しているという。また、戸畔については、平田重胤の説を引用して、処部すなわちその一帯の統率者であるとする。そして、「或人」の説を引用して、名草戸畔を名草姫であるとする。さらに、「此戸畔は女の称なり」とする。

名草は、律令制下における紀伊国七郡の一つで、紀伊国府を擁した地域名称である。[4] とくに、日前宮を奉祭し、紀伊国造であった紀直氏が、律令制下において名草郡司を一時期世襲した。[5] このことからも、名草戸畔の名草が、地名に由来することは、十分に首肯できるであろう。次に、名草戸畔を名草姫であるとする「或人」の説を紹介している。名草姫・名草彦と列記しながら、いかなる考証も施すことなく、それが名草姫であるとしている。おそらく、それはその後に「此戸畔は女の称なり」としていることによるものであろう。すなわち、戸畔が女の称であるという観念が前提として存在しているからこそ、地名の名草と女性を示す語が包含される名草姫でなくてはならないと判断したものと思われる。しかし、本当に戸畔は、それほどまでに無批判に女性の称号であるといえるのであろうか。

戸畔を「処部」と判断した根拠は、平田重胤の所論によっている。しかし、戸畔を女性の称号であるとしているのは、「或人」の説によっている。明らかにこの「或人」は重胤とは別人であると考えられる。それでは、その「或人」の説とは、一体どのようなものなのであろうか。

平田重胤の説を引用していることから、飯田が平田流神道に傾倒していたであろうことは、容易に察しがつくだろう。事実彼は、平田流神道の祖である平田篤胤の死後の弟子を自任していた。[6] 周知のとおり、平田篤胤は本居宣長の死後の弟子を自任する国学者であった。[7] したがって、平田篤胤・重胤の言説には、本居国学の影響が色濃く反映していると思われる。

神武東征神話に関する本居国学の最大の著作は、本居宣長の『古事記伝』を指摘することができるだろう。しかし、神武東征神話における、神武天皇による名草戸畔誅殺の物語は、『日本書紀』にのみ見える物語で、『古事記』には言及されていないのである。しかし、崇神天皇記に「此天皇娶木国造、名荒河刀弁之女（割注、刀弁二字以音）、遠津年魚目目微比売、生御子、豊木入日子命、次豊鉏入比売命（割注、二柱）」という記述が見える。これは、『日本書紀』崇神天皇即位前紀元年二月丙寅条に、「又紀伊国荒河戸畔女遠津年魚目目妙媛（割注、略）、生豊城入彦命・豊鍬入媛命」とあり、ほぼ同内容の記述が見える。

このことから、名草戸畔に付された戸畔という語は、『古事記』では刀弁と表記されていることがわかるのである。『古事記伝』の当該部分の宣長の解説を見ると、「刀弁の事は、上【伝八の廿八葉、廿二の五十六葉】云り」とある。[8] そこで、『古事記伝』巻廿二の当該部分を見ると、開化天皇記の日子坐王の妃に関する記述で、「次日子坐王、娶山代荏名津比売、亦名苅幡戸弁」に関する解釈を、次のように見ることができる。[9]

戸弁は斗売と同じ、書紀に石凝姥神を、同一書に已凝戸辺ともあるにて知べし、【已字は、石の誤なり、】

すなわち、戸弁は斗売と同じであると断言しているのである。そして、その根拠として、『古事記』の宝鏡開始段の宝鏡を鋳造した「伊斯許理度売命」の表記と『日本書紀』のこの神に対する表記を比較するのである。『古事記伝』巻八では、『古事記』に「伊斯許理度売」とある表記が、『日本書紀』の第一の一書では「石凝姥」とあり、第三の一書では「石凝戸辺」とあることを指摘する。そして、「度売（トメ）は老女（オムナ）を云称」であると解釈するのである。

確かに、飯田が『日本書紀通釈』で「戸畔は女の称なり」と断言した背景には、宣長の度売＝戸辺＝姥という、記紀の表記を比較した考察結果が存在したのである。そして、どうやら宣長は、戸畔は「トベ」と読んでいるが、本来は戸女すなわち「トメ」であり、それが転化して「トベ」とも読まれるようになったと理解しているようである。

しかし、一見明快に思える宣長の解釈に、私は二つの疑問を感じるのである。その第一は、度売＝戸辺＝姥という等号関係は、宣長によって証明されているが、姥＝戸畔とする等号関係は、なんら証明されていないのである。第二は、『日本書紀』で「荒河戸畔」と見え、『古事記』で「荒河刀弁」と見える崇神天皇の妃の出自は、無条件で女性であると断言できるのであろうか。周知のとおり、記紀はその当時の社会状況を正確に記しているか否かは別として、一貫して男系系譜で記されているのである。

とくに、『古事記』は「荒河戸弁」を「木国造」すなわち紀伊国造と明記しているのである。紀伊国造の系譜は、その子孫が所蔵している「紀伊国造次第」によって明確に知ることができる。(10) しかし、宣長も指摘するように、「荒河刀弁」という国造は、その次第から知ることのできる歴代国造には見ることができない。ただ、「紀伊国造次第」を詳細に見ると、「紀三井寺国造」や「吐前国造」などのように、その国造が居住した地名を冠して通称されている例が見られる。(11)「荒河」が紀ノ川河口に実在する地名に一致することから、その一例であるかもしれないと思われる。そして、何よりも「紀伊国造次第」に見える系譜は、徹底して男系系譜で貫かれているのである。このことから、「刀弁」あるいは「戸畔」を女性の称であると断定してよいのだろうかと思うのである。そこで、トベという語について考察してみることにしたい。

2　トベについて

『日本書紀』崇神天皇紀の「荒河戸畔」と、『古事記』崇神天皇段の「荒河刀弁」の表記を比較することによって、トベは戸畔とも刀弁とも表記されていたことがわかる。戸畔は、『日本書紀』よると、神武天皇東征神話に名草戸畔、丹敷戸畔、新城戸畔、そして崇神天皇紀に荒河戸畔の四件が見える。しかし、戸畔が刀弁とも表記されるとするならば、戸畔史料だけでなく、刀弁史料も視野に入れなくてはならないだろう。

『古事記』によると、垂仁天皇段で天皇が後宮に入れた「山代大国之淵」の娘二人が、姉の「苅幡刀弁」と妹の「弟苅幡刀弁」とみえる。ところで、この姉妹のことは『日本書紀』にもほぼ同様の記載がある。しかし、その表記は姉が「綺戸辺」で、妹が「苅幡戸辺」である。ここにいたって、『古事記』にいう「刀弁」は『日本書紀』では、「戸畔」とも「戸辺」とも表記されることがわかった。

すなわち、戸畔＝刀弁＝戸辺の等号関係は紛れもなく成立するのである。そして、記紀の表記を比較することによって、石凝姥＝伊斯許理度売＝石凝戸辺の等号関係も成立することになる。したがって、宣長のいうように、戸畔＝刀弁＝戸辺＝度売＝姥となり、戸畔は女性を示す称号という解釈が、まさしく成り立つかのようである。それでは「戸畔」とは、宣長のいうように、女性を表す称号であり、「名草戸畔」はまさしく女性首長だったのだろうか。

確かに、宣長がいうように、宝鏡開始段の記紀表記の比較から、「戸辺」が「度売」や「姥」と同じ語として用いられているのであるから、首肯せざるを得ないだろう。しかし、『日本書紀』が表記する「名草戸畔」には、「戸畔、此云姡顰」と割注が付されている。すなわち、「戸畔」は、「姡（ト）顰（ヘイ）」と読まなくてはならないのである。「顰（ヘイ）」が短縮化されて、濁音が付されたとすれば、『日本書紀通釈』にいうように、これを「トベ」と読むことは十分可能であろう。

さらに、宣長がいうように、バ行とマ行は音便変化によって混用されることは十分に考えられる。したがって、「戸畔」がトベともトメとも読まれたであろうことは十分に考えられる。しかし、それでもなお宣長の説にはかなりの無理があるように思われる。確かに、近侍するという意味の「さぶらう」という動詞は、未然形変化による「さぶらい」という名詞となる。そして、それは音便変化して「さむらい」となる。[12]最も典型的なバ行とマ行の混同であるといえるだろう。ところが、この場合は明らかにバ行からマ行に音便変化したのである。しかし、マ行からバ行に音便変化した例は、管見に入るところ無いように思われる。

宣長は、「戸畔」の本来の読み方がトメであり、それが変化してトベと読まれるようになったと主張するが、その変化にはかなりの無理があるのではないだろうか。むしろ、本来トメと読むべき語と、トベと読むべき語があり、本来トベと読まれなくてはならない語が記紀編纂当時に、すでに音便変化を起こして、トメとも読まれるようになり、これら両者が、混同されるようになってしまっていたと思われる。しかし、「戸畔」は記紀編纂者たちにとって、間違ってもトメと読まれたのでは齟齬を生じる恐れがあるため、わざわざ「戸畔」に、この用語をトメではなく、トベと読むべきことを示すため、「戸畔、此云姡顰」という割注を施したものと思われる。

すなわち、「名草戸畔」に付されたトベは、記紀編纂当時音便変化してトメとも読まれるようにはなったが、女性の尊称を示すトメとはまったく異なった用語であり、意味を混同してはならないものだったのである。私は、まず「名草戸畔」に付されたトベが、決して女性の尊称ではないという発想から、再度検討すべきであろうと考える。

3　トベとトメ

トベという語は、やがてトメと変化して女性の尊称であるトメと混同されるようになった。その混同されるようになった時期が、記紀編纂の時代であった。それゆえに、『日本書紀』の編纂者は、決してトメと呼ばれることのないように、その読み方を割注として施したのである。それによって、記紀編纂当時の知識人たちはその割注で区別することができたであろう。しかし、現代のわれわれは、音便変化をきたしてから千年以上も経過しているためもはや区別することが不可能になっている。

おそらく、記紀編纂当時は「戸畔」をトベと正しく読みさえすれば、それが女性の尊称ではない、ある特定の意味を有する語であることが判然としたのであろう。しかし、今「戸畔」の原義が忘れ去られてしまったため、割注を施されながらも、もはやその意味を理解することは困難になってしまっているのである。

ただ、『日本書紀』編纂者は、トベが音便変化を来たし、女性の尊称と混同されることを予見して、わざわざ割注まで付したのである。そこで、記紀を通して、トベと読むことができる用例を総覧して、明らかに女性でなくてはならない、すなわちトメと読むべき用語を特定して、その後にそれを除外したトベの用例の中に共通項として認識できる要素を抽出して見ることによって、トベの用語の本来の意味をある程度推測することができるのではないだろうか。そこで、以下に記紀それぞれの中に見えるトベと読める用例を、それぞれ『日本書紀』と『古事記』の表記に注目して、対照して見ることにしよう。

①シナトベ

【紀】　第五段、国産み神話、第六の一書

然後、伊奘諾尊曰、我所生之国唯有朝霧而、薫満之哉、乃吹撥之気、化為神、号曰級長戸辺命、亦曰級長津彦命、是風神也、

【記】　国産み段

次生風神、名志那都比古神

②イシゴリトベ

【紀】　第七段、宝鏡開始段、第三の一書

於是、天児屋命掘天香具山之真坂木、鏡作以懸而上枝遠祖天抜戸児石凝戸辺所作鏡、

【記】　天の石屋戸段

科伊斯許理度売命令作鏡

③ナグサトベ

【紀】　神武天皇即位前紀戊午年六月丁巳条

軍至名草邑、則誅名草戸畔者、

【記】　記載なし

④ニシキトベ

【紀】　神武天皇即位前紀戊午年六月丁巳条

至熊野荒坂津（亦名丹敷浦）、因誅丹敷戸畔者、

【記】　記載なし
⑤ニイキトベ
【紀】　神武天皇即位前紀己未年二月辛亥条
是時、層富縣波哆丘岬、有新城戸畔者、又和珥坂下、有居勢祝者、臍見長柄丘岬、有猪祝者、此三処土蜘蛛、並恃其勇力、不肯来庭、天皇乃分遣偏師、皆誅之
【記】　記載なし
⑥カリハタトベ
【紀】　記載なし
【記】　開化天皇記
次日子坐王、娶山代之荏名津比売、亦名苅幡戸弁、生子、大俣王、次小俣王、志夫美宿禰王
⑦アラカワトベ
【紀】　崇神天皇即位前紀元年二月丙寅条
又妃紀伊国荒河戸畔女遠津年魚眼眼妙媛、生豊城入彦命、豊鍬入媛命、
【記】　崇神天皇記
此天皇、娶木国造、名荒河刀弁之女、遠津年魚目目微比売、生御子、豊木入日子命、次豊鉏入比売命
⑧ヒカトベ
【紀】　崇神天皇六十年七月条
以誅出雲振根、故出雲臣等、畏是事、不祭大神而有間、時丹波氷上人、名氷香戸辺、啓于皇太子活目尊曰、己

子有小児、而自然言之、（中略）於是、皇太子奏于天皇、則勅之使祭、

【記】　記載なし

⑨カニハタトベ

【紀】　垂仁天皇三十四年三月丙寅条

天皇幸山背、時左右奏言之、此国有佳人、曰綺戸辺、姿形美麗、山背大国不遅之女也、（中略）仍喚綺戸辺、納後宮、生磐衝別命、三尾君之始祖也、

【記】　垂仁天皇記

又娶山代大国之淵之女苅幡刀弁、生御子落別王、次五十日帯日子王、次伊登志別王、

⑩カリハタトベ

【紀】　垂仁天皇三十四年三月丙寅条

先是、娶山背苅幡戸辺、生三男、第一曰祖別命、彦命、第彦命、第彦命、三曰膽三曰膽第第二曰五十日足武、別命、五十日足彦命、是子石田君之始祖也、

【記】　垂仁天皇三十四年三月丙寅条

之女淵又娶其大国之、弟苅幡刀弁、生御子石衝別王、次石衝毘売命、亦名布多遅能伊理毘売命

以上、記紀を通して十例のトべの用例が見える。このうち、『日本書紀』では『古事記』開化天皇記に見えるカリハタトベが見えない。また、『古事記』には『日本書紀』に見えるナグサトべ・ニシキトべ・ニイキトべ・ヒカトべの四例が見えない。また、垂仁天皇紀のカニハタトべとカリハタトベを、それぞれ『古事記』のカリハタトべとオトカリハタトべに対応させたが、その所生の皇族名称から、カニハタトベ―オトカリハタトベ、カリハタ

トベ―カリハタトベの可能性があるが、本節の目的はその同定することにあるのではないので、一応所出順に対応させておいた。

4　記紀におけるトベの表記

これら十例のトベ史料のうち、明らかに女性の尊称として用いられているのは、男性皇族の配偶者となった人々である。それは、⑥のカリハタトベ・⑨のカニハタトベ・⑩のカリハタトベの三例である。このことから、これらの女性に付されたトベという語は、後にトメへと音便変化する女性に対する尊称であったと見ることができる。

これに対して、先にも述べたが、当時の実情を反映しているか否かは別として、記紀は一貫して男系系譜で表記している原則がある。[13] このことから、崇神天皇の後宮に入った遠津年魚眼眼妙媛（記では、遠津年魚目目微比売）の出自となった⑦のアラカワトベは、明らかに男性であると見るべきであろう。このような観点で、これら十例の記紀間におけるトベ表記を比較すると、次の表のようになる。

表3　トベ表記の記紀間対照表

	『日本書紀』	『古事記』
①	級長戸辺	トベ表記なし
②	石凝戸辺	伊斯許理度売
③	名草戸畔	記載なし
④	丹敷戸畔	記載なし
⑤	新城戸畔	記載なし
⑥	記載なし	苅幡戸弁

⑦	荒河戸畔	荒河刀弁
⑧	氷香戸辺	記載なし
⑨	綺戸辺	苅幡刀弁
⑩	苅幡戸辺	弟苅幡刀弁

この対照表を見ると、記紀それぞれに特徴のあることを見て取ることができる。まず、『古事記』では、⑥の「苅幡戸弁」以外の⑦・⑨・⑩は、「刀弁」で統一されていることがわかる。『古事記』の表記に関しては、これまでの研究で、用字が統一されているといわれている。[14] そのため、トベ史料がほとんど「刀弁」に統一されたものであろうと考えられる。しかし、そのように理解したとき、例外となる⑥の「苅幡戸弁」が何ゆえ統一されていないのかが問題となるだろう。

そこで、⑥の「苅幡戸弁」の史料を詳細に見ると、他と異なった要素を確認することができる。『古事記』では、開化天皇の後宮に入った「荏名津比売」の別名が「苅幡戸弁」であったと記している。しかし、開化天皇の后妃列記記載記事で、その出自が記されていないのはこの「荏名津比売」ただ一人である。他の后妃は必ずその出自となる男系の人物名、すなわち父の名を明らかにしているのである。[15] このことから、「苅幡戸弁」とは「荏名津比売」の父の名前で、『古事記』に収載する際に、何らかの錯簡が生じて、后妃の別名と認識されてしまったものと思われる。その際、女性に対する尊称であれば、『古事記』は「刀弁」に統一するべきであったが、意味不明の用語を統一することもできずに、原史料にあるがままに「戸弁」と表記してしまったのではないだろうか。このような推測が許されるならば、『古事記』はトベ史料を原則として「刀弁」で統一していたと見ることができるだろう。

一方、『日本書紀』では「戸辺」と「戸畔」の二つの用例を確認することができる。『日本書紀』は、用語表記が統一された『古事記』とは異なり、巻ごとに異なった表記がなされている。[16]そのため、神武天皇紀上巻に見られるトベ史料は、一貫して「戸畔」と表記されている(③・④・⑤)。しかし、『日本書紀』巻五崇神天皇紀でも、「荒河戸畔」(⑦)と表記されている。

横田健一氏の考察によるならば、『日本書紀』巻三と巻五は、その用語表記の点から、編纂者が異なると見られる。[17]それにもかかわらず、トベ表記は同じである。しかも、『日本書紀』が一貫して表記を統一しているのであれば問題はないが、全巻を通して「戸辺」と「戸畔」の両様がありながらも、そして執筆担当者が異なりながらも、巻三と巻五が、同じく「戸畔」と表記しているのである。

ここにいたって、『日本書紀』に見られるトベ史料は、各巻の編纂担当者の恣意を超越して、「戸畔」と「戸辺」とそれぞれ表記される用語は峻別されていた可能性を指摘することができるだろう。そして、先に見たように男子皇族の配偶者となり、明らかに女性と思われるトベの語を含む人物(⑨・⑩)は、『日本書紀』においてはすべて「戸辺」と表記されているのである。さらに、『古事記』において女性をあらわす「度売」と表記されている②のイシゴリドメも『日本書紀』では「戸辺」と評されているのである。なお、⑧「氷香戸辺」は、出雲大社神事継承に関する記載で、ここからこの人物の性別を判断することは出来ない。しかし、「播磨国風土記」託賀郡の都太岐の地名起源説話で、讃岐日子神に求婚される「氷上刀売」と同一とすれば、これも女性ということになるだろう。一方、記紀の男系系譜主義から、男性をあらわしていると考えられる⑦のアラカワトベは、「戸畔」と表記されているのである。

『古事記』では、トベ史料は「刀弁」と統一されていた。しかし、『日本書紀』では、女性に付されるトベは「戸辺」、男性に付されるトベは「戸畔」と表記を異にしていたのである。「戸辺」はその後音便変化してトメとなり、宣長がいうように、女性にささげられた尊称となる語であろう。それでは、『日本書紀』が「戸辺」とは異なることを主張し、男性に付した「戸畔」とは、果たしてどのような意味を有する用語なのであろうか。

5　「戸畔」の語義

『日本書紀』に「戸畔」の用例は四例見られる。そのうち、三例が神武天皇東征神話の中で、神武天皇に誅殺される対象である。このことから、「戸畔」は「土蜘蛛」などの在地土豪を蔑視する用語だったのだろうか。一方、崇神天皇紀では、天皇の後宮に入る女性の出自として「戸畔」が用いられている。後宮に入る女性の出自を貶めて記すことはないだろうから、「戸畔」という語は、在地土豪を蔑視する呼称ではなかったと思われる。むしろ、国土統一の大業を成し遂げた神武天皇が誅殺した対象は、きわめて手ごわい英雄であったほうがよかっただろう。これらの点を考慮すると、在地の勇者に捧げられた尊称であったと見ることができるだろう。

一方、⑤の新城戸畔の記述を見ると、この時神武天皇に誅殺された「土蜘蛛」として、「新城戸畔」・「居勢祝」・「猪祝」の三人が列記されている。ここで、居勢と猪に付された「祝」という語は、その地の神を祭祀する神官を意味していると考えてよいだろう。三人が列記されながら、「新城戸畔」には「祝」の語が付されていないことから、彼が神官の立場になかったことを意味している。また、「祝」の語に位置すべき箇所に「戸畔」の語が配置されていることから、「戸畔」は「祝」と同じように、その人物の立場を示す語であったと考えられるだろう。しかも、これら三人の「土蜘蛛」の筆頭に掲げられていることから、「新城戸畔」は周辺の「祝」たちを従え、統率する立場にあったものと考えてよいだろう。

以上、四例の「戸畔」史料から、在地の勇者に捧げられた称号であり、その語を有する人物の立場を示すものと考えられるのである。このような観点から、視点を変えて、再度「戸畔」の語義を考えてみよう。その際、私が指摘したいのは、『日本書紀』神代巻第五段国産み神話の第六の一書に見える「級長戸辺」である。この神は、一連の国産み神話の中で、伊奘諾尊の息吹から誕生した風の神である。

先に見たように、「級長戸辺」は『日本書紀』の用例から見ると、明らかに女性に対する尊称として用いられている。しかし、この神の別名は「級長津彦命」と明記されている。また、『古事記』においても「志那都比古神」とされている。すなわち、「戸辺」はここで「彦」に置き換えられており、明らかに男性に対する尊称として用いられているのである。このように見ると、先に『日本書紀』は「戸辺」を女性の尊称として用いているとする仮説に矛盾が生じることになる。

しかし、この時伊奘諾尊の息吹から誕生したのは風の神である。律令祭祀で風の神が祀られているのは、大和国平群郡に鎮座する龍田神社である。そこには「龍田比古龍田比女神社二座」として、男女一対の神が記されている。[18] すなわち、古伝によると、本来風の神は男女一対だったのである。したがって、級長戸辺という女神と級長彦という男神の一対神が伊奘諾尊から生まれたという伝承があり、『古事記』はその男神だけを「志那都比古神」として採録し、『日本書紀』は「級長戸辺」として女神だけを採録したのである。しかし、古伝に残っている男神「級長彦」の名を抹殺しきれずに、「級長戸辺」の異名として扱わざるを得なかったのであろう。

このように理解するならば、「戸辺」は女神に捧げられた尊称であり、直接的に「彦」に置き換えられるものではないことになる。しかし、このように理解したとき、『日本書紀』国産み神話第六の一書が、「級長彦」を抹殺しきれずに、女神である「級長戸辺」の異名であるとして安直に理解してしまったことがさらなる問題となるだろう。

これまで見てきたように、「戸畔」は男性に捧げられる尊称で、「戸辺」は女性に捧げられる尊称である。このそれぞれの用語は意味の上では明らかに異なっている。しかし、音便変化を来たした結果、その読み方は「戸畔」＝「戸辺」の状態であったと思われる。しかも、『日本書紀』三十巻中、神代巻が取捨選択を経て現状を呈するのは、天武朝以後のことと思われるのである。[19] すなわち、もっとも音便変化の進行した状態だったのである。

そのような状態の中で、用語の意味の上で、「戸畔」＝「彦」という概念が無かったとしたら、女神である「級長戸辺」と男神である「級長彦」との取り違えは、決して起こりはしなかっただろう。すなわち、音の上で「戸畔」と「戸辺」が通じており、意味の上で「戸畔」と「彦」が通じていたからこそ生じた齟齬であるといえるだろう。このように理解したとき、男性に捧げられた「戸畔」という尊称は、「彦」とほぼ等しい意味を有していたと見ることができるだろう。

中国古典の用例を見ると、「美士曰彦」とある。[20] すなわち、まさしく男性に捧げられる尊称である。先に『日本書紀』に見える四例の「戸畔」史料から、それは在地の英雄に捧げられた尊称であろうと推定した。そして、「戸畔」が「彦」と同じ意味を有しているとするならば、その推定結果とも遜色は無いことになるだろう。国土統一を成し遂げた初代天皇に雄雄しく抵抗した在地の英雄、そして、天皇の後宮にその子女を差し出した在地の有力者に捧げられた尊称として、「戸畔」はまさしくふさわしいものであるといえるであろう。

おわりに

以上、本節は神武天皇東征神話において、天皇に誅殺された「名草戸畔」の実像を求めるべく考察を行ってきた。まず、飯田武郷以来定説となっていた「戸畔」は女性首長であるという説に疑問を呈した。次に『日本書紀』におけるトベ史料表記の法則を導き出し、「戸辺」は女性に捧げられた尊称であり、「戸畔」は男性に捧げられた尊称であろうと推定した。

さらに、『日本書紀』国産み神話第六の一書に「級長戸辺」という神名の異称として、「級長彦」とあることに着目し、「戸畔」は古来より「美士」に捧げられた「彦」と同じ意味であろうと推定した。もちろん、かなり大胆な推測を加えた考察結果である。しかし、飯田武郷以来、「戸畔」を女性に対する尊称と考えられてきたことに、疑問を呈する意義はあるものと考える。

以上の考察に大過ないとするならば、神武天皇に誅殺された「名草戸畔」とは、「名草彦」を指しているに他ならないだろう。そして、それは「紀伊国造次第」に記している第五代国造大名草彦を意味していると考えてよいだろう。なお、「紀伊国造次第」に付された「大」は美称として付されたものと考えるべきであろう。

「紀伊国造次第」による国造系譜は、初代から八代までは多分に造作がなされたであろうといわれている。[21]したがって「名草彦」が実在したかどうかは判然とはしない。しかし、「名草彦」は、まさしく紀伊国造が支配する名草地域の勇者として語られた人物であろう。それゆえに、国土統一を果たす神武天皇に雄雄しく抵抗する英雄として位置づけられたのではないだろうか。

注

（1）拙稿「神武天皇東征神話の再検討」（拙著『古代熊野の史的研究』所収、塙書房、二〇〇四）参照。

（2）薗田香融「岩橋千塚と紀国造」（末永雅雄他編『岩橋千塚』所収、和歌山市教育委員会、一九六二、のち薗田『日本古代の貴族と地方豪族』所収、塙書房、一九九二）

（3）飯田武郷『日本書紀通釈』（畝傍書房、一九四〇）

（4）紀伊国七郡とその公郷配置については、拙稿「紀伊国和名抄郷の再検討」（『地方史研究』二五六、一九九五、のち「紀伊国と熊野の和名抄郷」と改題して、『古代熊野の史的研究』所収、塙書房、二〇〇四）。なお、紀伊国府の位置については、拙稿「紀伊国府遺構試論」（『和歌山地方史研究』二、一九八二）及び拙稿「紀伊国府の位置について」（『和歌山県史研究』一八、一九九一）に詳しい。

（5）「紀伊国造次第」（東京、紀俊行氏所蔵）によると、平安初期にその任にあったと思われる第三十五代紀伊国造槻雄には、「已上、不兼大領」の注記がある。これは、槻雄に至る数代の国造が名草郡大領に任じられていなかったことを示している。しかし、ことさらにこのような注記が施されるということは、槻雄の数代前の国造は慣習として大領に任じられていたことを物語っているといえるだろう。

（6）『国史大辞典』の「いいだたけさと飯田武郷」の項によると、「本居宣長の著書に感ずるところあって国学に志し、平田篤胤の没後の門人となり」と記されている。

（7）『国史大辞典』の「ひらたあつたね平田篤胤」の項によると、「篤胤は幽契によって本居宣長の生前に入門したと称したが、実はその当時は宣長の名も知らず、文化二年に本居宣長の子である春庭に入門したというのが事実である」と記されている。

（8）「古事記伝」二十三之巻「水垣宮之巻」（『本居宣長全集』第十一巻、筑摩書房、四頁）。

（9）「古事記伝」二十二之巻「伊邪河之宮巻」（『本居宣長全集』第十巻、五三七頁）。

（10）「紀伊国造次第」の翻刻については、拙稿「紀伊国造次第について」（和歌山市立博物館『研究紀要』一七、二〇〇三）による。

（11）前掲「紀伊国造次第」によると、第三十八代国造奉世には「吐前国造」、第四十八代国造良忠には「紀三井寺国造」

の異称のあったことが注記されている。なお、「荒河刀弁」の「荒河」について、本居宣長はこれを紀伊国の地名とし、和名抄郷那賀郡荒川郷とし、和名抄郷名草郡荒賀ではないとするが（『古事記伝』二十三之巻「水垣宮之巻」、前掲）、その根拠は明示されていない。

（12）『日本国語大辞典』の「さむらい」の項によると、「さぶらいの変化した語」とあり、同じく「さぶらい」の項によると、「動詞「さぶらう（候）」の連用形の名詞化」とある。

（13）記紀から知ることのできる天皇家の系譜は、一貫して男系系譜になっている。ただし、福尾猛市郎『日本家族制度史概説』（吉川弘文館、一九七二）は、実際には女性にさまざまな権利があり、「徹底した男尊女卑ではなかったことは明らか」とする。ただし、正倉院に残存する戸籍は、徹底した父系性が貫かれているし、律令法制でもそのことは一貫している。このことからも、記紀は父系性を貫いて記述されたものと考えられる。

（14）横田健一「『日本書紀』成立論」（『日本書紀成立論序説』所収、塙書房、一九八四）では、詔と勅の用例を記紀間で比較し、「『古事記』は（中略）全巻ほとんど「詔」をもって統一し」ているとする。

（15）『古事記』によると、日古坐王は開花天皇の皇子として生まれ、四人の妃を納れたが、山代之荏名津比売以外の三人については、沙本之大闇見戸比売は「春日建國勝戸之女」とあり、息長水依比売は「近淡海之御上祝伊都玖、天之御影比売」とあり、袁祁都比売については先に系譜を明らかにしている自らの母の「弟」としている。すなわち、皇族に嫁した妃の中で、その出自が判明していないのは、「山代之荏名津比売」ただ一人であることになる。

（16）横田健一「日本書紀成立論」（前掲注14）

（17）横田健一「『古事記』と『日本書紀』における「詔」と「勅」」（『日本書紀成立論序説』所収、前掲注14）は、『日本書紀』全巻を通じて「詔」と「勅」、「刀」・「剣」・「刃」などの同義語の用例を分析し、第三巻「神武天皇紀」

と第五巻「崇神天皇紀」の筆録者が異なることを示唆している。
(18)『延喜式』神名帳によると、平群郡二十座の中に「龍田比古・龍田比女神社二座」と見える。
(19) 坂本太郎『六国史』(吉川弘文館、一九七〇)では、神代巻が民族固有の伝承の古体をとどめているとしながらも、「天武朝以後における取捨選択の整理は認める」としている。
(20) 諸橋轍次『大漢和辞典』第四巻(大修館)の「彦」の項によると、「才徳にすぐれた男子。又、その美称」とあり、本文に示した用例を掲げている。
(21) 薗田香融「岩橋千塚と紀国造」(前掲注2)

【追記】本節は、現存する『記紀』写本のトベの用字を比較検討した。しかし、氷香戸辺に関して、「播磨国風土記」に関連記載のあることを竹中康彦氏(和歌山県立博物館)よりご教示を受けた。末尾に記して謝意を表したい。

第三節　畿内政権と紀伊国造—紀直氏と紀朝臣氏—

はじめに

紀伊国造である紀直氏と中央氏族である紀朝臣(臣)氏の関係については、これまでも多くの研究者が多岐にわたって論じてきた問題である。紀朝臣氏の祖が武内宿禰であり、彼が皇族と紀伊国造の女性との間に生まれたという伝承があることから、これら両氏族が極めて近い関係にあったであろうことは、誰もが一致して認めることである。

しかし、それは武内宿禰伝承に基づいたまさしく暗黙の了解のようなものであろう。(1) もし、この伝承にのみ依拠するのであれば、同じく武内宿禰を祖とする蘇我氏や平群氏もまた、同じように近い存在としなくてはならない。しかし、この伝承をもって蘇我氏や平群氏がそのように論じられたことはない。紀直氏と紀朝臣氏が「紀」という語幹を共有していることも、そのような暗黙の了解を生み出しているのかもしれない。

これまでの研究によると、紀直氏の分析に基づいて論じられてきた所論が多いように思われる。本節では、視点をやや変えて、畿内政権の変革過程の中に紀直氏を位置づけることによって、紀朝臣氏との関係についての試論を提示しようとするものである。まず、既往の紀直氏と紀朝臣氏に関する諸説を通観したい。そして、それぞれの問題点を指摘したい。ついで、畿内王権と紀伊国造の関係を、畿内政権の変革過程の中に位置づけることを試みたい。さらに、その変革過程の中で、紀直氏と紀朝臣氏の関係に関する試論を提示したい。

1　紀朝臣氏大和移動説への疑問

まず、紀直氏と紀朝臣氏の関係を、最初に論じられたのは岸俊男氏であろう。(2) 岸氏は、一介の地方豪族とみなされてきた紀伊国造（紀直氏）が、古代大和王権の国土統一、及び朝鮮半島政策に極めて大きな役割を果たしたと指摘された。また、薗田香融氏は、その後岩橋千塚の発掘調査の成果を遺憾なく活用し、これを紀伊国造の墓所と評価され、紀伊国造と大和王権の関係を実証的に論証された。(3)

これら両氏の所論によって、大和王権と紀伊国造の関係は、極めて鮮明になったといえるだろう。しかし、両氏の所論は「紀氏」という氏族名称で論じておられる。そこでは、紀直氏・紀連氏・紀宿禰氏・紀朝臣氏など、さまざまな「紀」という語幹を有する氏族を、一括して「紀氏」と称されたのである。古代の氏族史研究では、姓は厳密に取り扱われなくてはならないはずである。しかし、両氏の所論は、これら「紀」を語幹として共有する全ての氏族を「紀氏」と一括して取り扱うことによって、極めて整合的な結論を導き出されたのである。そのため、両氏の所論は、発表後もそれほどの批判を受けることなく、踏襲されてきた。このこと自体、両氏の所論の秀逸性を雄弁に物語っているといえるであろう。

しかし、先述の如く、古代の氏族史研究では、姓の問題は極めて厳密に扱われなくてはならない。とくに、中央氏族として多くの議政官を排出した紀朝臣氏と、紀伊国の在地土豪として勢力を保ち続けた紀直氏は、厳密に区別されなくてはならないだろう。

このことについて初めて論じられたのは、栄原永遠男氏であったと思われる。[4] まず栄原氏は、既往の研究史を確認したうえで、紀朝臣氏の紀伊国司任官例の多いことや、桓武天皇の和歌浦行幸で担った紀朝臣氏の役割を指摘して、紀朝臣氏が紀伊国に対して特別な意識を有していたことを明らかにされた。一方、大和国平群郡に鎮座する「平群坐紀氏神社」が紀朝臣氏全体の氏神であったと提唱されたのである。これらのことから、同社が鎮座する平群谷が、ある時期紀朝臣氏の本拠であったとされる。そして、六世紀末から七世紀前半に、平群氏が没落した後に、紀朝臣氏が紀伊国から平群谷へ移動してきたものと理解されたのである。

すなわち、紀朝臣氏は紀伊国から大和へと移動した氏族であり、移動することなく紀伊国に勢力を保ち続けた氏族が、紀直氏であるとされたのである。栄原氏の説によるならば、武内宿禰の後裔氏族の中でも、紀朝臣氏が紀直氏と極めて近い関係になることを、かつてその勢力基盤を共有していたことによるものであると理解することができる。また、氏族名称に「紀」という語幹を共有していることも、両者がかつて勢力基盤を紀伊国においていたからであると、容易に理解することができるであろう。

次に栄原氏は、『日本書紀』に散見できる紀宿禰氏に関する伝承に着目される。[5] 紀直氏に関する信頼できる史料は、敏達朝以後に見ることができることを確認される。また、舒明朝以後に紀朝臣氏に関する記述が見えなくなることを確認される。さらに崇峻朝以後に紀宿禰に関する史料が見えなくなることを指摘される。

紀朝臣氏と紀宿禰氏の関係は、武内宿禰伝承によって、説明を要さないほど明白であるにもかかわらず、あえて紀宿禰氏の事跡として記している背景には、それらの事跡が紀朝臣氏だけのものではないという意識の表れであるとされる。そして、そのことはかつて紀朝臣氏が「紀氏集団」として活躍した頃に、紀直氏と共有していた事跡であろうと提唱される。また、これら氏族関係資料の所出状況を整理され、六世紀後半から七世紀前半頃、「紀氏集団」は分裂して、紀朝臣氏は大和に移動したものとされるのである。

先に後代の紀朝臣氏の政治的動向から、紀直氏と紀朝臣氏を、かつて勢力基盤を共有していたとされた結論を、氏族伝承の面から補強されたのである。そして、本論文において、「紀氏集団」という用語を用いておられる。これは、かつて岸・薗田両氏が「紀氏」と一括された用語に匹敵するものと思われる。しかし、それはやがて移動する紀朝臣氏と移動しない紀直氏を包含する意味として用いられている用語であろうと思われる。

次に、栄原氏は和歌山県和歌山市鳴滝地区で発見された鳴滝倉庫群跡と、大阪市中央区法円坂で発見された難波倉庫群跡に着目される。[6] 前者が五世紀前半に撤収されており、後者が五世紀後半に撤収されているという時間経過の中に、「紀氏集団」の動向を読み取ろうとされるのである。すなわち、五世紀前半までの大和王権は、「紀氏集団」と連携して朝鮮半島との外交を行ったとされる。これに対して、五世紀後半にいたると、畿内政権の中でヘゲモニーを確立した大和王権が直営で難波倉庫群を営み、主導的に外交を行ったとされるのである。これによって、「紀氏集団」も難波に集結して水運・水軍の主力になったであろうと推測される。

後代の紀朝臣氏の政治的動向や、氏族伝承による考察に加えて、遺跡の伴出遺物による実年代を示して、「紀氏集団」の動向を論じておられる。このため、極めて説得力のある結論であるといえるだろう。また、五世紀前半から同後半にかけて、畿内政権内部で大きな変革があったことを指摘されたことは、極めて示唆に富むものと思われる。

これらの栄原氏の所論を受けて、越原良忠氏も紀直氏と紀朝臣（臣）氏の関係を論じておられる。[7] 越原氏は、紀朝臣氏が紀ノ川河北を、紀直氏が紀ノ川河南を本拠とするとされる。そして、両地域の文化的・宗教的な相違点を指摘して、両者は共に紀伊国を本拠としながらも、本来別個の氏族であったとされる。さらに、越原氏も河北を本拠とした紀朝臣氏は、六世紀以後に平群谷へと移動したとされるのである。

栄原氏は、史資料から紀朝臣氏の紀ノ川河口から平群谷への移動時期を想定された。これに対して、越原氏は移動するに至った要因を提示されたのである。しかし、紀ノ川河口の河南と河北で、越原氏の提唱されるように、まったく相違する状態だったのであろうか。たしかに、河北は大谷古墳出土遺物・楠見遺跡出土遺物などの朝鮮半島系の文物の出土が認められる。しかし、河南の岩橋千塚古墳群においても皮袋型提瓶などのように朝鮮半島系の文物が認められるのである。河北と河南の相違を問題にするよりも、類似性を共有している点を重要視すべきではないかと思われる。

次に、栄原氏は、海部や忌部が、紀伊国造膝下の名草郡に、比較的多く確認できることについて、大和王権が「紀氏集団」の分裂と封じ込めに成功した一例であると評価される。[8] また、安閑・欽明朝の屯倉の設置は、大和王権の経済的進出を示すものであり、「紀氏集団」の在地支配に動揺を与えたと評価される。さらに、敏達朝に「紀伊国造押勝」が見られることから、五世紀後半から六世紀前半に紀伊国造が成立したものとされる。そして、部民や屯倉の設置が行われた六世紀前半が、「紀氏集団」にとっての第一の画期であり、六世紀末から七世紀前半の紀朝臣氏の平群谷への移動を、第二の画期であるとされるのである。

栄原氏のこの論文は、部民・屯倉という経済的側面から、これまでの所論を補強しておられる。そして、屯倉の設置などによる「紀氏集団」の在地支配の動揺という第一の画期を受けて、紀朝臣氏が第二画期として大和平群谷へと移動するとされる。これまでの所論について時間的整理が行われているのである。

次に、紀伊国と隣接する泉南地域の動向を視野に入れて、「紀氏集団」の動向を論じておられる。[9] この論文は、問題が極めて多岐にわたるが、これまでの栄原氏の所論を、時間的に整理しておられる。まず、秋月一号墳が三世紀頃に築造されることから、「紀氏集団」はこの頃大和王権に参加したとされる。四世紀から五世紀にかけて高句麗の圧力が強まることによって、五世紀前半に大和王権の要請のもとに、鳴滝倉庫群が「紀氏集団」によって建築されるとされる。また、この頃紀ノ川北岸や淡輪に大古墳が築かれることから、「紀氏集団」の主導権は、この地の勢力に移ったとされる。さらに五世紀後半になると畿内政権が直接指揮して、難波倉庫群が建築される。また、六世紀に大伴氏が失脚することによって、「紀氏集団」の政治的地位が低下する。そのことを示すように、六世紀になると泉南に古墳が築かれなくなり、紀ノ川南岸の岩橋丘陵に古墳が盛んに築かれるようになる。このことから、「紀氏集団」は泉南地域から撤退し、「紀氏集団」の主導権は紀ノ川南岸勢力に移るとされる。さらに、六世紀には紀ノ川南岸勢力が、北岸勢力に対して優位に立つため、大和王権に近づき、紀伊国造になるとされる。

栄原氏は、「紀氏集団」に関する数々の論文を発表され、それらが相互に関連しあい、極めて整合的な結論を導き出された。しかし、私はあえて二つの疑問を呈したい。まず、一つは、部民と屯倉の設置をもって、六世紀前半に「紀氏集団」の第一の画期があったとされる点である。

たしかに、部民制も屯倉制も大和王権の支配を、地方において確実にするための施策であることは間違いないだろう。したがって、このことをもって一つの画期とされることは、首肯しなくてはならないかもしれない。しかし、部民制も屯倉制も、結果として紀伊国に設置されたものであり、それらを受け入れるための画期は、六世紀前半以前に存在したとしなくてはならないのではないだろうか。

第二の疑問は、六世紀後半から七世紀前半の間に、「紀氏集団」の中から、紀朝臣氏が平群谷へ移動するとされる点である。六世紀後半から七世紀前半という時代設定は、おそらく平群谷を本拠とした平群氏が、政治的に没落する時期を念頭においておられるものと思われる。たしかに、平群氏が政治的に没落したあとであれば、紀朝臣氏が平群谷へ移動することは可能かもしれない。しかし、政治的に没落したとはいえ、平群谷を本拠とする平群氏が、栄原氏や越原氏のいわれるように、紀朝臣氏の平群谷への移動を看過しえたであろうか。

平群氏は、天武朝の八色姓の制定に際しても朝臣に改姓されている。また、『延喜式』神明帳にも、平群氏の祖神を祀るとされる平群神社が官幣大社として位置づけられている。すなわち、六世紀に政治的に没落した平群氏ではあるが、平群谷においてその後も磐石の基盤を有していたと思われるのである。そのような平群氏の居る平群谷に、紀朝臣氏が移住できたとは、私にはとても考えられないのである。

2　畿内政権と紀伊国造の画期

これまで、紀直氏と紀朝臣氏に関する諸説を通観し、私なりの疑問を提起した。まず、第一の疑問に関しては、栄原氏自身が非常に示唆に富む提言をしておられる。和歌山市の鳴滝倉庫群跡と大阪市の難波倉庫群跡の実年代を勘案して、五世紀後半には畿内政権内部において、大和王権がヘゲモニーを確立したものとされた。すなわち、五世紀前半から後半に時代が移る五世紀中頃に、畿内政権内部の構造が大きく変化したと見られるのである。畿内政権の外洋への窓口が、紀ノ川河口から難波津へ大きく転換することを見れば、実に的を射た提言であろう。

五世紀中頃に、このように畿内政権の内部構造が大きく変革したのであれば、その外洋への窓口を担っていた「紀氏集団」と畿内政権の関係も大きく変革したと考えるべきであろう。すなわち、五世紀中頃まで「紀氏集団」は、畿内政権を支える氏族集団として位置づけられていたのである。その集団とは、大和王権がヘゲモニーを確立する以前であれば、畿内に本拠を有する多くの氏族が、大和王権を連合体の盟主とし、それを支える氏族の一つに位置づけられるものであったと思われる。物部氏や大伴氏などと並んで、「紀氏集団」はその盟主を支える氏族集団としてみなされていたものと思われる。(10)

しかし、五世紀中頃に至って、大和王権は畿内政権内部でヘゲモニーを確立させたのである。そして、外洋への窓口を大和王権が主導して難波津へと移動させたのである。ここに至って、畿内政権と「紀氏集団」の関係は、大きく変化を来たすことになったことはいうまでもないだろう。それまで「紀氏集団」は、畿内政権の外洋への窓口を掌中に収め、その政権を支える氏族集団であった。しかし、畿内政権の質的変化と外洋窓口が難波津に移動したことによって、もはや「紀氏集団」は、畿内政権の要求によって馳せ参じる地方氏族へと変貌を遂げたのである。

私は、畿内政権と「紀氏集団」の最大の画期とは、まさしく畿内政権が質的変革を遂げ、外洋への窓口を、紀ノ川河口から難波津へと移動した五世紀中頃であると見るべきであろうと考える。そして、五世紀中頃以後、地方氏族となった「紀氏集団」の本拠地である紀伊国に、部民制や屯倉制が導入されるのも、このような大きな画期を経たのちの施策であると見るべきであろう。

このような推測は、『日本書紀』に見える対朝鮮半島外交に関する記述を確認することによっても裏付けられるであろう。神功皇后伝承に見える朝鮮半島遠征軍は、紀伊国徳勒津宮から遠征の途につくのである。そして、その帰還も紀伊国を経由しているのである。しかも、その際「阿津那比」の謎解きを行って、天皇の軍隊を無事に案内するのは、「紀伊国造之祖豊耳」なのである。[11]

すなわち、紀伊国造に代表される「紀氏集団」は天皇の軍隊の出征と凱旋を見守り、その生殺与奪の権を掌中に収めているとさえ見ることができるのである。その姿は、まさしく五世紀中頃以前の畿内政権を支える氏族集団として活躍する「紀氏集団」の姿であるといえるだろう。

また、『日本書紀』雄略天皇九年五月条には、新羅遠征将軍紀宿禰小弓の死去に伴う記事が見られる。死去した小弓の墓所の選定に際して、天皇は、「汝大伴卿、與紀卿等、同国近隣之人、由来尚」と述べている。当時大和王権を支える随一の名族大伴連氏と並んで、「紀卿」と称されているのである。このことも、「紀氏集団」が畿内政権を支える氏族集団であったことを如実に示しているといえるだろう。

さらに、この記述で注目すべき点は、天皇が「大伴卿」と呼称しているのに対し、「紀卿等」と呼称していることである。すなわち、「紀卿等」という呼称は、単に新羅の地で病没した紀宿禰小弓だけを指しているのではなく、紀直らを含めた「紀氏集団」全体を指し示しているものと思われる。すなわち、姓を異にする紀伊国の「紀氏集団」と一括される在地土豪たちが、大伴氏と並んで畿内政権を支えていたのである。

これに対して、敏達天皇十二年の紀伊国造押勝が、朝鮮半島に迎日羅使として派遣される際の記述は、押勝と吉備海部直羽嶋が並列されているのである。[12]もはや、対朝鮮半島外交は、「紀氏集団」の専任事項ではなくなっているのである。畿内政権の要求にしたがって、吉備の地方豪族と共に、畿内政権に奉仕する五世紀中頃以降の、地方氏族集団としての紀伊国造へと変貌を遂げた姿を見ることができるのである。

第二の疑問に関しては、栄原氏の所論を見ると、紀朝臣氏が平群谷へと移動したという根拠となりうるものは、平群谷に「平群坐紀氏神社」が鎮座しているということが、最大の根拠となっているものと思われる。同社は、『延喜式』によると官幣大社である。もし、栄原氏の説によるならば、「平群坐紀氏神社」は、六世紀後半から七世紀前半に紀朝臣氏が、「紀氏集団」から分かれて、平群谷に移動を完了したさらに後に、紀朝臣氏の氏神として創祀されたことになるはずである。

官幣社制度は、たしかに延暦十七年（七九八）に確定した制度である。[13] しかし、『延喜式』に載せるこのような社格は、神祇の守旧性を考えれば、長い歴史を有しているものと考えるべきであろう。したがって、紀朝臣氏が六世紀後半から七世紀前半に平群谷に移動を完了した後に創祀された新参の神社が、このような扱いを受けたとは私には考えられない。

平群坐紀氏神社の社格の高さを考慮するならば、同社はそれ以前から平群谷で祀られていたと見るべきであろう。そして、その社名から同社を祀り続けてきた氏族集団は、「紀氏集団」以外には到底考えられないであろう。このように考えるならば、平群坐紀氏神社は「紀氏集団」によって、平群谷において平群氏が政治的に没落する六世紀後半から七世紀前半よりも、はるか昔から祀られてきた神社であると考えられる。そのことはすなわち、平群谷において、平群氏と「紀氏集団」が、極めて長い期間共存していたことを意味するに他ならないだろう。「紀氏集団」の本拠は紀伊国名草郡であったと思われる。しかし、「紀氏集団」は畿内政権を支える存在として周辺に膨張したであろう。また、膨張して平群谷に「紀氏集団」がやってきたとしても、ともに畿内政権を支える同盟氏族として、平群氏は認めざるを得なかったであろう。

以上、主に栄原氏の諸説を検討し、私は「紀氏集団」にとっての画期について、二つの疑問を呈した。そして、それらの疑問について、私なりの考え方を述べてきた。その結果、次の四点に要約することができるだろう。

①畿内政権と「紀氏集団」の最大の画期は、大和王権が畿内政権内でヘゲモニーを確立させた五世紀中頃のことである。

②五世紀中頃までの「紀氏集団」は、大和王権を盟主とする畿内政権を支える主要な氏族集団として存在し、畿内政権の外洋への窓口を掌中に収める存在であった。

③五世紀中頃以降は、畿内政権の要求にこたえて奉仕する地方氏族集団へと変貌を遂げた。

④平群谷の平群坐紀氏神社は平群氏が政治的に没落した後に、移動してきた紀朝臣氏によって、新造された神社ではなく、平群谷で平群氏と長らく共存してきた「紀氏集団」によって祀られてきた神社である。

3　紀伊国造の成立

本節では、これまで栄原氏が提言された「紀氏集団」という呼称を用いてきた。それは、やがて紀朝臣氏や紀直氏となる氏族たちを包含した氏族集団として用いてきた用語である。それでは、紀伊国に本拠を有したこれら「紀氏集団」は、どのような領域を有していたのであろうか。

薗田氏は、紀伊国内の氏族分布を精査され、「紀氏」の同族分布が、律令時代紀伊国七郡の内、牟婁郡を除く六郡にその分布が濃密に認められるとされた。牟婁郡は、熊野国造の支配領域であると思われる。また、その氏族伝承も明らかに異なることから、紀伊国内で「紀氏集団」が占めていた領域は、紀伊国内の伊都・那賀・名草・海部・有田・日高の六郡と考えてよいだろう。[14] すなわち、「紀氏集団」の領域の南限は、紀伊国日高郡であったと見ることができるだろう。

神功皇后伝承において、新羅遠征から凱旋の途中に、忍熊王の叛乱を避けて紀伊国に迂回している。その際、

『日本書紀』は「皇后南詣紀伊国、会太子於日高」と記している。皇后と太子の会同の地が、紀伊国日高郡とされたのも、その地が畿内政権を支える「紀氏集団」の領域であると認識されていたからであろう。

そして、本節でこれまで述べてきたように、東は平群谷の平群坐紀氏神社が鎮座する大和国平群郡であることは明らかであろう。また、北は『日本書紀』雄略天皇九年の紀宿禰小弓の墓地選定伝承から、和泉国を含むことができると思われる。すなわち、「紀氏集団」はこのような領域を占めて存在し、大伴氏らと並んで畿内政権を支える氏族集団であったのである。おそらくそれは、畿内政権において大和王権がヘゲモニーを確立し、外洋への窓口を紀ノ川河口から難波津に移動させる五世紀中頃までの姿であろう。

薗田香融氏は、かつて神祇令集解仲冬条の記載を詳細に検討された。[15]その結果、相嘗祭は、大和王権が畿内を中心にその領域が限定されていた時代に、新嘗祭の先行形態として執行されていた神祇祭祀であると結論付けられたのである。しかも、相嘗祭奉弊社十五社の内に、日前・国懸・伊太祁曾・鳴の四社が含まれていることを指摘されたのである。このことは、「紀氏集団」の領域が、畿内政権との関係において大きな画期が訪れる五世紀中頃まで、畿内政権の領域として認識されていたことを示しているのである。

そして、紀伊国に所在する相嘗祭奉幣社四社は、いずれも名草郡に鎮座している。いうまでもなく、名草郡は後に紀伊国造が郡大領を兼帯することになる[16]紀直氏の本拠である。しかし、五世紀中頃以前に、これらの神社が相嘗祭の奉幣社として扱われていることから、これらの神社は、紀伊国造のみによって祀られていたのではなく、「紀氏集団」に包括される氏族集団によって祀られていたと見るべきであろう。

しかし、五世紀中頃に大和王権がヘゲモニーを確立したことによって、畿内政権は質的に大きく変革した。それに伴って、それまでの畿内政権内部における「紀氏集団」の立場は大きく変化することになるのである。先にも見たように、敏達朝の朝鮮半島遣使に際しては、紀伊国造である紀直押勝は、地方豪族として扱われているのである。ただ、ここで注意しなくてはならないことは、「紀氏集団」が一括して地方氏族として扱われているのではなく、紀直氏が地方豪族として扱われている点である。

かつて、大和王権の王族に女性を嫁がせていた紀直菟道彦や、天皇の軍隊の出征・凱旋を掌った紀直豊耳らの振る舞いは、まさしく紀直氏でありながら中央氏族の扱われ方であった。そして、これが畿内政権を支えていた「紀氏集団」を構成していた紀直氏の姿なのである。しかし、五世紀中頃を過ぎた後の敏達朝の紀直押勝は、畿内政権の要求に応えて奉仕する地方豪族に変貌しているのである。

これに対して、同じく「紀氏集団」を構成していた紀朝臣氏は、五世紀中頃以後どのようになったであろうか。『日本書紀』舒明天皇即位前紀によると、推古天皇崩御後、紀臣塩手が、許勢臣大摩呂・佐伯連東人らと語らって、山背大兄王の擁立を画策している。[17] まさしく、かつて中央氏族として活躍した「紀氏集団」と同じように、その後も中央氏族として振舞っているのである。

かつて畿内政権を支える中央氏族として扱われていた「紀氏集団」は、五世紀中頃以降紀直氏は地方豪族として歩み始め、紀朝臣氏は以前と変わることなく中央氏族として歩み続けたのである。そして、この両者の分岐点は、大和王権が畿内政権内部でヘゲモニーを確立した五世紀中頃であった。そしてそれは、具体的に何を意味するのであろうか。

畿内政権の質的変革によって、その外洋への窓口は紀ノ川河口から難波津に移動した。このことによって、紀ノ川河口を掌中に収める「紀氏集団」の畿内政権における立場は、当然のことながら低下した。しかも、かつて相嘗祭奉幣社が分布していた畿内政権の版図も、これによって大きく変化したはずである。すなわち、「紀氏集団」の占める領域は畿内政権の版図から除外され、地方へと位置づけられることになったのである。

しかし、「紀氏集団」の膨張の結果、領域を広げた大和国平群郡や和泉国には、「紀氏集団」以外に畿内政権を支える中央氏族が居を構えていたのである。したがって、純然たる「紀氏集団」の居住地である紀伊国内六郡は、畿内政権の版図が書き換えられた五世紀中頃以降、地方として扱われるようになったのである。そして、その地に住んでいた紀直氏に代表されるかつての「紀氏集団」の一部は、以後地方氏族に変貌したのである。

一方、「紀氏集団」の内、膨張の結果大和国や和泉国において、他の中央氏族と共存していた一派は、畿内政権の版図が書き換えられた後も、中央氏族として扱われることになったのである。かつて、薗田香融氏は、紀伊国内に紀朝臣氏の存在が希薄であることを指摘されたが[18]、本来「紀氏集団」であった者たちが、その居住地によって紀直氏と紀朝臣氏に分裂したと考えれば、当然のことであると理解できるだろう。

すなわち、五世紀中頃に畿内政権の版図が書き換えられたことによって、「紀氏集団」は紀直氏とその他地方氏族へと変貌し、書き換えられた後も畿内政権の版図の中に居住する「紀氏集団」の一群は、紀朝臣として中央氏族であり続けたのである。したがって、紀朝臣氏は紀伊国から大和国へと移動したのではなく、畿内政権版図の書き換えによって中央氏族として扱われ続けたものと思われる。

以上のように、かつて畿内政権を中央氏族として支えた「紀氏集団」は、畿内政権の版図の書き換えによって、地方氏族の紀直氏と中央氏族の紀朝臣氏へと分裂したのである。このように考えると、後に紀伊国造に任命される紀直氏が、「紀氏集団」から明確に一つの氏族として独立したのも、五世紀中頃をそれほど下ることのない時代であったと考えられるだろう。もちろん、紀直氏が紀伊国造に任命されるのは、大和王権による全国普遍的な国造制によるものであると思われるから、他地域の国造と同様のことであろう[19]。しかし、紀伊国造を世襲する紀直氏の成立は、五世紀中頃と見ることができるだろう。

ただし、「紀氏集団」の中にあっても、後に明確な紀直氏となる家系は記憶され、継続した意識を有していたものと思われる。武内宿禰伝承も神功皇后伝承も、明らかに「紀氏集団」として畿内政権を支えていた時代の記憶であろう。しかし、前者では『日本書紀』景行天皇三年二月条で「紀直遠祖菟道彦」とあり、後者では「紀直祖豊耳」とある。このことは、「紀氏集団」として一括される氏族集団の中でも、後に紀直氏となる一流が卓越した存在であったことを物語っているものと思われる。

おわりに

本節では、畿内政権と紀伊国造となる紀直氏の関係を、紀朝臣氏との関係をも含めて論じてきた。まず、これまでの研究史を概観し、紀朝臣氏が紀伊国から大和国平群谷へと移動したという説に対して疑問を呈した。そして、紀直氏や紀朝臣氏をも含めた「紀氏集団」の存在を想定した。

和歌山市鳴滝倉庫群跡と、大阪市難波倉庫群跡の伴出遺物の実年代を参考にして、畿内政権と「紀氏集団」との最大の画期は、五世紀中頃であろうと考えた。すなわち、それまで、畿内政権を大伴氏ら中央氏族とともに支える氏族集団であったが、その画期を経て地方氏族へと変貌を遂げざるを得なかったことを指摘した。

次に、「紀氏集団」の領域を明らかにした。それは、紀伊国の牟婁郡を除く六郡と和泉国と大和国平群郡であると考えた。さらに、五世紀中頃の画期を経て、畿内政権の版図が、書き換えられたものと考えた。すなわち、書き換えられた後の畿内政権の版図の外に居住した「紀氏集団」が地方豪族としての紀直氏となり、画期の後も版図の中に居住した「紀氏集団」が紀朝臣氏へとなったものと考えた。

古代氏族は、祖先神を祀り、その本拠に関しては、きわめて守旧的であったと思われる。政治的に没落した平群氏といえども、そのことには変わりなかったと思われる。このような氏族のあり方を考慮するならば、六世紀後半から七世紀前半という比較的新しい時期に、紀朝臣氏が平群谷に移動してきたというような事態が、果たして想定可能なものであろうか。本節の出発点は、まさしくこの一点から始まっている。とはいえ、かなりの憶測を差し挟みながら立論を展開した。これらの点は、今後の課題としたい。

注

（1）武内宿禰伝承については、直木孝次郎「武内宿禰伝説に関する一考察」（『飛鳥奈良時代の研究』所収、塙書房、一九八一）、岸俊男「たまきはる内の大臣」（『日本古代政治史研究』所収、塙書房、一九六六）など枚挙に暇がない。その多くは、六・七世紀の蘇我馬子を、あるいは七世紀の藤原鎌足を投影した比較的新しい伝承として捉える傾向がある。しかし、越原良忠「武内宿禰伝承考」（『和歌山地方史研究』十三号、一九八七）は、この伝承を紀伊国造家に関わる古い伝承であろうとする。

（2）岸俊男「紀氏に関する一試考」（橿原考古学研究所編『近畿古文化論攷』所収、吉川弘文館、一九六三、のち『日本古代政治史研究』所収、塙書房、一九六六）

（3）薗田香融「岩橋千塚と紀国造」（末永雅雄他編『岩橋千塚』所収、のち『日本古代の貴族と地方豪族』所収、塙書房、一九九一）・同「古代海上交通と紀伊の水軍」（岸俊男他編『古代の日本』5近畿、角川書店、一九七〇、のち前掲『日本古代の貴族と地方豪族所収』）

（4）栄原永遠男「紀朝臣と紀伊国」（『和歌山地方史研究』九号、一九八五、のち『紀伊古代史研究』所収、思文閣、二〇〇四）

（5）栄原永遠男「紀氏再考」（『和歌山県史研究』十五号、一九八八、のち前掲『紀伊古代史研究』所収）

（6）栄原永遠男「古墳時代の大型倉庫群と大和王権」（吉田晶編『歴史の道・再発見』、フォーラムA、一九九四、後「鳴滝倉庫群と大和王権」と改題して、前掲『紀伊古代史研究』所収）

（7）越原良忠「二つの紀氏」（『和歌山地方史研究』二十七号、一九九四）

（8）栄原永遠男「紀氏と大和王権」（『和歌山県史』古代編所収、一九九四、のち前掲『紀伊古代史研究』所収）

（9）栄原永遠男「和泉南部地域と紀伊」（『泉佐野市史研究』七号、二〇〇一、のち前掲『紀伊古代史研究』所収）

（10）記紀神話の舞台として、紀伊国が頻繁に登場することも、かつてこの地域が大和政権を支える地域であったことが大きく作用しているものと思われる。

（11）阿津那比伝承については、越原良忠「忘れられた日神―阿津那比伝承考―」（『和歌山県史研究』第十号、一九八三）に詳しい。

（12）『日本書紀』敏達天皇十二年七月条には、「朕当奉助神謀、復興任那、今在百済火葦北国造達率日羅、賢而有勇、故朕欲与其人相計、乃遣紀国造押勝与吉備海部直羽嶋、喚於百済」とあり、その復命のことが十月条に「紀国造押勝等、還自百済、復命於朝曰、百済王主、奉惜日羅、不肯聴上」とある。

（13）『類聚国史』によると、「延暦十七年九月癸丑、定可奉祈年幣帛神社、先是、諸国祝毎年入京、各受幣帛、而道路僻遠、往還多艱、今便用当国」とある。

（14）薗田香融「岩橋千塚と紀国造」（前掲注3）

（15）薗田香融「神祇令の祭祀」（『関西大学文学論集』三 - 四、一九五四）

（16）紀伊国造の継承次第をとどめる「紀伊国造次第」によると第十九代紀伊国造忍穂の項には「立名草郡、兼大領」という注記がある。なお、詳しくは拙稿「紀伊国造次第について」(『和歌山市立博物館研究紀要』第十七号、二〇〇三)を参照されたい。

(17)『日本書紀』舒明天皇即位前紀によると、「許勢臣大麻呂・佐伯連東人・紀臣塩手・三人進出曰、山背大兄王、然宜為天皇」とある。

(18)薗田香融「岩橋千塚と紀国造」(前掲注3)

(19)あくまでも、制度としての国造制の下での任命という意味で、現在一般的にいわれている六世紀であろうとするに過ぎない。実態として、畿内政権の意を戴して、地方を支配するものが国造というのであれば、栄原氏が述べられるように畿内政権に「紀氏」集団が参画した三世紀のことであろう(前掲注9)。また、「紀氏集団」から明確に紀直氏として確立したことをもって国造氏族の成立と考えるならば、五世紀中期ということになるであろう。この問題については、別の機会を得て論じたい。

【追記】

本節執筆後、鈴木正信「紀伊国造の成立と展開」(『滋賀大学経済学部研究年報』一一八、二〇一一)に接した。鈴木氏は、紀伊国造の始祖伝承は、ウジヒコ→ナグサヒコ→アメノミチネ→カミムスビと創出・架上されたと推定される。紀直氏は、ウジ地域を拠点としていたが、六世紀中頃に紀伊国造支配地域に屯倉が設置されたことにより、その貢納奉仕者として紀伊国造に任命された。このことによって、名草郡全域に勢力を広げたため、ナグサヒコという始祖伝承が編み出されたとされる。次いで、七世紀~八世紀に朝廷から奉幣を受けるにあたって、日前宮の由緒を体現したアメノミチネという始祖が生み出されたとする。さらに、八世紀後半から九世紀に至って、諸氏族の間でその系譜を造化三神に遡らせる動きが生じ、カミムスビに系譜が結び付けられるようになったと提唱される。

時代に従って、ウジヒコ→ナグサヒコ→アメノミチネ→カミムスビと架上されることは、神話伝承の常として首肯しうる面があると思われる。しかし、七世紀～八世紀に朝廷から奉幣を受けるようになったため、アメノミチネという始祖が生み出されたとされる点については、日前宮の創祀にかかわる問題であり、首肯することはできないように思われる。日前宮が相嘗祭奉幣社であることから、朝廷からの奉幣は初期畿内制成立以前から行われていたものである考えるべきであろう。

第四章　律令国家と紀伊国造

第一節　紀伊国造任官儀式の検討

はじめに

『増訂故実叢書』に、『儀式』という十巻本の史料が収められている。[1] 宮廷における種々の儀式次第を収めた儀式書である。一般的には、これが貞観儀式であろうといわれている。[2] その第十巻に、「太政官曹司庁任紀伊国造儀」という儀式次第が収められている。文字通り、紀伊国に古代から在地権力者[3]として、磐石の権力を誇ってきた紀伊国造の任官儀式次第である。

しかし、この紀伊国造任官儀式を詳細に検討した研究は、管見に入るところそれほどないように思われる。小稿は、この紀伊国造任官儀式の次第を検討し、紀伊国造と律令国家の関係を考察しようとするものである。

『儀式』には、幸いにも紀伊国造の任官儀式次第が収められている。そして、もう一つ出雲国造の任官儀式も収められている。しかし、『先代旧事本紀』の「国造本紀」には全国に百を越える国造が列記されているにもかかわらず、わずかに出雲国造と紀伊国造の二国造だけが、その任官儀式次第をとどめているのである。しかも、同じ国造でありながら、紀伊国造と出雲国造の任官儀式は、きわめて似ているにもかかわらず異なる部分が認められるのである。このことをどのように理解すればよいのだろうか。本節は、以上のような問題意識の下に、「太政官曹司庁任紀伊国造儀」を検討しようとするものである。

1　太政官曹司庁任紀伊国造儀

まず、本節が検討の対象とする「太政官曹司庁任紀伊国造儀」は、『儀式』と称される儀式書の第十巻に収められている。一般的にはこれが貞観儀式であるといわれているが、そのことについての検討は後日を期したい。その全文は、次のように記されている。

太政官曹司庁任紀伊国造儀、

当日早旦、掃部寮預設座、（弁大夫西庁、式部東庁西廂、）式部録率史生・省掌等、進置版三枚於中庭、（自尋常版南去五尺、置宣命版、南去四許丈、更東折一許丈、置国司版、自此西去一丈、当宣命版置国造版、）訖参議已上就座、大臣喚召使、召使称唯、就尋常版、大臣宣、喚式部省、召使称唯出而喚之、輔称唯、丞代進就版、大臣宣参来、丞称唯、而上至大臣座前、大臣賜国造名簿、丞受退出、訖輔・丞・録各一人、入就座、訖国守入就版、次省掌引任人参入、（任人就版、省掌差南去立、）訖弁大夫已下式部録已上、皆起自座、立于庭中、（弁大夫東面、式部輔西面、丞・録北面、）参議已上在座不下、于時弁大夫一人進就版宣制曰、官姓名乎紀伊国造任賜（波久止）宣、国造称唯、再拝両段、拍手四段、宣命者復本列、訖任人退出、弁大夫并式部録已上就本座、訖更立退出、

まず、紀伊国造任官儀式当日早朝に、太政官の儀式場設営を担当する掃部寮が、あらかじめ会場を、太政官曹司庁に設営をしておくことになっている。その会場には、西の庁舎の廂に弁官大夫、東の庁舎の廂に式部省官人の席が設けられている。式部省の録が史生その他の官人を引き連れて、会場の中庭に三つの机[4]を配置する。

その配置は、曹司庁の通常の机が配置されている場所から、南へ五尺（約一・五m）隔たった位置に一つが配置され、それは宣命が置かれる机である。そして、その机の位置から南へ四丈（約十二m）隔て、さらにその位置か

ら、東へ一丈（約三ｍ）隔てたところに一つの机が置かれる。その机は紀伊国司の席である。最後の一つは、国司の机から西に一丈隔てた位置に置かれ、これが紀伊国造任官者の席である。すなわち、曹司庁の通常の席から五尺南に宣命の台が置かれ、その四丈南に国造任官者が位置し、紀伊国司は国造任官者の東一丈に位置することになる。太政大臣・宣命台・国造任官者は、南北に一列に配置することになり、紀伊国司はこの直線から外れた位置に着席することになる。このことは、この儀式における紀伊国司が、紀伊国造任官者の後見人などではなく、単なる陪席者であることを意味しているのであろう。

このような会場設営が完了すると、参議以上の高級官僚が会場に入って来て着座する。そして、大臣が召使を呼び入れる。召使は会場に入り、曹司庁の通常の席に着座する。この召使が着座する席は、「尋常版」と記されているもので、宣命台の五尺北に位置しているものと思われる。召使が着座すると、大臣が式部省官人を呼び入れるよう申し付ける。申し付かった召使は一旦退出して、式部省官人を呼び入れる。輔が返事をして、丞が代わって式部省官人の席に就き、大臣は式部省官人の来たことを確認する。

丞は返事をして、大臣の前まで進み出る。丞は、大臣から国造の名簿を賜って下がる。丞が名簿を受け取って下がると、輔・丞・録各一人、合計三人が式部省官人の席に着座する。この式部省官人の席は、曹司庁の東の庁舎の西の廂に設けられたものであろう。式部省官人が着座すると、紀伊国司が会場に入り着座し、ついで式部省官人に率いられて、紀伊国造任官者が着座する。国造任官者を率いてきた式部省官人は、国造任官者が着座すると、その南に立つことになる。すなわち、大臣の正面南に国造任官者が着座し、その東一丈の位置に紀伊国司が着座し、さらにその東に式部省官人が着座していることになる。

こうして、参会者の配置が完了すると、弁官の大夫以下式部省の録以上の官人が全員席を立って、庭の中ほどに立つが、弁官大夫は西の庁舎の東の廂から前に進み出て、東を向いて立ち、式部省の輔は東の庁舎の西の廂から進み出て、西を向いて立ち、丞と録は北を向いて立つことになる。参議以上は着座のままで下に降りることはない。

この時に、弁官大夫の一人が、宣命台の机に進み出て、宣命を読み上げる。すなわち、官姓名の者を、紀伊国造に任じると宣するのである。これに対して、国造任官者は返事をして、再拝二回・拍手四回をする。その後、宣命は元の位置に戻される。このことが終わると国造任官者は退出し、弁官大夫と式部省の録以上は元の席に一旦着座してから、再び立って退出する。

以上が、太政官曹司庁で執り行われる紀伊国造任官儀式の次第である。まず、紀伊国造任官儀式は、太政官の正式な儀式場で執り行われるということがわかる。ただ、紀伊国造任官儀式が、太政官の公式な儀式場で行われなかった例が認められる。神亀元年（七二四）十月十六日、和歌浦行幸中の聖武天皇は、この日名草郡大領外従八位上紀直摩祖を国造とし、位を三階進めている。[5] 摩祖は、「紀伊国造次第」によると、[6] 第二十二代紀伊国造「直祖」のことで、[7] 第二十一代石牟の子息であることがわかる

この摩祖の国造任官儀式は、和歌浦行幸という特殊な場合における特例と考えるべきであろう。むしろ、この和歌浦行幸の直前に、第二十一代石牟が逝去し、急遽摩祖が第二十二代国造に任じられたのではなく、かなり以前から摩祖の国造任官が予定されており、その審査が継続されていて、紀伊国造膝下の和歌浦行幸において、任官儀式が執行されたのではないはないだろうか。奈良時代の行幸に際しては、行幸地の負担に対してかなりの優遇措置がとられることが多く、[8] この紀伊国造任官もその一例と見るべきであろう。

また、この儀式次第では、単に「大臣」とのみ記されているが、太政大臣のことであろう。もちろん、太政大

臣は「則闕の官」であるから、その場合左右大臣になるであろう。そして、大臣は、おそらくこの儀式会場の北辺に南面して着座するであろう。そしてその席は、召使が着座する「尋常之版」のさらに北に位置し、一段高いところに設けられていたと思われる。すなわち、大臣・宣命台・国造任官者は、南北一列に配置することになり、紀伊国司はこの直線から外れた位置に着席することになる。このことは、この儀式における紀伊国司が、紀伊国造任官者の後見人ではなく、単なる陪席者であることを意味していると理解できるであろう。

　紀伊国造任官のための宣命が呼び上げられる際も、弁官大夫が進み出て東を向き、式部省の輔が進み出て西を向き、式部省の丞・録が北を向きそれぞれ立つことになっているが、これは国造任官者を三方から取り囲むことになるのである。ただ、国造任官者の東へ一丈離れた所に紀伊国司の席があるはずであるが、紀伊国司の所作さえも記されてはいないのである。もちろん、その後の儀式次第を見ても、紀伊国司の役割や儀式における所作等は、一切言及されてはいない。このことから、紀伊国司が単なる陪席者であるとの推測は正しいであろう。

　おそらく、紀伊国司がその任国において、太政官が任命し、紀伊国司の権限の及ばない紀伊国造が存在していることを、承知しておくべき必要性から、陪席することになったものと思われる。このように考えるならば、紀伊国造任官儀式の原形は、国司制度が整備される以前から営々と継続されてきたものと考えることができるだろう。もし、国司制度が整備されて以後に、このような儀式が整備されたのであれば、律令国家の任国における最高の権威である紀伊国司の役割は、この儀式においてこれほど軽いものにはならなかったであろう。

『続日本後紀』嘉祥二年閏十二月二十一日条によると、紀伊守伴龍男と紀伊国造紀高継との間に抗争のあったことが記されている。紀伊国司伴龍男は紀高継の国造の任を解き、国造一族の紀福雄を国司権限で国造に擬した。しかし、「国造者、非国司解却之色」という勅によって、伴龍男による紀高継の国造更迭は白紙に戻された。のみならず、伴龍男の行為は、越権として叱責されているのである。(9) 紀伊国造任官儀式次第に見える国司の扱いを見ると、この裁定は十分に首肯できるものといえるであろう。

それでは、このような紀伊国造の扱いは、国造一般にいえることなのであろうか。このことを明らかにするために、『儀式』におけるもう一つの国造任官儀式次第である「太政官曹司庁任出雲国造儀」を見ることにしたい。

2　太政官曹司庁任出雲国造儀

『儀式』の第十巻の「太政官曹司庁任紀伊国造儀」に先立って、「太政官曹司庁任出雲国造儀」が収められている。その全文は、次のように記されている。

太政官曹司庁任出雲国造儀

当日早旦、掃部寮預設座、弁大夫西庁、式部東庁西廂、式部録率史生・省掌等、進置版三枚於中庭、自尋常版南去五尺、置宣命版、南去四許丈、更東折一許丈、置国司版、自此西去一丈、当宣命版置国造版、訖参議已上就座、大臣喚召使、称唯、就尋常版、大臣宣、喚式部省、召使称唯出而喚之、輔称唯、丞代進就版、大臣宣参来、丞称唯、而上至大臣座前、大臣賜国造名簿、丞受退出、訖輔・丞各一人録三人、入就座、訖国守入就版、次省掌引任人参入、任人就版省掌差南而立、参議已上弁大夫降立、及式部起座立、定弁大夫一人就版宣制曰、天皇我詔旨良麻止宣久其位其出雲国造爾任賜天冠位上賜天御平物賜久止宣、国司・任人共称唯、再拝両段、拍手四段、参議已上弁大夫以下還就本座、掃部寮進敷簀中庭、式部史生置位記筥、録一人進就簀、賜位記、録一人留位記、史生進散位記筥、次掃部寮散簀、次録一人進禄所、唱賜毎賜一物拍手、大蔵省預積禄庭中、絁十疋・絲廿絇・布廿端、任人持絁廿疋退出、絲・布蔵部相随持出、訖各退出

国造任官儀式場の設営は、出雲国造の場合も紀伊国造の場合もまったく同じである。すなわち、出雲国造の任

官儀式においても、出雲国司の配置場所から、紀伊国造の場合と同様に単なる陪席者であったと見ることも出来る。そして、式部省の丞が大臣から国造の名簿を賜わって一旦退出するまでは、紀伊国造と出雲国造の儀式は、まるで複写をしたかのように寸分違わない。ただ、大臣が式部省官人を呼び入れるために召使を呼ぶがその際の記述が、紀伊国造の場合は「大臣喚召使、召使称唯」とあるのに対して、出雲国造の場合は「大臣喚召使、称唯」とあり、わずか二文字の異同がある。もっとも、出雲国造の場合においても、「称唯」という動作の主語は大臣に呼ばれた「召使」以外には考えられないので、両者とも内容にまったく違いはないといえるだろう。

式部省の丞が国造名簿を賜って一旦退出した後、再び式部省官人が儀式場に着座するが、その際紀伊国造任官の場合は、「輔・丞・録各一人、入就座」とあるが、出雲国造の場合は「輔・丞各一人録二人、入就座」とある。紀伊国造の場合よりも、出雲国造の場合は録が二人多いことになり、明らかに出雲国造の任官儀式は、紀伊国造のそれよりも重要視されていたことがわかる。

こうして参会者が揃うと、参議以上と弁官大夫が席を立って庭に降り立つことになる。紀伊国造の場合は、「参議已上在座不下」とあり、着座のままで儀式が進められるが、出雲国造の場合はこの点からも、紀伊国造よりも重要視されていたことがわかる。

次いで、弁官大夫が一人進み出て、宣命を読上げる。この宣命については、紀伊国造の場合は「官姓名乎紀伊国造任賜波久止宣」といたって簡便である。これに対して、出雲国造の場合は宣命体の文章が、かなり長文で記されている。ただ、紀伊国造の宣命についても、万葉仮名が送られており、本来出雲国造の場合と同じような長文の宣命体の文章があり、それが省略されて記されているものと思われる。

ただ、宣命の後半部に、出雲国造任官者に対する位階昇叙と賜物のことが記されている。このことは、紀伊国造の宣命には記されていない要素である。もちろん、先に見た神亀元年の紀直摩祖の国造任官の際には、位三階が昇叙されているので、紀伊国造の場合も昇叙された場合があったものと思われる。しかし、摩祖の国造任官は先述のとおり、和歌浦行幸という特殊な要因の下での昇叙であることから、紀伊国造に対する一般的な例として見ることは出来ないだろう。すなわち、紀伊国造任官の際の宣命は、確かに省略されていると思われるが、位階昇叙と賜物は、基本的に行われなかったものと考えるべきであろう。

宣命の読上げが終わると、紀伊国造の場合は返事をして、再拝二回・拍手四回をする。しかし、出雲国造の場合は、出雲国司と国造が共に返事をして、再拝二回・拍手四回をする。紀伊国造の場合とは異なり、国造任官儀礼に対する国司の役割が明記されているのである。このことは、紀伊・出雲両国造の任官儀式を比較する上で、きわめて重要な要素であるといえるだろう。

国造と国司の返事が終わると、参議以下の参会者は元の席に戻って着座する。次いで掃部寮の官人が中庭にすのこを敷き、[10]式部省の史生が位記の箱を置き、式部省の録一人が位記を受け取る。録が位記を持ち、史生が箱の中に位記を巻いて入れる。それが終わると、掃部寮の官人がすのこを巻き上げる。

次に式部省の録が禄所に進み出て、国造任官者に授けられる賜物を一品ごとに唱えて、そのつど拍手する。賜物はあらかじめ大蔵省が儀式場の庭に積み上げておくことになっており、その種類と数量は、絁十疋・絲廿絇・布廿端である。国造任官者は、このうち絁十疋だけを携えて退出する。絲廿絇・布廿端については、蔵部が携えて国造任官者について持出す。これらが終わると、参会者が退出して儀式は完了する。

以上、出雲国造の任官儀式次第を概観しつつ、紀伊国造任官儀式次第と比較してきたが、次の五点にまとめることができるだろう。

①紀伊国造・出雲国造ともに、その儀式会場の設営はまったく同じである。
②儀式への参会者は、紀伊国造の場合が式部省録一人に対して、出雲国造の場合が式部省録三人となっているが、ほぼ同じである。
③儀式進行上、国造任命の宣命を読上げる際、紀伊国造に対しては参議以上が着座のままであるが、出雲国造に対しては参議以上が席を立って庭に降り立つほか、式部省の録が二人多いなど、紀伊国造任官儀式よりも出雲国造任官儀式を、政府は重要視していたと思われる。
④紀伊国造の場合、国司はまったくの陪席者でしかないが、出雲国造の場合では国司は何らかの関与をしていることが認められる。
⑤紀伊国造の場合は、位階昇叙・賜物は行われないが、出雲国造の場合はそれが行われる。

以上、①・②は双方儀式の類似している点であり、③〜⑤は双方儀式の相違している点である。これら類似と相違は、何によって生じるものであろうか。次にこの点について考えてみたい。

3　紀伊国造と出雲国造の比較検討

儀式場の設営（①）や参会者の顔ぶれ（②）は、双方ともまったく遜色なく、式部省の録の人数以外は、複写したような状態である。このことは、律令制度による儀式の整備によるものと考えられる。太政官曹司庁では、様々な儀式が執行される。そのため、儀礼そのものが曹司庁の機能に合致するように整備されたものと思われる。

その一方で、同じ地方国造でありながら、紀伊国造よりも出雲国造が重要視されたり（③）、国司の関与の仕方が異なったり（④）、位階の昇叙や賜物の有無など（⑤）、明らかな異なりが見られる。これは、それぞれの任命儀式が成立した時点における中央政府と地方豪族の関係が、異なっていたことを示しているものであろうと思われる。もし、出雲国造と紀伊国造のそれぞれの任官儀式が、同時に成立したのであれば、これほどの異なりを呈することはなかったと思われるのである。

このことは、両国造の任命儀式の原形が、律令制度によって儀式が整備される以前に、既に完成していたことを意味していると思われる。しかも、出雲国造任命儀式と紀伊国造任命儀式は、各儀式におけるそれぞれの国司の扱いが大きく異なることから、かなり時間を隔てて成立したものと考えるべきだろう。それでは、どちらの国造任命儀式の成立が古いのであろうか。

『先代旧事本紀』の「国造本紀」によると、初代紀伊国造の任命については、次のように記している。

紀伊国造

橿原朝御世、以神皇産霊命五世孫天道根命定賜国造

すなわち、初代紀伊国造の任命は、神武天皇の時代のことであるとしている。これに対して、初代出雲国造の任命に関しては、同じく「国造本紀」によると、次のように記している。

出雲国造

瑞籬朝、以天穂日命十一世孫宇迦都久怒定賜国造

すなわち、初代出雲国造の任命は、崇神天皇の時代のことであるとしているのである。これだけを見れば、紀伊国造の方が、出雲国造よりもその任命時期が早かったことになる。したがって、その任命儀礼の発生も紀伊国造の方が早かったことになるだろう。しかし、このような伝承だけで判断を下すことはきわめて危険であろう。ただ、実在性さえ不確かな多くの歴代天皇のうち、何ゆえ初代紀伊国造の任命が神武朝で、初代出雲国造の任命が崇神朝なのであろうか。百を越える多くの「国造本紀」所載の諸国国造の大半が、成務朝に初代が任命されたことを明記している。このことに関して、『日本書紀』成務天皇紀五年九月条に、「令諸国、以国郡立造長」と

いう記載がある。また、『古事記』成務天皇記にも「定賜大国小国之国造」と見える。「国造本紀」がこのような記述に迎合したのかもしれない。また、その他の国造もほとんどが、成務朝を前後した崇神朝から応神朝の間に、初代が任命されたとしている。

しかし、一般的に応神天皇の時代よりも以前の記紀の記述は、きわめて不確かだといわれながら[11]、記紀が一致して成務朝に国造の一括的な設置があったとしているのである。その背景には、記紀編纂時に事実は別として、成務朝前後にそのような動きがあったという一般的な了解があったと見るべきであろう。しかし、このように考えた時、むしろ初代国造の任命時期を、成務朝前後以前とする「国造本紀」の記述にこそ問題視すべき要因があるのではないだろうか。

すなわち、「国造本紀」編纂者が、たとえ記紀の記述に迎合したとしても、全国の一般的な国造の初代任命時期を、成務朝前後と理解していたという可能性はあるだろう[12]。だとするならば、神武朝に初代が任命されたとする紀伊国造は、明らかに一般的な全国国造よりも、その任命時期が早かったという理解が存在したことになるだろう[13]。もちろん、一般的な全国の国造任命時期が成務朝前後であり、紀伊国造任命時期が神武朝であるという「国造本紀」の伝承的記述を史実であるというのではない。「国造本紀」の編纂者は、明らかに初代紀伊国造任命時期を、他の全国の一般的な国造のそれよりも、かなり時代を隔てた遠い昔に行われたと意識していたことは事実として認められるだろう。

この「国造本紀」編纂者の意識は、先に私が両国造任官儀式の相違から、両者の儀式の成立がかなりの時間を置いてなされたものだという推定に一致するものである。しかも、その時間的な経過については、紀伊国造のそれがかなり古く、出雲国造のそれはかなり新しいことを語っているものといえるだろう。

それでは、紀伊・出雲両国造の初代任命時期を、何時頃のこととして理解すればよいのだろうか。このことについて、私は、両国造の任命儀式におけるそれぞれの国司の扱われ方の違いが、大きな示唆を与えてくれるのではないかと思う。両儀式を対照・検討した結果、紀伊国造の任官儀式では、紀伊国司は儀式場に着座はするが、何の役割も担っていない。それに対して、出雲国造任官儀式では、出雲国司は読上げられた宣命に対して、国造とともに返事を返す役割を担っているのである。

このことは、紀伊国造任官儀式が成立した時点で、国司が担うべき役割が想定されていなかったことを意味しているにほかならないだろう。すなわち、紀伊国造任官儀式の原形が成立した時点で、未だに紀伊国司が存在していなかったということである。その後、国司制度が整備され、紀伊国に国司が派遣されるようになった時点で、律令国家の紀伊国における最高の権威である国司が、その任国における国造の存在を了解する必要から、儀式に紀伊国司が陪席するようになったと思われる。しかし、国司制度の整備される遥か以前から、営々として営まれてきたきわめて守旧的な儀式の中に、たとえ陪席したとしても、国司が関与する余地はまったくなく、単なる陪席者として振舞う以外なかったのである。

これに対して、出雲国造任官儀式に際しての出雲国司はどうであろうか。出雲国司は国造任官者とともに宣命に対して返事を行い、明らかに儀式における役割を分担しているのである。このことから、両儀式における紀伊国司の役割のなさと、出雲国司の担うべき役割は、律令制度によってこれら儀式が整備される以前から、すなわち両儀式の原形が成立した時点において、絶対的にあるべき形態として認識されていたと考えられるであろう。しかし、両儀式の原形が、律令制度が整備される遥か以前に成立していたとするならば、紀伊国にも出雲国にも、国司は未だに存在していなかったはずである。

出雲国造任官儀式において国司が担うべき役割は、律令制度の整備によって国司の役割とされるようになったが、その儀式の原形においては、律令制度整備後の国司になぞらえられるべき立場の者が担っていたのではないかと思われる。このことを確認するために、大和王権と紀伊国・出雲国のかかわり方を見ることにしたい。

4　大和王権と紀伊国・出雲国

紀伊国には、「国造本紀」によると、紀伊国造と熊野国造が任じられていた。紀伊国造は、その奉祭する日前宮が、『日本書紀』宝鏡出現段の一書に見えるなど、きわめて早い時期から大和王権と関係を有していたことがわかる。また、『日本書紀』神武天皇紀に見える神武東征神話において、「名草戸畔」が誅殺される物語が見られるが、「名草戸畔」は「紀伊国造次第」に見える「五代大名草比古」であり、名草地方が大和王権の勢力圏に組み入れられる過程を物語っているものと思われる。(14)

ただ、この場合においても、神武天皇に擬せられる大和王権の英雄によって、この地域が直接組み入れられたことになる。すなわち、名草地方は、大和盆地の一勢力に過ぎなかった大和王権の膨張過程で、比較的早い時代に組み入れられた地域なのである。すなわち、名草地方は大和王権が全国統一へと覇権を広げる以前に組み入れられたのである。

これに対して熊野国造は、その初代が成務朝に、物部氏の祖先神である「饒速日命」の五世の孫に当たる「大阿斗足尼」が、初代国造に任命されたと記されている。これについて、以前私は、初代国造の「大阿斗足尼」を物部氏の一流である阿刀宿禰という氏族を神格化したものであり、阿刀宿禰氏を介して大和王権と関係を有するに至ったことを物語っていると推定した。(15)

すなわち、大和王権の熊野地方進出の先兵が阿刀宿禰氏であり、阿刀宿禰氏を介して、大和王権における熊野国造としての地位を確かなものにしたのである。換言するならば、紀伊国造は大和王権の大王の親征によって、王権に組み入れられた地方豪族である。それに対して、熊野国造は大和王権の大王が派遣した将軍（権力者）によって、王権に組み入れられた地方豪族なのである。

この熊野国造の場合と同じことが、出雲地方でも想定できるのではないだろうか。このことは、出雲地方が大和王権の版図に組み入れられる過程を述べた国譲り神話においても、同様の構造を確認することが確認できる。『日本書紀』によると、高天原で地上支配のことが計られた。地上の神々が高天原の地上支配を受け入れるか否かを確認するため、経津主神（フツヌシノカミ）に武甕槌神（タケミカヅチノカミ）を副えて地上に派遣された。[16] 二神は、出雲五十田狭の小汀に降臨して、この地で大己貴神（オオナムチノカミ、『古事記』では、大国主神・オオクニヌシノカミ）と会談にして、国譲りを成し遂げている。

しかし、『古事記』によると、この国譲り神話には、フツヌシ派遣の前段階に天菩比神（アメノホヒノカミ）が派遣されたことになっている。アメノホヒは、地上に派遣されながらも、三年間復命しなかったため、フツヌシの派遣に至ったことが記されている。[17] ところが、『延喜式』に収める「出雲国造神賀詞」では、次のような異なった物語を伝えている。

高天能神王高御魂神魂命能皇御孫尓天下大八嶋国乎事避奉之時、出雲国造遠神天穂比命乎国體見乎遣時尓、天能八重雲乎押別氏、天翔国翔氐、天下乎見廻氐、返事申給久、豊葦原乃水穂国波、昼波如五月蝿水沸支、夜波如火瓫光神在利、石根木立青水沫毛事問天、荒国在利、然毛鎮平天、皇御孫命尓安国止平久所知坐之米牟止申氐、己命児天夷鳥命尓布都怒志乎副天天降遣天、荒布留神等乎撥平気、

ここに記す「天穂比命」は、『古事記』に記す「天菩比神」と同一であろう。そして、ここでは、このアメノ

ホヒは高天原による地上支配のために、あらかじめ地上を平定した神として語られている。すなわち、天穂比命が地上を平定し、高天原から使わされたフツヌシに献上したことになっているのである。そして、高天原の神から「汝天穂比命波、天皇命能手長大御世乎堅石尓常石尓伊波比奉」と命じられているのである。このアメノホヒこそが、出雲国造の祖先神なのである。

アメノホヒは、『古事記』によると、天石窟神話に先立つ天之安河原での誓盟で、素戔嗚尊が天照大神の玉を噛んで生じさせた神で、「天之菩卑能命」と記されている神であろう。この時に生じた神は、熊野に鎮座する熊野久須毘命など、多くの地方神である。おそらく、天照大神を頂点とする神祇体系に地方神を位置付けるための物語であろう[18]。

確かに国譲りの物語は、オオクニヌシによる国土の移譲として記紀に語られている。しかし、オオクニヌシはアメノホヒを祖先とする出雲国造に祀られる神だったのである。大和王権が出雲地方を版図に組み入れた状況を物語るとき、出雲地方の最高の権威であるオオクニヌシからの国土移譲として記してはいるが、実際にはオオクニヌシを祭祀する出雲国造の服属の物語だったのである。

すなわち、熊野地方においては、阿刀宿禰氏を介して、熊野国造として、大和王権に組み入れられたのである。そして、出雲地方では、フツヌシに擬せられる大和王権から派遣された権力者によって、出雲国造として組み入れられたのである。彼等の国造任命儀式においては、当然大和王権の地方国造受入窓口となった大和王権の権力者が、その服属に功労のあったものとして晴れがましく出席し、それら国造の後見人として位置付けられたものと思われる。このような大和王権の権力者の存在が、律令制度の整備によって、その国の国司に擬せられるようになったものと思われる。

もちろん、大和王権発生の初期の段階で組み入れられた紀伊国造の場合は、神武天皇に擬せられた大和王権の大王と直接交渉したのである。したがって、そのような大和王権受入窓口となった権力者は介在することはなかっただろう。それゆえに、紀伊国造任官儀式においては、紀伊国司は何ら役割を分担することがなかったのである。言い換えれば、紀伊国造は、大和王権にとって身内的国造なのである。これに対して、出雲国造は大和王権が派遣した将軍によって服属させられた服属国造なのである。

それゆえに、身内的国造に対しては、身内なるがゆえに位階の昇叙や賜物すらなくとも、それが古来からのしきたりとして容認されたのである。一方、服属国造に対しては、必ずや服属の代償が必要になるはずである。それが、出雲国造任官儀式における位階の昇叙と賜物だったのである。また、『儀式』に紀伊国造と出雲国造の任官儀式のみが特筆されているのも、紀伊国造が身内国造の、出雲国造が服属国造の典型であったからであろう。

おわりに

本節は、『儀式』に収められた紀伊国造任官儀式について考察を行ってきた。まず、「太政官曹司庁任紀伊国造儀」概略を見た。次いで、それと「太政官曹司庁任出雲国造儀」の場合との比較検討を行った。その結果、両者には大きな類似点と相違点のあることを指摘した。類似点に関しては、律令制度に基づく儀礼の整備によるものと理解した。一方、相違点については、それぞれの儀礼の原型が成立した状況・時期の異なることによるものと理解した。

両国造任官儀式において、顕著に異なる点は、出雲国造が紀伊国造よりも、参会者・参議以上の高級官僚の儀式における振る舞い等から、儀礼的に重要視されていることを指摘した。さらに、紀伊国造の任官儀式には、国司は単なる陪席者でしかないが、出雲国造のそれにおいては、国司として明らかな役割を担っていることを指摘した。

この両者の違いについて、双方国造の支配地域が、大和王権の版図に組み入れられる事情の相違によるものと推定した。すなわち、紀伊国造が初期の大和王権と直接交渉を持ち、版図に組み入れられた地域であるのに対し、出雲国造は大和王権が派遣した有力将軍によって組み入れられた地域であるということを指摘した。その結果、紀伊国造の任官儀式においては、国司は単なる陪席者でしかありえないが、出雲国造のそれにおいては、国司は、かつて大和王権が派遣した有力将軍に擬せられて、後見者としての振る舞いを求められるものと結論付けた。

以上のように、紀伊国と出雲国の大和王権とのかかわり方の違いが、それぞれの任官儀式に反映されているものとした。これらは、それぞれ地域の大和王権とのかかわり方を、神武東征神話や国譲り神話の分析から導き出した結論である。それでは、これらの神話は、それほどまでに歴史的事実を反映したものなのであろうか。そのことについては、今後さらなる考察が必要であろう。しかし、これらの物語がまことしやかに語り継がれた大和王権中心部において、それらの物語を核に儀式が整備されたと考えることは、十分に可能であろうと思われる。

注

(1) 今泉定介『増訂故実叢書』(故実叢書四、吉川弘文館、一九二八)による。
(2) 津田左右吉『日本古典の研究』上(津田左右吉全集第一、岩波書店、一九六三)
(3) 紀伊国造が紀ノ川平野に確固たる勢力を古来から有していたことは、薗田香融「岩橋千塚と紀国造」(末永雅雄他編『岩橋千塚』所収、和歌山市教育委員会、一九六二、のち『日本古代の貴族と地方豪族』所収、塙書房、一九九二)に詳しい。

（4）国造任官儀式次第では「版」とあるが、『律令』職員令の掃部司条には、「掌、薦席牀簀苫」とあり、「牀」のことをさしているものと思われる。この推定が正しければ、台もしくは背もたれのない椅子の意味であろうから、ここでは一応「机」と理解しておくことにする。

（5）『続日本紀』神亀元年十月十六日条によると、「名草郡大領外従八位上紀直摩祖為国造、進位三階」と見える。

（6）「紀伊国造次第」は、紀伊国造末裔の個人所蔵資料で、和歌山市立博物館保管、その全文翻刻は、拙稿「紀伊国造次第について」（『和歌山市立博物館研究紀要』十七号、二〇〇三）による。

（7）「紀伊国造次第」に見える第二十二代国造「直祖」については、早くは本居内遠「紀伊国造補任考」（天保七年（一八三六）、後本居豊頴編『本居全集』第六所収）において、「直」を「真」の誤写と解釈し、「直祖」を「真祖」として、『続日本紀』神亀元年十月十六日条に見える「紀直摩祖」と同一人物としている。なお、薗田前掲論文も佐伯有清『新撰姓氏録の研究』考証篇四（吉川弘文館、一九七二）も、この解釈を踏襲している。

（8）奈良時代の行幸が希有であったこと、それゆえに行幸先に対して、免税などの手厚い措置がとられたことは、拙稿「和歌浦をめぐる行幸とその景観美」（『和歌の浦　歴史と文学』所収、和泉書院、一九九三）に詳しい。

（9）紀伊守伴龍男と紀伊国造紀高継の抗争については、『和歌山市史』第一巻（和歌山市、一九九一）の「律令政治の破綻」（波々伯部守担当）に詳しい。

（10）「簀」については、『律令』職員令の掃部司条に「掌、薦席牀簀苫」とあり、『和名抄』は、これを「須乃古」とよんでいる。

（11）津田前掲書（前掲注2）

（12）篠川賢「記紀の国造関係記事の検討」（『日本古代国造制の研究』、吉川弘文館、一九九六）においても、「すなわち、成務朝において国造を置き、そのクニの境界を定めた、ということについては、そうした内容を伝える何らかの史料が存在していた可能性が否定できない」とする。

(13)『先代旧事本紀』の「国造本紀」によると、神武朝に国造に任命されたとの伝承を記しているのは、大和国の大倭国造・葛城国造、伊勢国の伊勢国造、遠江国の素賀国造、紀伊国の紀伊国造、豊前国の宇佐国造のわずか六国造にすぎない。

(14)拙稿「名草戸畔と紀伊国造」(『和歌山地方史研究』五十七号、二〇〇八)参照。

(15)拙稿「熊野国造の源流」(『和歌山地方史研究』三十六号、一九九九、後『古代熊野の史的研究』所収、塙書房、二〇〇四)参照。

(16)国譲り神話の概略については、拙稿「国譲り神話と熊野諸手船」(『和歌山地方史研究』四十七号、後前掲『古代熊野の史的研究』所収)

(17)『古事記』では、「爾思金神及八百萬神、議白之、天菩比神、是可遣、故、遣天菩比神者、乃媚附大国主神、至于三年、不復奏」とある。

(18)イザナギの黄泉国訪問後の禊に際しても、速玉神や宗像神など多くの地方の神々が生まれており、これらも同様に、地方神を天照大神を頂点とする神祇体系に組み入れるための物語であろうと思われる(拙稿「律令国家祭祀と熊野参詣」、『田辺市史研究』十二号、後前掲『古代熊野の史的研究』所収)。

第二節　紀伊国造と名草郡郡大領職

はじめに

『先代旧事本紀』の「国造本紀」は、全国に百を越える国造の存在したことを伝えている。(1)一方、大化改新詔の第二詔において、全国に郡司が任命されたことが明記されている。そして、「郡司並取国造性識清廉堪時務者為大領・少領」とあり、それまで全国に勢力を有していた国造が、律令制度組織の中で郡司に位置付けられようとしたことがわかる。

しかし、数量的にみれば、国造→郡司の図式はいえるとしても、郡司＝国造という図式は成り立たないはずである。『和名抄』国郡部によると、全国に約六百の郡が存在したことになっている。大化年間（六四五～六五〇）以来郡の分置・新設がかなりあったとしても、大化年間に五百程度の郡が存在していたはずである。すなわち、すべての国造が郡司に就任したとしても、郡と国造の数量的関係から見れば、郡司の大半は、非国造氏族であった(2)ということになるだろう。

このように考えた時、大化前代「古代の王者」とたたえられた誇り高き国造たちは、大化年間以後には、多くの非国造氏族出身の郡司と比肩させられることになったのである。もちろん、このような政治的潮流は、中央集権国家の成立を目指す中央政府が喚起したものであろう。しかし、誇り高い国造たちはこのような潮流に、どのように対処したのであろうか。

また、中央氏族であれば、その継承関係は六国史等の記述から、かなりな精度での復元は可能であろうが、地方氏族のそれは、かなりの困難が伴う。このような史料的制約の中で、国造が郡司に任じられた郡では、国造が郡司を世襲しつづけたことを確認することは可能であろうか。

さらに、奈良時代になると、新興氏族層による郡司職の猟官傾向が著しくなり、譜第主義・才用主義が交差したといわれている。[3]そのような状況がもしあったとするならば、かつての誇り高い国造たちは、その事態にどのように対処したのであろうか。

もちろん、このような問題は、地域的な差異によって、一概に結論を出すことのできる問題ではないだろう。ただ、古代以来紀ノ川平野に磐石の勢力を誇ってきた紀伊国造については、その継承関係を明示する「紀伊国造次第」が伝来している。[4]しかも、中央貴族ほどではないにしろ、歴代国造を六国史に散見することができる。さらに、『儀式』という儀式次第書の中に、出雲国造と並んで紀伊国造の任官次第が詳述されている。[5]本節は、これらの史料に基づいて、上述の問題に関する名草郡における事例として、考察を行いたいと思う。

1　名草郡の建郡

大化改新詔第二詔によって、全国に郡が配置された。ただ、大化改新詔に対しては、律令条文とかなり酷似した内容であり、その存在自体を疑う説もある。[6]しかし、平城宮跡の大宝元年（七〇一）以前の地層からは、評制の存在したことを示す木簡が出土している。このことから、大化改新詔は、本来「評」と記されるべき行政単位が「郡」として、律令文言で潤色されていることは認めるべきであろうが、郡の先行単位である評の存在までもを否定することは出来ないだろう。

また、昭和五十一年に明日香村の伝板蓋宮跡出土木簡には、「白髪部五十戸」と墨書された木簡が出土している。「五十戸」は『万葉集』所載の貧窮問答歌の用例から、「白髪部里」をあらわしていることは間違いないだろう。[7]しかも、この木簡の出土した地層は、大化五年（六四九）から天智三年（六六四）であろうとされている。したがって、浄御原令施行以前に郡と里の制度はたしかに存在していたと考えてよいだろう。もちろん、それは郡ではなく評と表されていたであろうが、本節では、煩を避けて一貫して郡と称することにしたい。

それでは、このような全国的な潮流の中に、紀伊国名草郡をどのように位置付ければよいのだろうか。「紀伊国造次第」によると、「第十九代　大山上忍穂」の項に、注目すべき次のような注記がある。

忍勝男、立名草郡兼大領

すなわち、第十九代紀伊国造忍穂が、名草郡を建郡し、その郡の一等官である大領を、国造でありながら兼務したことが記されているのである。[8] もちろん、これが事実であるとしても、名草郡は大宝令施行以前においては「名草評」であり、郡の長官である大領は「評督」でなくてはならないはずである。その意味で、この注記は明らかに律令条文による潤色がなされていることは否定できない。

しかし、「紀伊国造次第」が記紀記載の記録に迎合して記されたものではないこと、何度か転写を繰り返してはいるが当初の記述内容を留めていること、などは第二章第一節で述べたとおりである。[9] ただ、「紀伊国造次第」が当初成立した時点で、忍穂が名草郡の建郡者であり、国造でありながら郡長官を兼務したことが信じられていたとしても、それが歴史的事実であるかという問題は別である。このため、以下このことについて考察を進めたい。

十九代国造忍穂に付された情報は、彼が「大山上」という冠位を帯びていたことと、十七代国造忍勝の子息であるという二点である。さらに、第二十代国造牟婁が、彼に付された注記によると、忍穂の弟であり、彼自身が「小乙下」という冠位を帯びていたことである。

忍穂の父である忍勝は、『日本書紀』敏達天皇十二年七月朔日条に、迎日羅使として百済に派遣されて、翌月復命している「紀伊国造押勝」が、用字の違いはあるが同一人物であろう。また、忍勝と忍穂が親子関係であることは、共に「忍」の一文字を共有していることから、妥当と考えてよいだろう。

　忍勝が百済に派遣された敏達天皇十二年は、『日本書紀』紀年に従えば西暦五八三年に当たる。当時の朝鮮半島情勢を考えれば、忍勝の百済派遣はほぼ事実と認めてよいだろう。六世紀末に活躍したことが確認できる忍勝の子息が忍穂である。そして、忍穂は「大山上」という冠位を帯びている。

　この冠位は、大化五年制定の冠位制の呼称である。[10]この冠位制は天智三年まで施行されるが、天智三年に改正された冠位制でもその呼称はのこり、天武十四年（六八五）の四十八階冠位制の施行によって消滅する。したがって、忍穂の帯びた冠位は大化五年から天武十四年まで施行されたことになる。

　一方、忍穂の弟である牟婁も「小乙下」を帯びている。さらに、その弟の第二十一代国造「務壹石牟」が記されているが、その名前に含まれる「務壹」は、明らかに天武十四年施行冠位制の「務大壹」あるいは「務広壹」の「大」か「広」を脱落させた冠位名称が竄入したものであろう。[11]また、これらの冠位は、各時代の国造が死に臨んで、帯びていた極位であったと考えて間違いないだろう。

　すると、第二十一代の石牟は、天武十四年以後に没した人物と考えることができる。したがって、その兄である牟婁はその前代の冠位を帯びていたものと考えてよいだろう。すなわち、牟婁の没年は天智三年以後天武十四年以前であろう。このように考えると、忍穂の没年は大化五年以後天智三年以前であったと考えることが妥当であろう。

　このように考えると、第十九代国造の忍穂は、その生涯において大化改新を経験し、大化五年以後天智三年までの間に没した人物であると見て間違いないだろう。ただ、六世紀末の敏達朝に活躍したその父忍勝との活躍時期の差に、およそ半世紀の隔たりが存在することに、若干の不安が残る。しかし、当時としては百済派遣という大事業を拝命していることから見て、敏達十二年段階で、忍勝の年齢はその激務に耐えられるほどの体力を有しており、年齢的には少壮ではなかったかと思われる。

このように考えれば、忍勝と忍穂の世代間の差も、整合的に理解することができるだろう。すなわち、世代的にも年代的にも、第十九代紀伊国造忍穂が、名草郡を建郡して、その長官を兼務することに矛盾はないと判断することができるだろう。すなわち、「紀伊国造次第」の第十九代忍穂に付された「忍勝男、立名草郡兼大領」という注記は、きわめて整合性のあるものと理解することができるだろう。

一方、その地域において、抜群の権威を誇った国造が、中央政府の組織の中に組み入れられることに抵抗はなかったのであろうか。このことを含めて、名草郡郡領職の継承の状況を以下に概観してみたいと思う。

2　名草郡大領職の継承

これまで見てきたように、大化改新後の名草郡建郡とともに、第十九代紀直忍穂は大領となった。それでは、これ以後紀伊国造は名草郡大領を兼帯したのであろうか。篠川賢氏は、紀伊国造で名草郡司を兼帯したのは、「国造次第」に明記されている忍穂だけであったとされるが、[12]そのような理解は妥当であろうか。まず、このことについて考えてみたい。

「国造次第」によると、第三十五代紀伊国造の槻雄の項には、「深海男、深海者高継男也、已上不兼大領」と注記されている。この短い注記は、前段と後段に分けることができる。前段は、槻雄の出自・系譜を明らかにしているものである。槻雄は、『続日本後紀』嘉祥二年閏十二月二十一日条に見える、第三十三代紀伊国造高継の弟である深海の子息であると述べている。すなわち、高継の甥に当たる人物であることがわかる。

このことから推測して、槻雄は嘉祥二年（八四九）以後に紀伊国造の任にあった人物であることがわかる。また、「国造次第」の冒頭注記によると、「今貞観十六年以甲午歳、依本書已損改写書、国造正六位上廣世」と記されている。この廣世は、「国造次第」によると、槻雄に次いで第三十六代紀伊国造を襲職した人物である。すなわち、廣世は「国造次第」現状本の元となった改写本を、貞観十六年（八七四）に成立させた人物である。

この廣世の「国造次第」の改写の動機については、薗田香融氏の考察があり、貞観十六年の廣世による改写は事実として認めることができるだろう。[13] すなわち、三十五代紀伊国造槻雄を前後する三十三代高継と三十六代廣世の国造在任時期から推測して、槻雄が三十五代紀伊国造であった時期は、嘉祥二年以後貞観十六年以前であったと理解することができるだろう。

そして、その槻雄の注記の後段に「已上不兼大領」とあるのである。この注記は、三十五代紀伊国造である槻雄に至るまでの連続する数代の紀伊国造が、名草郡の大領職を兼務していなかったことを意味している。なお、「紀伊国造次第」は現状本が天正年間に一括して書写されたが、本来は各代の国造ごとに加筆されていたものと思われる。[14] したがって、槻雄の項に付された「已上不兼大領」という注記は、槻雄の時点で「紀伊国造次第」の最末尾に位置していたものと思われる。さらに、槻雄以後の歴代国造の注記を見ても、「已上不兼大領」の注記を訂正もしくは否定する内容の記述がないことから、槻雄以後の歴代紀伊国造は、基本的に名草郡の大領を兼務しなかったと見てよいであろう。

ただ、槻雄の項にわざわざ「已上不兼大領」と注記されていることは、古代以来の紀伊国造のあり方が、大きく変化したものと理解されたからにほかならないだろう。すなわち、槻雄に至るまでの数代の紀伊国造が、名草郡の大領を兼務しなかったことが、それ以前の紀伊国造のあるべき姿と、あまりにも大きく異なっていたと認識されていたのである。そのことを裏返していうならば、槻雄の数代前までの紀伊国造は、国造でありながら、名草郡の大領を必ず兼務していたことを示しているものと思われる。

それでは、十九代忍穂以後、槻雄をさかのぼる第何代の紀伊国造までが、連綿として名草郡の大領職を兼務しつづけたのであろうか。まず、六国史で紀伊国造が名草郡大領を兼務していたことが明確にわかるのは、『続日本紀』神亀元年十月十六日条である。

> 賜造離宮司及紀伊国郡司、并行宮側近高年七十已上禄、各有差、百姓今年庸調、名草・海部二郡田租咸免之、又赦罪人死罪已下、名草郡大領外従八位上紀直摩祖為国造、進位三階、少領大伴櫟津連子人・海部直土形二階、自余五十二人各位一階

これによると、この日名草郡大領外従八位上の紀直摩祖が紀伊国造に任官している。なお、紀直摩祖は、「紀伊国造次第」によると、「二十二代国造直祖」のことであると見てよいだろう。[15]次に、紀伊国造の名草郡大領兼務のことが明確にわかるのは、天平神護元年十月二十二日条である。

> 詔曰、紀伊国今年調庸、皆従原免、其名草・海部二郡者、調庸田租並免、又行宮側近高年七十以上者賜物、犯死罪以下皆赦除、但十悪及盗人不在赦限、又国司・国造・郡領及供奉人等、賜爵并物有差、授守従五位上小野朝臣小贄正五位下、掾正六位上佐伯宿禰国守・散位正六位上大伴宿禰人成並従五位下、騎兵出雲大目正六位上坂上忌寸子老外従五位下、名草郡大領正七位上紀直国栖等五人、賜爵人四級、自余五十三人各有差、

これによると、称徳天皇の和歌浦行幸に際して、紀伊国造紀直国栖が名草郡大領として供奉していることがわかる。なお、紀直国栖は「紀伊国造次第」によると、三十一代国造とみえる。しかし、早くは本居内遠が指摘したように、[16]所出年代を勘案して、「紀伊国造次第」に見える三十代五百友と三十一代国栖は、逆転していると見るべきであろう。すなわち、正しくは国栖が三十代国造で、五百友が三十一代であると思われる。ともあれ、天平

神護元年（七六五）段階で紀伊国造であった紀直国栖は、名草郡大領を兼務していたことが確認できるのである。そして、槻雄に付された「已上不兼大領」の注記から見て、忍穂以後国栖にいたるまでの歴代紀伊国造は、名草郡大領を独占的に兼務しつづけたものと思われる。

それでは、国栖以後の紀伊国造は、名草郡大領を兼務したのであろうか。国栖以後の紀伊国造で、その動向が六国史によって判明するのは、国栖の次に紀伊国造職を襲職した五百友である。『続日本紀』延暦九年五月八日条によると、次のように記されている。

以外従八位上紀直五百友、為紀伊国造

これは、紀直五百友の紀伊国造任官記事である。彼が、この日紀伊国造に任官したことが確実にわかるのであるが、彼が名草郡大領を兼務していたか否かについては、判然としない。次に、その動向が六国史によって判明するのは、三十二代紀伊国造紀直豊成である。『日本後紀』延暦二十三年十月十二日条によると、次のように記されている。

上御船遊覧、賀楽内親王及参議従三位紀朝臣勝長、国造紀直豊成等奉献、詔曰、天皇詔旨良万止勅命乎紀伊国司・郡司・公民・陪従司々人等諸聞食止宣、此月波閑時尓之弖国風御覧須時止奈毛常母聞所行須、今御坐所乎御覧尓、礒嶋毛奇麗久、海瀲毛清晏尓之弖、御意母於多比尓御坐坐、故是以御坐坐世留、名草・海部二郡乃百姓尓、今年田租免賜布、又国司・国造・二郡司良尓冠位上賜比治賜布、目已下及郡司正六位上乃人尓波、男一人尓位一階賜布、又御座所尓近岐高年八十已上人等尓大物賜波久止、詔布勅命乎衆聞食止宣、授守従五位下藤原朝臣鷹養従五位上、介外従五位下葛井宿禰豊継・掾従六位下小野朝臣真野・刑部大丞正六位上紀朝臣岡継・中衛将監正六位上紀朝臣良門従五位下、遣使於名草・海部二郡諸寺、施綿

これによると、紀伊国造紀直豊成が桓武天皇の和歌浦行幸に供奉していることがわかる。ここでも、豊成が紀伊国造であることが確認できるが、彼が名草郡大領を兼務していたことを確認することが出来ない。さらに、『続日本後紀』嘉祥二年閏十二月二十一日条に次のように見える。

先是、紀伊守従五位下伴宿禰龍男、与国造紀宿禰高継不愜、於是不忍怒意、輙発兵捕高継并党与人等、仍可勘申状、官符下知已畢

これによると、紀伊国司伴宿禰龍男と三十三代紀伊国造紀宿禰高継との間に、軍事的衝突事件のあったことがわかる。この事件については後に詳しく触れることにしたいが、ここで注目すべきことは、紀伊国造の姓が直から宿禰に上昇していることである。また、この史料においても、高継が紀伊国造の任にあったことはわかるが、彼が名草郡大領を兼務していたことを積極的に示すものではない。

ただ、先に述べたように、国栖までの紀伊国造が連綿と名草郡司を兼務していたことを確認した上で、神亀元年（七二四）の紀直摩祖の紀伊国造任官記事と、延暦九年（七九〇）の紀直五百友の紀伊国造任官記事を比較してみると、明確な異なりのあることがわかる。神亀元年の摩祖の任官記事は、「名草郡大領外従八位上紀直摩祖為国造」とあるのに対して、延暦九年の五百友の任官記事は、「以外従八位上紀直五百友、為紀伊国造」とある。すなわち、五百友の任官記事には、「名草郡大領」と言う官職名が記されていないのである。このことは、なにを意味するのであろうか。

平安時代に編纂された『儀式』という儀式次第書の中に、紀伊国造の任官儀式の次第が詳述されている。私は、同じく『儀式』に収められている出雲国造の任官次第と比較検討し、それが律令制度成立以前の古い形態を留めていることを述べたことがある。[17]その「太政官曹司庁任紀伊国造儀」には、次のように記されている

当日早旦、掃部寮預設座、弁大夫西庁、式部東庁西廂、式部録率史生・省掌等、進置版三枚於中庭、自尋常版南去五尺、置宣命版、南去四許丈、更東折一許丈、置国司版、自此西去一丈、当宣命版置国造版、訖参議已上就座、大臣喚召使、召使称唯、就尋常版、大臣宣、喚式部省、召使称唯出而喚之、輔称唯、丞代進就版、大臣宣参来、丞称唯、而上至大臣座前、大臣賜国造名簿、丞受退出、訖輔・丞・録各一人、入就座、訖国守入就版、次省掌引任人参入、任人就版、省掌差南去立、訖弁大夫已下式部録已上、皆起自座、立于庭中、弁大夫東面、式部輔西面、丞・録北面、参議已上在座不下、于時弁大夫一人進就版宣制曰、官姓名乎紀伊国造任賜波久止宣、国造称唯、再拝両段、拍手四段、宣命者復本列、訖任人退出、弁大夫并式部録已上就本座、訖更立退出

ここで注目すべきは、紀伊国造任官儀式に際して、弁官大夫の読上げる宣命が、「官姓名乎紀伊国造任賜波久止宣」と記されていることである。これによるならば、神亀元年の摩祖の紀伊国造任官記事は、「名草郡大領外従八位上紀直摩祖為国造」となっており、まさしく名草郡大領という官と紀直摩祖という姓名が具備されており、『儀式』に収める紀伊国造任官次第の要件を満たしているのである。

しかし、延暦九年の五百友の紀伊国造任官記事は、「以外従八位上紀直五百友、為紀伊国造」とあって、本来記すべき官職名の記載がないのである。これは、記すべき官職、すなわち名草郡大領の職に、五百友が任官していなかったことを示すものとして理解することができるであろう。すなわち、三十代（「紀伊国造次第」では三十一代）紀伊国造国栖までは名草郡大領を兼務していたが、三十一代（「紀伊国造次第」では三十代）紀伊国造五百友は、名草郡大領職を兼務していなかったと思われるのである。

槻雄に付された注記である「已上不兼大領」の記述から、三十一代紀伊国造五百友から、三十五代槻雄までの、五代にわたる紀伊国造が、国造でありながら名草郡大領を兼務していなかったと見ることができるだろう。そし

て、そのことは、三十代国栖に至るまで、名草郡大領職を独占してきた紀伊国造家にとって、特筆すべき大きな変化であるとみなされていたのである。それでは、紀伊国造家が五百友の時代になって、名草郡大領職を兼務しなくなった要因とはなにであろうか。

3 「已上不兼大領」の意味

延暦九年に紀伊国造に任官した紀直五百友以後、九世紀の第三四半世紀に紀伊国造の任にあった槻雄に至るまで、紀伊国造は名草郡大領職を兼務していないことがわかった。また、それ以後の歴代紀伊国造たちも、おそらく兼務しなかったものと思われる。それでは、なにゆえ八世紀末にいたって、紀伊国造家は名草郡大領職を放棄するに至ったのであろうか。このことを明らかにするためには、まず、紀伊国造の立場とはいかなるものかを、明確に理解しなくてはならないだろう。また、八世紀末以後の大領職が一般的にどのようなものであったかを明確に理解しなくてはならないだろう。

紀伊国造の立場を端的に示すものとして、先に掲げた紀宿禰高継と紀伊国守伴龍男との軍事衝突事件を指摘することができるだろう。[18]『続日本後紀』嘉祥二年閏十二月二十一日条には次のように記されている。

先是、紀伊守従五位下伴宿禰龍男、与国造紀宿禰高継不愜、於是不忍怒意、輙発兵捕高継并党与人等、仍可勘申状、官符下知已畢、而今日掾林朝臣並人馳来申云、守龍男分遣従僕、各帯兵杖、暗中放鏑、威脅衆庶、或被執令吾、日夜叫呼、或東西奔走、中途流離、並人諫曰、百姓有犯過、雖云長官、須委之傍吏、任理勘決、而躬捕前人、事乖物情、龍男固拒不聴、仍脱身入京者、又高継（龍男カ）所進之国符称、国造紀宿禰高継犯罪之替、擬紀宿禰福雄者、勅、国造者、非国司解却之色、而輙解却之、推量意況、稍渉不臣、宜停釐務、任法勘奏、

この頃の紀伊国造家は、旧姓の直から中央氏族が帯する宿禰の姓を獲得している。すなわち、紀伊国造家は、大伴氏の系譜を引く中央派遣官である紀伊国司の守伴宿禰龍男と同じ姓の獲得に成功していたのである。すなわち、紀伊国造が名草郡司（大領職）を兼帯しなくなったのは、紀伊国造家の衰退を意味しているのではないことがわかるのである。

このような紀伊国造家の隆盛を、中央貴族である伴龍男は、おそらく苦々しく見つめていたのであろう。ついに、この日龍男は、私兵を武装させて高継とその与党を捕縛したのである。この龍男の暴挙には、紀伊国司の掾林朝臣並人もあきれてしまったらしく、諫めはしたものの効果がなかった。そのため、急ぎ入京して、龍男の暴挙を京に訴えたというのである。

ここで注目すべきは、龍男が高継の国造職の任を解き、おそらく紀伊国造一族と思われる紀宿禰福雄を紀伊国造に擬してしまったというのである。これには、中央政府も黙っていられなかったらしく、即座に勅が下されている。それによると、国造の任免権は、国司の権限ではないことが明示されているのである。すなわち、龍男の行為は明らかに越権であるとして、龍男の公務執行が停止されている。おそらくこのことによってであろうと思われるが、罪科に問われたことがわかっている。(19)

国造は、国司任国の旧国造国内における神祇祭祀を分任する立場にあった。(20)しかし、この事件の顛末によって、国造は国司の命令系統に属さない立場であることが明確にわかるのである。延暦二十三年の桓武天皇の和歌浦行幸に際して、「紀伊国司・郡司・公民・陪従司々人等」に対して詔が下されているが、その詔は、「賀楽内親王及参議従三位紀朝臣勝長、国造紀直豊成等」が奉献した上で発せられているのである。すなわち、紀伊国造は国司と並んで詔を拝命する立場にはなかったのである。

また、この事件に際して、龍男は紀伊国造高継を解任して、紀宿禰福雄を国司権限で国造に擬している。龍男はなにゆえこのような暴挙を思いついたのであろうか。この頃、国司権限で郡司に擬せられる国擬郡司が、全国的にも史料に散見できる。[21] すなわち、龍男は国擬郡司と同じ発想で、国擬国造を任命できると考えたのである。しかし、勅によって国擬国造はあっさりと否定されてしまったのである。この顛末を見ると、明らかに郡司は国司の命令系統に属する下僚であったことがわかるのである。

郡司は、国司の命令系統に属し、郡内の財政及び民生を分任していた。それに対して、国造は令制国内の神祇を分任するものの、明らかに国司の命令系統には属していないのである。国造が郡司を兼務するということは、律令官人として国司の風下に位置することになるのである。

大化改新以後、全国に分布する国造たちは、国造でありかつ郡司でありつづけた。非国造の郡司たちに比べ、国造でありつづけることによって、令制国内においては格段の権威と特権を保持することが出来た。しかし、それはあくまでも律令制度のもとにおいて、律令国造としてかつ郡司として、保障された権威であり特権であった。すなわち、律令制度が円滑に機能して初めて保障されるものであった。

それゆえ、律令制度が円滑に機能しなくなったならば、律令官僚機構に位置づけられて、明らかに国司の風下となる郡司であることを忌避することになるであろう。さらには、律令国造であり続けることさえも忌避することになるのである。「紀伊国造次第」の槻雄の項に付された「已上不兼大領」という注記は、律令制度の弛緩によって機能しなくなった官僚機構から、脱出を試みようとする紀伊国造の姿を表しているのではないだろうか。では、延暦九年に紀伊国造となった五百友以後の国造たちが、郡司であることを忌避した具体的な要因とは、いかなるものであったのだろうか。

4　紀伊国造の郡領職忌避

『続日本紀』によると、大宝年間（七〇一〜七〇四）以後郡司の任命・褒賞・供奉等の記事が頻出する。これらは、律令制度施行直後において、郡司制度が機能していることを確認する意味があったものと思われる。しかし、紀伊国造五百友が、郡領職を忌避したと思われる延暦年間（七八二〜八〇六）になると、国衙財政の不備を糾弾する記事が見られるようになる。まず、延暦四年七月二十四日条によると、次のように記されている。

勅曰、夫正税者国家之資、水旱之備也、而比年国司苟貪利潤費用者衆、官物減耗倉廩不實、職此之由、宜自今已後厳加禁止、其国司如有一人犯用、余官同坐、並解見任永不叙用、贓物令共填納、不在免死逢赦之限、遞相検察、勿為違犯、其郡司和許亦同国司、

これによると、国司が利潤を追求するあまりに、正倉にあるべき資産の不足が確認されている。おそらく、正税帳簿外の欠損が生じていることから、国司が利潤を追求するあまりに無理な私出挙を行い、回収不能となったために不足が生じたか、元利ともに私物化してしまったのであろう。

このような国司を厳罰に処するとともに、それを黙認した余官も同罪に処するとしている。さらに、郡司がその行為に組みした場合も同罪に処するとしている。郡司が国衙財政に深く関わっていたことから、郡司が叱責されることは当然であろう。[22]しかし、この段階においては、国司が主犯であり、郡司が従犯であるとの理解がなされていることがわかる。

ところが、中央政府の認識とは裏腹に、国司任国においては、この問題を違った形で処理していたようである。延暦五年六月一日条に収める勅によると、次のように記されているのである。

又勅撫育百姓糺察部内、国郡官司同職掌也、然則国郡功過共所預知、而頃年有焼正倉、罪郡司不坐国守、事

稍乖理、豈合法意、自今以後、宜奪国司等公廨惣填焼失官物、其郡司者不在会赦之限

これによると、地方任国における民生（撫育）・警察（糺察）は、国司・郡司がともに責任を負うべきであるが、正倉火災事故に関しては、郡司のみが問責され、国司が罪に処されていない事実のあることを指摘している。そして、国司の責任を重く追及するとともに、郡司に対しても厳罰に処することが命じられている。これらは、正倉の欠損を火災事故に事寄せて糊塗し、その責任を国司は郡司に負わせていたことを述べているのである。[23]

国司・郡司ともに、国衙財政に深く関与していたであろう。しかし、国司は職制上下僚である郡司に責任を負わせ、自己の保全を講じていたのである。『律令』倉庫令の置公文倉鑰鑰条では、正倉の「鑰鑰」は長官の管理にゆだねられていた。したがって、延暦四年の勅が認定したように、正倉欠損の主犯は国司でなくてはならないはずである。しかし、郡司だけが責任を問われていたのである。そして、延暦五年の勅によって、国司・郡司ともに問責されることになったのである。

しかし、律令官人機構の命令系統によれば、郡司が国司の命令に抗することなど出来ようはずもないのである。このような事態になれば、国造が律令官人機構において国司の下僚としての郡司に位置づけられることは、災いの元となり、身を滅ぼす一因ともなりかねないのである。もちろん、郡司の職に留まることは、それなりの利益はあったことだろう。しかし、同じ譜代郡司といえども、国造の系譜を引く郡司であれば、国司の下僚として位置づけられるよりも、郡司の職を忌避して、その命令系統の外に位置する国造であることの方が、国司に連座することもなくなるのである。また、延暦五年八月八日条に収める勅によると、次のように記されている。

勅曰、正倉被焼、未必由神、何者譜第之徒害傍人而相焼、監主之司、避虚納以放火、自今以後、不問神災人火、宜令当時国郡司填備之、仍勿解見任絶譜第矣

これによると、正倉焼失を神威によると任国から報告があるが、譜代郡司が「傍人」を陥れるために放火し、国司も正倉の欠損を覆い隠そうとして放火していることを看破しているのである。ここで注目すべきは、国造を含む譜代郡司たちに対峙する「傍人」の存在を指摘していることである。

この「傍人」とは、明らかに譜代郡司に対抗する新興土豪勢力であり、郡司の職を猟官しようとする新興在地土豪層のことに他ならないだろう。[24]すなわち、延暦年間における譜代郡司たちは、不正国司に連座する危険性と、新興在地土豪層の羨望を一身に受ける立場に陥っていたのである。これらの危険を回避するために、延暦八年に紀伊国造となった五百友は、あえて名草郡司の職を忌避したものと思われる。

おわりに

本節は、紀伊国造と名草郡郡領職の関係を論じてきた。まず、「紀伊国造次第」の記述を検討し、第十九代紀伊国造忍穂が名草郡（評）を建て、郡領に任じられたことを、事実であると認定した。次に『続日本紀』と『儀式』に収める「太政官曹司庁任紀伊国造儀」の記述から、忍穂以後二十一代（「紀伊国造次第」では三十代）紀伊国造五百友の直前に至る歴代紀伊国造が、名草郡大領職を世襲し続けたことを確認した。

そして、紀伊国造が名草郡大領職を兼帯しなくなった理由を、紀伊国造家の勢力減退ではなく、律令官僚機構において国司の下僚に甘んじることを忌避したからであるとした。さらに、紀伊国造が名草郡大領職を忌避する具体的な理由として、国司による国衙財政の不正に連座することを避けるとともに、新興在地土豪勢力の猟官運動による羨望の的となることを避けるためであったことを指摘した。以上が、本節で述べ来ったところである。

ところで、国造は国司の下僚となることを忌避したと結論付けた。その一方で、新興在地土豪層は、紀伊国造家が世襲してきた名草郡大領職を羨望の的として見ていたのである。それほどの職を、紀伊国造が忌避したのである。このことに関して、少々後代ではあるが、『類聚三代格』寛平六年六月一日付太政官符には次のように記されている。

太政官符　応同率神戸官戸課丁事

右、得紀伊国解称、検案内、官戸課丁少数、常煩所司、勘出、尋彼由緒、官戸悉為神戸百姓之所致也、何者、此国有封神社総十一処、所充封戸二百卅二烟、可有正丁千二百七十六人、此則依式毎戸以五六人所率之数也、而今神戸所領正丁之数、或戸十五六人、或戸二三十人、官戸所有課丁之数、或戸僅一二人、或戸曾無課丁、詳検其由、神戸課役頗軽、官戸輸貢尤重、因斯脱彼重課入此軽役、謹案式云、戸以正丁五六人為一戸、其神宮寺封丁、若有増益者随即減之、死損者不須更加、而国造并禰宜・祝等、寄事神祇曾無改正、積慣之漸、忽然難変、望請、不論神戸・官戸、総計国内課丁、毎戸同率貫附、弁定之後、若有輙改替者、尋其所由、依法科罪、謹請官裁者、右大臣宣、依請

寛平六年六月一日

これによると、紀伊国の課税対象となる労働力が、紀伊国造の支配する神戸の民となったため、神戸・官戸の区別なく同率で課税したいと、紀伊国司が太政官に願い出ている。おそらくこのような状態が、長らく継続していたのであろう。太政官は、紀伊国司の解を認めているが、その後この官符がどれほどの実効力を有したかは、はなはだ疑わしいだろう。すなわち、郡司の職を忌避した紀伊国造は、敢然と国司に抵抗し、富の集積に邁進していたのである。国内神祇を分任し、国司の命令権に属していない国造だからこそ、なしえたことであろう。おそらく、国造以外の郡司たち、あるいは新興在地土豪層には、このような行為に走ることは不可能であり、郡司の職を猟官して、その役得にありつくことが関の山であったことだろう。すなわち、紀伊国造なるが故に、郡領

職を忌避しえたのである。

さらに、律令制度の整備とともに、紀伊国造は律令国造へと変貌した。律令国造は、律令国内における旧国造国内の神祇を、総覧していたはずである。しかし、『類聚三代格』寛平六年十一月十一日付太政官符によると、祈年祭・月次祭に当たって、神祇官から下される幣帛を受け取りに来ないことが指摘され、国司が禰宜・祝部等を率いて、拝受すべき旨が命じられている。祈年祭の幣帛は、大宝二年に神祇令が施行された直後に、諸国国造がその受け取りのため、入京を命じられている。まさしく、律令国造の律令国造たる所以を示す象徴的な職務である。[25]しかし、紀伊国造はもはや国の幣帛の受け取りさえをも拒否するに至っていたのである。あたかも、律令国造であることを忌避する行為といえるだろう。すなわち、紀伊国造が名草郡大領就任を忌避したのは、まさしく律令制度からの脱却を目指す行為の端緒であったといえるだろう。おそらく、延暦年間以後、紀伊国造は自らが望むと望まざるとにかかわらず、弛緩した律令制度から脱却し、律令制度がこの地に整う以前の、大化前代の有力在地土豪としての国造へと回帰していったもの[26]と思われる。

注

（1）『先代旧事本紀』の内容については、鎌田純一氏（『先代旧事本紀の研究（研究の部）』、吉川弘文館、一九六二）がその序文に記すように、推古朝に成立した内容をとどめているとするが、「国造本紀」については、篠川賢氏（「国造本紀」の再検討」『日本古代国造制の研究』、吉川弘文館、一九九六）が大宝律令成立以後の八世紀初頭であろうとする。和銅三年（七一〇）に分置された美作国の国造に言及していることから、妥当な考察であろうと思われる。

（2）「国造本紀」所載の国造と令制郡司のとの数量的考察は、今泉隆雄「八世紀郡領の任用と出自」（『史学雑誌』八十一-十二、一九七二）による。

（3）郡司の才用主義と譜代主義の交錯過程については、米田雄介「郡司の出自と任用」（『郡司の研究』、法政大学出版会、一九七六）に詳しい

（4）拙稿「紀伊国造次第について」（『和歌山市立博物館研究紀要』十七号、二〇〇三）

（5）本節で扱う『儀式』は、今泉定介『増訂故実叢書』（故実叢書四、吉川弘文館、一九二八）による。

（6）大化改新と改新詔の批判的研究については、門脇禎二『「大化改新」史論』（上下、思文閣出版、一九九一）に詳しい。

（7）岸俊男「「白壁五十戸」の貢進物荷札」（『日本古代文物の研究』所収、塙書房、一九八八）

（8）薗田香融「岩橋千塚と紀国造」（末永雅雄他編『岩橋千塚』、関西大学、一九六七、のち『日本古代の貴族と地方豪族』、塙書房、一九九二）

（9）前掲拙稿（前掲注4）

（10）古代冠位・位階の変遷については、黛弘道「冠位十二階考」（『律令国家成立史の研究』、吉川弘文館、一九八二）に詳しい。

（11）天武十四年位階制の概略と意義については、拙稿「天武朝の対皇親政策」（『古代史の研究』七号、のち『古代天皇制史論』、創元社、一九八八）を参照されたい。

（12）篠川賢「律令制下の紀伊国造」（『日本常民文化紀要』二十一輯、一九九九）

（13）薗田香融「岩橋千塚と紀国造」（末永雅雄他編『岩橋千塚』所収、関西大学、一九六七、のち『日本古代の貴族と地方豪族』所収、塙書房、一九九二）

（14）前掲拙稿（前掲注4）及び前掲篠川論文（前掲注12）による。

（15）本居内遠「国造補任考」（天保七年（一八三六）、後本居豊穎篇『本居全集』六所収）・前掲拙稿（前掲注4）及び

前掲篠川論文（前掲注12）

(16) 本居内遠前掲論文（前掲注15）・薗田前掲論文（前掲注13）及び前掲拙稿（前掲注12）参照。

(17) 拙稿「紀伊国造任官儀式の検討」（『和歌山地方史研究』五九号、二〇一〇）参照。

(18) この事件の概略は『和歌山市史』第一巻（和歌山市、一九九三）の古代編第三章第四節の3「律令制の崩壊」（波々伯部守氏担当）に詳しい。

(19) 『続日本後紀』嘉祥三年三月十八日条によると、この日「豊後権守従五位下登美真人真名・紀伊守従五位下伴宿禰龍男等、皆従放免」と見え、罪科に問われていたことがわかる。国造襲撃事件からわずか数ヶ月における放免は、早きに過ぎるとも思われるが、彼が当時中央政界に君臨した伴善雄の縁戚者であることを考慮するならば、無理からぬことであろう。

(20) 『律令』職員令によると、国司の任国における職務の筆頭に、神祇を祀ることが規定されている。また、『続日本紀』大宝二年十三日条では、おそらく祈年祭のためであろうが、諸国国造が幣帛を請い受けるべく入京を命じられている。これらのことを勘案すれば、諸国国造は、国司任国において、国司が行うべき神祇祭祀を分任していたものと考えられるだろう。このことに関しては、拙稿「奈良時代の国造」（『日本歴史』七五七号、二〇一一）に詳述しているので参照されたい。

(21) 波々伯部守「紀伊国直川郷墾田売券をめぐって」（『和歌山市史研究』十一号、一九八三）において、当時紀伊国において、擬郡司が多くみられたことを指摘している。また、『類聚三代格』に収める延暦十七年二月十五日官符によって、擬郡司は「潤私門、侵漁百姓」として禁止が命ぜられている。しかし、このような官符が出ること自体、擬郡司が普遍化していたことを示しているといえるだろう。

(22) 大宝律令施行直後と思われる『続日本紀』大宝元年六月八日条には、「国宰郡司、貯置大税、必須如法」とあり、当初から郡司が国司とともに、国衙財政にかかわっていたことは明らかであろう。

(23) 塩沢君夫「八世紀における土豪と農民」(『古代専制国家の構造』所収、お茶の水書房、一九五八)は、正倉神火の存在を指摘し、これを新興土豪層と譜代郡司層の階級闘争と捉えた。その中で、延暦五年八月八日勅にいう「監主之司」を郡司であると指摘した。これに対し、吉村茂樹「国司制度崩壊の過程」(『国司制度崩壊に関する研究』所収、東京大学出版会、一九五七)は、国司の横領を隠蔽しようとする行為であると評価している。正倉神火に郡司がまったく加担していなかったとはいえないだろうが、『律令』倉庫令の置公文倉鎰鑰条の趣旨からすれば、「監主之司」は国司と見るべきであろう。

(24) 譜代郡司層と新興土豪層の葛藤については、米田雄介「郡司研究の課題」(米田前掲書(前掲注3)所収)でも、「現任郡司の失脚を狙って、神火と称して正倉を焼失させることもしばしば生ずるようになる」と論じている。

(25) 拙稿「大宝神祇令施行と伊太祁曾三神分遷」(『和歌山地方史研究』五三号、二〇〇七)において、この記事が神祇令施行を示す記事であることを指摘している。

(26) 拙稿「中世の紀伊国造」(『木の国』三二号、二〇〇九)において、中世においてもその勢力基盤が磐石であったことを述べている。

第三節　紀朝臣行義の第三十九代紀伊国造就任の史的背景

はじめに

「紀伊国造次第」によると、[1]第三十九代紀伊国造に就任したのは、紀朝臣家から紀伊国造家に養子に入った紀朝臣行義である。彼は、第三十八代国造奉世に男子がいなかったため、その娘を娶り、入り婿になることによって、第三十九代国造に就任した。

継ぐべき男子がいなかったため、しかるべきところから養子を迎えるということは、一見もっともなことのように思える。しかし、それがなにゆえ紀朝臣家の男子だったのだろうか。このひとことをもってしても、この問題は考察すべきであろう。

また、中央貴族の男子が、地方土豪の家系を継ぐことにどのような意味があったのだろうか。逆に、地方土豪が中央貴族の男子を迎えることにどのような意味があったのだろうか。本節は、平安時代中期における地方土豪としての紀伊国造家をどのように評価すべきかをテーマに考察することとしたい。

まず、行義の国造就任の概要を見ることとしたい。そして紀朝臣家・紀伊国造家の当時の事情を明らかにしたい。その上で、在地土豪としての紀伊国造家のあり方を評価することとしたい。

1　行義就任の概要

紀朝臣行義が、第三十九代紀伊国造に就任した事情は、「紀伊国造次第」に次のように記されている。

第卅九行義　文煥男
散位従五位下

村上天皇御宇康保年中、淑文美作守文利淑光卿三男、為紀伊国司之時、行義為国務下向在国之間、娶国造奉世之娘、奉世無男子、仍円融院御時、天元年中譲補国造職於行義、是当家嚢祖也、

この記載内容は、掛け幅本「紀伊国造系図」にもほぼ踏襲されている。[2] ただし、「紀伊国造系図」では「是当家嚢祖也」の六文字が後代に抹消されている。しかし、『続群書類従』に収められた「紀伊国造系図」にもこの六文字はたしかに記されている。このことから、掛け幅本「紀伊国造系図」の抹消は、近代になってから行なわれたと思われる。

また、「淑文美作守文利淑光卿三男」の記載の内、「淑文」の意味が全く不明である。たしかに紀伊国造歴代には、第五十五代淑文が存在するが、「国造次第」によると、「寛元四年十月十五日掃部権助　于時五歳」と注記されており、明らかに鎌倉時代の人物であり、時代的には全くあわないことになる。衍字であると判断すべきかもしれない。これについて、本居内遠「紀伊国造補任考」は、「淑文」を「叔父」と解釈している。[3] おそらく、内遠が見た紀伊国造家の系図は、「紀伊国造次第」と掛け幅本「紀伊国造系図」であったと思われる。したがって、内遠はまちがいなく「淑文」という文字を、目の当たりにしていたはずである。そして、彼自身もそれが意味不明なことを知った上で、「叔父」と意解したものと思われる。それでは、この内遠の判断は正しいであろうか。

行義は紀朝臣文煥の男子であることが明記されている。紀朝臣氏系図（以下、影写本紀氏系図）[4]によると、文煥は紀朝臣淑光の男子として明記されている。したがって、文利は文煥の弟ということになり、行義から見て文利は、紛れもない「叔父」ということになる。また、「紀伊国造次第」はかなり拙速な書写がなされたと思われること[5]から、本来「叔父」であるべき字を「淑文」と誤写した可能性は高いだろう。したがって、内遠の判断は正しかったものと考えたい。以上のように考えた上で、この記載を解釈するとおよそ次のようになるだろう。

紀朝臣行義は、紀朝臣文煥の子息であり、官職はない（散位）が従五位下の位階を有していた。村上天皇治世下の康保年間（九六四〜九六八）に、行義の叔父である美作守文利が紀伊国司を兼務したため、甥の行義が叔父文利の代理として、任国の紀伊国に赴いた。行義はその在国中に第三十八代国造奉世の娘を娶った。しかし、奉世には男子がいなかったため、円融天皇治世下の天元年間（九七八〜九八三）に国造職を譲補された。それゆえ、行義は紀伊国造家の祖先である。

この内、村上天皇は康保四年五月に崩御することから、行義が紀伊国に赴いたのは、村上天皇の治世下ということであれば、康保四年五月までのことであろう。また、『群書類従』に収める紀朝臣氏系図（以下、類聚本紀氏系図）には、文利が美作の守であったことが明記されているが、紀伊国司を兼任したことは記されていない。しかし、影写本紀氏系図によると、美作守と紀伊守を併記している。したがって、兼務したものと考えてよいだろう。むしろ、美作守に任じられていた文利が、新たに紀伊守を兼務することになったため、一族で甥の行義が代理として紀伊国に赴くことになったものと考えることができるだろう。その際、行義が散位であり、中央政府でいかなる官職をも帯びていなかったことも、彼が紀伊国に赴く大きな要因であったと思われる。

行義は、康保年間に紀伊国に赴き、天元年間に国造職を継いでいる。この間ほぼ十年から二十年の長い期間が想定される。叔父文利の紀伊守の任期は不明であるが、それが十年〜二十年に及んだとは思われない[(6)]。この長期間行義は紀伊国に在国し続けたのであろうか。それとも、国務を終えた行義は奉世の娘を伴って、一旦都に帰ったのであろうか。いずれとも決しかねる。これについては、後に紀朝臣家の事情を考察する過程で、一定の判断を下したい。

末尾の「是当家曩祖也」は、文字通り行義を紀伊国造家の祖先であると評しているのである。前述の通り掛け幅本「紀伊国造系図」では抹消されている。おそらく明治維新以後に、天皇家の万世一系思想が称揚されるに至って、抹消されたものだと思われる。ただ、前近代においては、中央貴族紀朝臣家から入り婿を迎えたことを、誇らしく考えていたことをうかがうことが出来るだろう。

2　紀朝臣家の事情

紀朝臣家は、『古事記』では孝元天皇の皇子である比古布都押之信命を父とし、『日本書紀』では景行天皇の時代に紀伊国に派遣された屋主忍男武雄心命を父として生まれた武内宿禰を祖先とする氏族である。しかし、両書ともその母は、紀伊国造の祖宇豆毘古（『日本書紀』では菟道彦）の娘で山下影日売（『日本書紀』では影媛）となっている。いずれにしても父系に皇族を戴く皇別氏族である。そして、母系が紀伊国造の娘であることから、紀朝臣家と紀伊国造家は伝承においては極めて近い関係にあるといえるだろう。

紀朝臣家は、葛城・蘇我・平群などの大和政権を支える名族と並ぶ中央氏族であり、天智朝には紀大人が御史大夫に任ぜられている。また、紀朝臣麻呂が大納言に、その甥の飯麻呂は参議に列している。とくに、紀朝臣諸人の娘椽姫が施基親王の妃となって儲けた白壁王が、称徳天皇崩御後に光仁天皇として即位したため、紀朝臣氏は外戚として権勢を振るい、奈良時代後期から平安時代初期にかけては、広純・家守が参議に、船守・古佐美が大納言になるなど、議政官の一角を占めていた。

しかし、紀朝臣長谷雄が延喜二年（九〇二）に従四位下で参議となり、延喜十二年に従三位中納言で薨じるとその子で、行義の祖父に当たる淑光がかなりの時をおいて、承平四年（九三四）に従四位上で参議となる。[7] そして、五年後の天慶二年に彼は従三位参議のままで七十一歳の人生を閉じている。しかも彼を最後に紀朝臣家から議政官を出すことはなくなるのである。

影写本紀氏系図によって、その後の近親者の位階・官職を見ると、行義の父である文煥には「肥後介従五下」の肩付がある。また、行義が代理となった叔父の文利には「紀伊守従五上美作守」の肩付が見られる。これらは、系図史料の性格から見て、彼等の極位・極官であろう。このように考えると、文煥よりも文利は若干出世したことになる。しかし、文利の子忠道には「蔵人・出羽守正五下」とあるが、「正」の字の横に「従」の字が添えられており、正しくは従五位下であったかもしれない。なお、類従本紀氏系図では、忠道の任国は「出羽」ではなく「出雲」になっている。いずれとも決しかねるが、以下の考察によって、「出雲」が正しいのではないかと思われる。

忠道の子の為任に至っては、「従五下在伯州」とあり、任官が見られないばかりか、遠く都を離れて伯耆国に在住しているのである。これについては、彼の父である忠道が、出羽守ではなく出雲守の任官歴があるあったとしたならば、父に従って出雲国に赴いたものと思われる。その後、おそらく、彼の弟の成任に「伯耆守」の肩付があることから、為任は中央での任官を諦めて、父の出雲守任期終了後も、隣国の成任に随従して伯耆国で在地化したものと思われる。

この当時、その才能を評価され、名門藤原氏に連なりながらも、傍流ゆえに猟官運動の末に藤原純友が得たものは、従五位下伊予掾が極位・極官であった(8)。藤原氏に属することのなかった紀朝臣家の一門にとっては、文煥や文利の極位・極官は当然のことというべきであろう。国文学史上にその名をとどめる紀朝臣貫之でさえも、従四位下木工権頭が極位・極官であった。これとても、彼が延喜五年に御書預所として、『古今和歌集』の編纂に携わったことが、大きく作用しているのではないかと思われる。このように、中央政界での栄達を諦めざるを得なくなった中央貴族の中には、藤原純友が任国伊予国で在地化したように、また、紀朝臣為任が猟官を諦めて伯耆国で在地化したように、中央政界に見切りをつけて、地方に生きる道を模索したとしても無理からぬことであろう。

叔父の代理として紀伊国に赴いた行義も、従五位下の位階を有しながらも、官職にありつくことの出来ない身であった。それゆえに、叔父の代理として紀伊国で国務を執り終えた行義は、紀伊国での在地化を目論んだのではないかと思われる。想定される十年〜二十年の間、紀伊国で在地化する方途を求めて、紀伊国造家の娘を娶ったのではないかと思われる。したがって、この期間彼は都に帰ることもなく、紀伊国で過ごしたものと思われる。

それでは、行義は紀伊国に在地化することに、どのような利点を見出したのであろうか。中央政界での栄達は諦めざるを得なかったとしても、在地土豪の身としては従五位下という破格の位階を帯びる身であり、在地化することによって、それを凌駕する利点が存在しなければならなかったであろう。叔父の代理として紀伊国に赴いた行義の目には、紀伊国の在地土豪である紀伊国造家がどのように映ったのであろうか。

3 紀伊国造家の事情

行義を入り婿に迎えた紀伊国造家は、準皇祖神を祀る日前宮を奉祭してきた紀伊国の在地土豪である。大化改新後、律令制度が整えられるに従って、紀伊国造は名草郡司を兼帯するようになった。[9] 最初に名草郡を建て、郡の一等官に就任したのは、「国造次第」によると第十九代忍穂であった。以後、紀伊国造は名草郡司を独占したものと思われる。[10]

しかし、第三十五代槻雄には「已上、不兼大領」との注記が「国造次第」に見える。このことは『続日本紀』延暦九年五月八日条で、紀伊国造に就任した五百友以後、郡司を兼帯することを忌避したことによるものと考えられる。おそらく、この頃律令制度が弛緩しており、国造が郡司を兼帯することによって、あからさまに国司の下僚として扱われることを忌避し、律令制度導入以前の在地土豪へと回帰したものと思われる。[11]

思えば、この頃中央政界で行われていた摂関制度も、地方政治で行われていた受領国司制度も、あるべき律令制度とは明らかに乖離したものであった。本来の律令制度と乖離した国司の下で郡司であり続けるよりは、誇りある国造であることを選択することが、むしろ当然であっただろう。すなわち、紀伊国造は律令制度に基づく国家統治機構の外へと脱出を計ったのである。

正倉院文書の天平二年（七三〇）紀伊国正税帳から得られる紀伊国内の田積は、多く見積もっても約四千町歩に過ぎない。[12]しかし、『和名類聚抄』によるならば、約七千二百町歩を数えている。栄原永遠男氏は、天平期から平安初期に至る間に、飛躍的な耕地開発があったことを認めながらも、正税帳に把握されていない広大な耕地の存在したことを指摘しておられる。[13]正税帳簿外の耕地、すなわち国司の把握していない耕地については、そのすべてではないにしろ、在地土豪である紀伊国造家の大きな経済基盤となっていたと考えることができる。紀伊国造家が、律令制度に基づく国家統治機構の枠外に脱出をしたとしても、経済的には充分に自立することが出来たのである。

紀伊国造家は、経済的には充分に自立していけたであろう。しかし、弛緩したとはいえ、律令国家は紀伊国へ国司を派遣してくるのである。律令制度に基づく国司と、律令制度の枠外に脱出した紀伊国造家とは、基本的に相容れないものがあったであろう。当然のことながら国司と紀伊国造との間に軋轢が生じることになる。

『続日本後紀』嘉祥二年閏十二月二十一日条に見られる、紀伊守伴龍男と紀伊国造紀宿禰高継との衝突事件は、このような背景の下に生じたのである。国司龍男は、私兵を差し向けて高継とその与党を捕縛し、高継の国造職を国司権限で解任したのである。このことを知った中央政府は、国司に国造の任免権のないことを理由に、龍男の職務を停止処分としたのである。[14]

中央政府の裁定によって、この事件は紀伊国造家に有利に落着した。しかし、このことによって、紀伊国造家が律令制度から脱出して、独自の道を歩むことの困難さを知らされたことであろう。「国造次第」によると、高継の位階は外従五位下勲九等である。彼の前後の国造の位階には、「外位」の標記がないものもあるが、歴代有位の国造たちも、おそらくは外位であったと思われる。紀伊国の在地土豪であることから、当然の扱われ方であるといえよう。

それに対して紀伊守龍男の帯する位階の従五位下は、明らかに内位であったと思われる。同じ従五位下といえども内位と外位とでは、律令社会においては雲泥の差があった。弛緩したとはいえ律令制度が息づいている以上、この権威の前には、独自の経済基盤を有する紀伊国造家といえども無視することは出来なかったであろう。

さらに、『類聚三代格』に収める寛平六年六月一日付太政官符によると、紀伊国司が管内公郷の課丁が少なく、神戸の課丁が多いという不均衡を中央政府に訴えている。しかも、この状態を改めるべく国司は努力しているが、「而国造并禰宜・祝等、寄事神祇曾無改正」と歎いている。すなわち、紀伊国造家は公郷の労働力を日前宮の権威をもって、囲い込んでいたのである。これは明らかに公地公民制を根幹とした律令制度に反する行為である。もちろん、中央政府は国司の訴えを認めている。

事実上、律令制度から脱出し、独自の経済基盤に立脚しようとする紀伊国造家ではあったが、紀伊国の在地土豪である以上、紀伊国司の権威をおろそかにすることは出来なかった。在地土豪として生き抜くためにも、国司を凌駕する権威を手に入れることが、この当時の紀伊国造家の焦眉の課題であったと思われる。

4　国司と紀伊国造家

第三十七代有守の位階は外従五位下であった。その息子で行義の岳父にあたる奉世の位階については、「国造次第」に記されていない。しかし、『類聚符宣抄』に収める天暦七年（九五三）十二月二十八日付太政官符によって、この日奉世が、紀伊国造に任じられており、そのときの位階が正六位上となっている。おそらくこれも外位であろうと思われる。

奉世はこのときから行義に国造職を譲補する天元年間まで、約二十五年前後の間国造を勤めたことになる。他の歴代国造と同じように、最終的には外従五位下にまで上り詰めたのではないかと思われる。すなわち、この頃の紀伊国造の一般的な極位が外従五位下であったと思われる。

奈良時代に神賀詞を奏上して任官した出雲国造の位階を、『続日本紀』によって見ると、神亀元年（七二四）三月二日に出雲国造に任じられた出雲臣廣嶋の位階は外正七位下であったが、神亀三年二月二日に神賀詞を奏上したときの位階は従六位上で、このとき二階進められているので、正六位上に昇叙したことになる。さらに天平十年（七三八）二月十九日には正六位上から外従五位下になっている。

また、天平十七年三月七日に外従七位下で出雲国造に就任した出雲臣弟山は、就任に際して従六位下に昇叙している。その後天平勝宝二年（七五〇）二月四日に彼は従五位下になり翌年の二月二十二日に位階を進められたとの記事があるが、どのような位階に達したかは分からない。もし、一階進められたとしたならば、従五位上ということになる。

天平宝字八年（七六四）正月二十日に外従七位下で出雲国造になった出雲臣益方は、最終的に神護景雲二年（七六八）二月二十五日に外従五位上に達している。また、宝亀四年（七七三）九月八日に出雲国造に就任した出雲臣国上の位階は外従五位下であった。さらに延暦四年（七八五）に外正八位上で出雲国造に就任した出雲臣国成は、就任に際して一気に外従五位下に昇叙されている。しかし、翌年二月九日に神吉事を奏上した際には、賜物は下されているが位階昇叙のことは記されていない。このことから、出雲国造の極位は標準として従五位下であり、従五位上まで達した弟山・益方の扱いはむしろ異例だったのではないかと思われる。

出雲国造にしても紀伊国造にしても、外位とはいえ従五位にまで達することは、地方の在地土豪としては破格の扱いであることは間違いないだろう。[15] しかし、彼等の支配する地域に、弛緩したとはいえ律令政府から国司が派遣されてくるのである。紀伊国は、『延喜式』によると上国であるから、官位令に従うならば、守は従五位下を標準として派遣される。紀伊守伴龍男の位階が、従五位下であることから、当時官位相当制は守られていたようである。同じく出雲国も上国なので従五位下を標準として派遣される。これらの内位を有する中央貴族の国司は、律令制度上のきわめて高い権威を有していたのである。

律令制度の枠外に脱出した紀伊国造ではあるが、これら国司を凌駕する権威を有することができるならば、国司の権威を凌ぎ、さらに独自に在地を支配することが出来るだろう。そのようなときに、偶然とはいえ叔父の代理として、散位従五位下の位階を携えた紀朝臣行義が紀伊国に赴いてきたのである。[16] 彼の有する位階は、もちろん内位である。

紀伊国造家にしてみれば、中央から派遣されてくる国司の権威を凌ぐという点で行義は、またとない人物だったと思われる。一方行義にしてみても、従五位下という高い位を有してはいるものの、官職に付くこともできない身の上であった。叔父の代理として紀伊国に赴き、国務を執るにしても、紀伊国造の強力な経済基盤と、権威あるはずの国司に対抗しうるだけの実力を、目の当たりにしたのである。ここに両者の思惑が一致し、行義と奉世の娘の婚姻は成立し、後に入り婿として紀伊国造に就任したものと思われる。

おわりに

本節は、紀朝臣行義の紀伊国造就任の歴史的背景を考察してきた。まず、「紀伊国造次第」に施された彼の注記から、彼の国造就任の概要を見た。そして、彼の国造就任に至るまでの紀朝臣家と紀伊国造家の、それぞれの事情を史料に即して確認した。さらに、それぞれの事情に即して、紀朝臣家には地方在地化の傾向があり、紀伊国造家には国司に対抗する権威を欲していたことを指摘し、行義と奉世の娘の婚姻は、その両者の思惑が一致したために行われたものとした。

ところで、行義を迎え入れた紀伊国造家のその後はどのようになったのであろうか。「紀伊国造次第」によると、その子で第四十代孝経には、「行義男」という注記があるだけである。その孝経には第四十二代義孝と第四十三代孝弘の兄弟、すなわち行義の孫が二人いた。(17) その注記に若干疑問視される記載がある。

義孝は、寛仁三年（一〇一九）二月十九日に国造に就任し、長元七年（一〇三四）に勇退している。その就退任についで、「移住美濃国、仍号美濃国造」と記されている。すなわち、彼は紀伊国造勇退後に、美濃国に移住したため、美濃国造と称されたというのである。その居住地をもって称されることに問題はないが、なにゆえ彼は美濃国に移住したのであろうか。

一方、孝弘の注記には「正二位権大納言」という位階と官職が記されている。もちろん、『公卿補任』を見ても、この前後に孝弘がそのような位階・官職にあったことを確認することは出来ない。それでは、「正二位権大納言」という記述は、一体なにを示しているのであろうか。

このことを理解するために、孝弘の孫で第四十六代国造に就任した良守の注記が参考になるだろう。彼は、嘉承二年（一一〇七）に従五位下に叙せられて、天仁二年（一一〇九）正月十六日に国造に就任し、長承三年（一一三四）三月に勇退している。そして、その就退任の記述に続いて「辞退之後、即任摂津権守、保延四年十月卒」と記されている。

すなわち、彼は国造勇退後に摂津権守を歴任しているのである。摂津国といえば大国であり、その国司は中央貴族の独占するものであった。したがって、彼が叙された従五位下は、明らかに外位ではなかったことになる。すなわち、行義が国造に就任して以後の紀伊国造家は、紀伊国で日前宮を祭祀しながら、中央貴族として扱われていたのである。

このように考えた時、義孝が美濃国に移住したのも、国造勇退後に美濃国司を歴任したあと、美濃国で在地化したものと理解することが出来るだろう。また、孝弘に付された「従二位権大納言」も、彼自身の位階・官職ではなく、中央貴族として迎えた正室の婚家の主の官職を、中途半端に記してしまったものではないかと思われる。

ともあれ、行義以後紀伊国造家は、位階・官職の面から見て、中央貴族化を果たしたといえるであろう。そして、中央貴族化を果たした紀伊国造家は、中央政府から派遣されてくる国司に対抗しうる、充分な権威を手に入れたことになるのである。その意味で、紀伊国造家の中央貴族化は、在地土豪として生き抜くための方便であったといえるであろう。また、その方便をもたらし、在地土豪としての発展の礎を築いた行義は、「国造次第」がまさしく「是当家曩祖也」と評するにふさわしい人物であったといえるだろう。

注

（1）「紀伊国造次第」は、紀伊国造末裔家所蔵資料で、現在和歌山市立博物館が保管している。その翻刻及びその性格については、拙稿「紀伊国造次第について」（『和歌山市立博物館研究紀要』十七、二〇〇三）を参照されたい。

（2）掛け幅本「紀伊国造系図」の翻刻とその書誌学的考察は、鈴木正信「『紀伊国造系図の成立と伝来過程』（『和歌山県立博物館研究紀要』十五号、二〇〇九）を参照されたい。

（3）本居内遠「紀伊国造補任考」（天保七年（一八三六）、のち本居豊頴編『本居全集』第六、一九〇三）

（4）東京大学史料編纂所影写本によると、「右紀氏系図、大和国添上郡奈良手向山神社蔵本、明治十九年十月、修史局編修星の恒採訪、明年二月影写了」の奥書がある。

（5）「紀伊国造次第」の現状本の書写が、拙速であったことについては、拙稿（前掲注1）を参照されたい。

（6）大宝令によると国司の任期は六年と定められていたが、慶雲三年（七〇六）格によって四年とされた。その後天平宝字二年に六年に復し、宝亀八年に再び四年になっている。いずれにしても、その任期は十年や二十年には及ばない。

（7）紀朝臣氏の位階・官職の変遷、議政官についてはすべて『公卿補任』による。

（8）藤原純友の生涯とその動向については、下向井龍彦『物語の舞台を歩く純友追討記』（山川出版、二〇一一）に詳しい。

（9）「紀伊国造次第」によると、第十九代紀伊国造忍穂には、「立名草郡、兼大領」と注記がなされている。

（10）紀伊国造の名草郡大領独占については篠川賢「律令制下の紀伊国造」（『日本常民文化紀要』二十一輯、一九九九）が疑問を投げかけている。しかし、「紀伊国造次第」の第三十五代槻雄の注記に「以上不兼大領」とあり、『続日本紀』天平神護元年十月二十二日に紀伊国造国栖が名草郡大領であることが記されていることから、槻雄の数代前までは紀伊国造が名草郡大領を独占していたことは間違いないものと思われる。

（11）拙稿「奈良時代の国造」（『日本歴史』七五七、二〇一一）参照。

（12）井上辰雄「紀伊国正税帳」（『正税帳の研究』、塙書房、一九六八）は、正税から換算した田積に不三得七法を用いて約四千町歩を算定された。

（13）栄原永遠男「律令時代紀伊国における経済的発展」（『古代を考える』三十三、古代を考える会、一九八三、のち

『紀伊古代史研究』所収、思文閣出版、二〇〇四）

（14）紀伊国造高継と紀伊守伴龍男の抗争については、『和歌山市史』第一巻（和歌山市、一九九一）古代編第二章第四節（波々伯部守担当）に詳しい。

（15）外位の最高位は正五位上であることから、五位が外位としてかなり高いことがわかる。

（16）栄原永遠男「紀朝臣と紀伊国」（『和歌山地方史研究』九、のち前掲『紀伊古代史研究』所収）は、紀朝臣氏が紀伊国司に任官する例の多いことを指摘している。

（17）「紀伊国造次第」では「孝弘」となっているが、「ノリ」の訓が付されている。これに関して影写本紀氏系図では「教弘」となっている。

終章　在地土豪としての紀伊国造

第一節　古代豪族紀伊国造の変遷

本書は、古代氏族である紀伊国造・紀直氏の変遷を論じてきた。その前提として、紀直氏が任じられたという国造の古代におけるあり方を第一章で論じた。まず、第一節では古代史料に見られる県と、国造が支配領域としたクニの関係について考察した。まず、記紀に見える県史料を整理し、その分布と規模を明らかにした。その結果、県は西日本を中心に分布し、国造が支配領域とするクニよりも小規模な領域であることを確認した。

次に県史料の見える時代的な問題に言及した。県史料は、記紀が扱うほぼ全時代にわたって見られるが、明らかに県主が首長として、県の領域を支配する県は、仁徳朝頃までに見えることを確認し、それ以後見える県史料は、県制が機能した時代の残滓であろうとした。その結果、県はクニを支配した国造制の成立する以前の地方における支配形態であったと結論付けた。さらに、県が天皇（大和王権）の介入により、統合されることによって国造が支配するクニへと変貌したことを提唱した。ただし、県がある時期一斉にクニに統合されたのではなく、県が地域によって徐々にクニへと変貌したものであり、その移行期にはこの国土の中に、県とクニが並存していたであろうことはいうまでもないことである。

第二節では、国造制と国造について論じた。まず、国造の任命時期が地域によって異なることを確認した。さらに、国造とは地域首長であり、大和政権からオーソライズドされた立場であると提唱した。そして、国造制とはほぼ全国の地域首長が、緩やかではあるが大和政権を盟主として、その傘下に組み入れられたことをもって成立するものと提起した。具体的には、『宋書』の大和国伝に見られる倭王武の上表文から、武になぞらえられる雄略天皇の時代に国造制はほぼ成立したものと推定した。

国造制の成立当初、大和政権と全国に分布する国造の関係は、大和政権を盟主とする緩やかなものであったが、成立後徐々に大和政権は国造たちに奉仕を求めるようになる。その具体的な様子は、直木孝次郎氏が提唱された「国造軍」と称される軍事負担であり[1]、のちの舎人のような奉仕であろう。しかし、六世紀に至って大和政権による国造に対する恒常的な搾取が企図されることになり、それが諸国に設置された屯倉であろうとした。継体朝に起こった筑紫国造磐井の叛乱を、大和政権が目論んだ糟谷屯倉設置に対する抵抗であろうと評価した。そして、それ以後急速に全国に屯倉が設置される状況を、雄略朝に成立した国造制の、その後の大きな変質であろうと評価した。

第三節では、奈良時代の国造について論じた。まず、奈良時代の国造は、律令制度に基づいて存在したことを確認した。また、国造は律令制度下で儀礼的に神事を執り行う存在ではなく[2]、また便宜上一令制国に一国造を配置したものでもなく[3]、大化前代からの権威を保ちながら存在したものであることを確認した。加えて、国造の職掌を検討し、郡司・軍毅・国師と並んで、国司による任国支配を確実にするため、その職掌を分任する存在であったとした。

さらに、国造が郡司へと転換したのではなく、国造が郡司を兼任したことを確認した。それゆえに、国造がクニよりも狭小な領域を管轄する郡司に甘んじたことも、国造としてのクニと郡司としての郡を管轄することへの魅力があったものと考えた。しかしそれは、律令制が円滑に機能することを前提とするものであり、律令制度の破綻とともに、郡司であることの利益が減少し、あからさまに国司の風下に位置付けられる郡司であることを、拒否する傾向が見られるようになる。郡司であることを忌避した国造は、国造を称したとしても、それはもはや律令制度に依拠する国造[4]ではなく、大化前代の在地首長としての国造と評価すべきであろう。

第二章では、紀伊国造の変遷を語るに際して、記紀をはじめとする古代史料を補完するため、紀伊国造の系譜にかかわる史料を取り扱った。第一節では、巻子装の「紀伊国造次第」について論じた。まず、その全文を翻刻した。そして、現状の巻子装の「紀伊国造次第」が成立したのは、天正十三年（一五八五）の羽柴秀吉の紀州攻めを経た、天正十五年から同十八年のことであろうと提唱した。

それまで、紀伊国造家には平安時代の貞観十六年（八七四）に第三十六代廣世が改写した「紀伊国造次第」が存在したが、天正の兵火で損なわれたため、急遽第六十七代忠雄によって現状本が整えられたものと推定した。また、現状本の誤字・脱字・錯簡を指摘し、現状本の制作が極めて拙速になされたことを指摘した。

しかし、そのことは現状本の制作がことさらな潤色や虚飾が交えられていないことを示すものであると評価した。さらに、これまで系譜関係が不詳であった第三十七代有守の八代前の祖に当たる「国井」を、第十六代国勝ではないかと提唱した。また、第三十代五百友と第三十一代国栖の継承関係については、改写時における錯簡であるとし、江戸時代の天保六年（一八五五）に本居内遠が提唱した錯誤[5]を支持した。

第二節では、懸幅装の「紀伊国造系図」について論じた。まず、「紀伊国造系図」の全文を翻刻した。そして筆跡と紙継ぎ目の状態から、第一次の成立は、第六十六代光雄までであり、その時期は彼が国造の任にあった室町時代の大永六年（一五二六）から天文十九年（一五五〇）の間であろうと推定した。以後七次にわたって、昭和に至るまで書き継ぎがなされ、その間に第二紙と第三紙が継ぎ足されたものとした。とくに、各時期に書き継ぎが行われた歴史的背景についても、できるだけ詳しく言及するように努めた。

「紀伊国造系図」の当初の成立が、大永六年から天文十九年の間であることから、「紀伊国造次第」の現状本成立よりも古いことが確実となった。しかし、鈴木正信氏の指摘するとおり、(6)「紀伊国造系図」は「紀伊国造次第」を引用していると思われることから、「紀伊国造系図」が引用した「紀伊国造次第」は、現状本ではなく、その原型となった貞観十六年に改写された「紀伊国造次第」であった可能性を指摘した。また、「紀伊国造系図」は、鎮座伝承や遷座伝承に関して、「紀伊国造次第」よりも詳細な記述があることを指摘した。それらの伝承は中世以前の伝承を反映したものであるとも指摘した。

なかでも、第二代国造比古麻の生母を、素盞嗚尊の娘である地道女命であると明記していることに注目した。すなわち、このことは国造初祖の天道根命と素盞嗚尊の娘の婚姻を語っているにほかならない。そして、このことは、地道女命がやはり素盞嗚尊の御子神である五十猛命の妹神であることを雄弁に物語っているのである。『先代旧事本紀』が明記するように、五十猛命は紀伊国の特徴ともいうべき木の神であり、かつて紀伊国造が祭祀していた神である。(7)したがって、天道根命と地道女命の婚姻は、在地の神と国家神の宗儀系譜の成立を語っているものであると指摘した。

第三章では、古代国家と紀伊国造について論じた。まず、第一節では古代日前宮の祭祀を考察した。記紀神話に語られている日前宮の祭神が、天石窟隠れ神話で天照大神を導き出すために鋳造された日像鏡であり、まさしく皇祖神であることを確認した。その一方で、伊太祁曾神社の祭神である五十猛命を紀伊国造が祭祀していたことのある事実を踏まえて、紀伊国造が奉祭する日前宮の祭神が大きく変化したことを指摘した。

一方、日前宮の「日前」の語義について、「ひのくま」を日の翳るところと解釈した。すなわち、日神の末裔を自認する天皇にとって、日前宮の鎮座する紀ノ川河口は、まさしく大和から見て日の翳る地であることを指摘した。それゆえに、日神である皇祖神の天照大神が祀られるにふさわしいものと考えた。

また、日本の国家統一に向けての軍事行動が、日本武尊の征西伝承・景行天皇の征西伝承・神功皇后の新羅遠征などに見られるように、当初は西日本及び朝鮮半島に発動されたことを指摘した。そして、それらの兵員・軍需物資の兵站基地が、大和盆地と紀ノ川の河川交通で結ばれた紀ノ川河口であろうと推定した。(8) それゆえに、国家の命運を賭した外征軍の出征を見守る神社として、日前宮の国家神化がなされたものと考えた。

そして、そのような国家神を祀る社とされたのは、四世紀後半から五世紀中頃までのことであろうとした。なお、奈良時代の後半から平安時代にかけて、古代国家の軍事行動は、東日本の蝦夷へと向けられることになる。そのことが、伊勢神宮の国家神化を加速させたものと考えた。平安初期に斎部広成が著した『古語拾遺』に、宝鏡は二度鋳造され、最初の鏡は出来栄えがよくなかったため、日前宮に祀られることとなり、再度鋳造された鏡が出来栄えがよかったので、伊勢神宮に祀られるようになったとする解釈は、このような伊勢神宮の皇祖神化が進む時代背景を反映したものと考えられるだろう。(9)

第二節では、名草戸畔と紀伊国造について論じた。神武天皇東征の物語の中で、天皇によって誅滅される名草戸畔は、飯田武郷『日本書紀通釈』以来紀ノ川河口の女性首長であろうとされてきた。まず、この飯田説の根拠を検討した。そして、記紀に見られる戸畔の用例を検討し、むしろ男性首長と見ることが出来ることを提案した。その上で、名草戸畔とは第五代紀伊国造の大名草彦を指しているものと考えた。

すなわち、名草戸畔誅滅の物語とは、大和政権の大王の親征により、紀伊国造が大和政権の傘下に加えられたことを物語っているものと解釈した。もちろん、「紀伊国造次第」に見える初代から八代までの国造の系譜は、直系相承で語られており、その実在性は決してたしかなものとはいいがたい。しかし、大名草彦の名草は、紀伊国造の本拠を指す地名であり、その地名を冠する大名草彦は、この地の勇者として認識されていたものと思われる。それゆえに、国土統一を目指す神武天皇に雄雄しく抵抗する人物として位置付けられたのであろう。

第三節では、畿内政権と紀伊国造について論じた。紀伊国造である紀直氏と紀朝臣氏の関係を明らかにしようと試みた。中央豪族である紀朝臣氏は、武内宿禰伝承によって紀直氏と近い関係であることは、これまで暗黙の内に認められてきた。最近では、紀朝臣氏は本来紀伊国に盤居していたが、ある時期に大和国平群郡に移動したという説が出された。[10] 私には、紀朝臣氏という巨大氏族が、それほどたやすく故地を移動させることが可能なのだろうかといぶかしく感じられてならなかった。

そのため、畿内政権と紀伊国造の関係を見つめなおそうと考えた。まず、五世紀前半と考えられる和歌山市鳴滝大倉庫群跡と、五世紀後半と考えられる大阪市中央区法円坂の難波倉庫群跡の時代的差異から、畿内政権は外洋への窓口を五世紀中頃に紀ノ川河口から難波津に移動させたと考えた。すなわち、五世紀中頃までは、紀直氏も紀朝臣氏も紀氏集団として、畿内政権を支える重要な氏族集団だったのである。

しかし、五世紀中頃を過ぎて、畿内政権が外洋の窓口を難波津に移動させた結果、畿内政権の版図は大きく書き換えられることになり、紀ノ川河口地域がその版図から除外されたのである。それゆえに紀直氏はそれ以後地方豪族として扱われるようになり、版図の変更以後もその版図の中に盤居し続けた紀氏集団の一部が中央豪族としての紀朝臣氏になったとした。したがって、地方豪族としての紀伊国造の成立は、畿内政権の版図が変更される五世紀中頃のことと考えることができるだろう。

第四章では、律令国家と紀伊国造について論じた。まず、第一節では、平安時代の儀式書に記された紀伊国造任官儀式[11]の再検討を行った。出雲国造と紀伊国造の任官儀式を対比させ、これらの儀式次第は平安時代に造作されたものではなく、長い時間をかけて成立したものであるとした。しかも、出雲国造の任官儀式の成立と、紀伊国造のそれとは時期を異にして成立していることを指摘した。

さらに、紀伊国造の任官儀式では、紀伊国司は単に陪席しているに過ぎないが、出雲国造のそれにおいては、国司は儀式において重要な役割を担っていることを指摘した。そして、それはそれぞれの国造が、大和政権に参加した状況の違いを反映しているとした。具体的には、紀伊国造の場合は名草戸畔伝承に見られるように、天皇の親征による参加であるのに対して、出雲国造の場合は国譲り神話に見られるように、派遣将軍を介しての参加であろうと考えた。

第二節では、紀伊国造と名草郡大領職の関係について考察した。名草郡の建郡の経緯を整理し、大化建郡以来奈良時代後期の国栖までが、紀伊国造でありながら、名草郡大領職を占有して兼務していたことを確認した。そして、五百友以後においては名草郡大領職を兼務していなかったとした[12]。

紀伊国造が名草郡大領職を兼務しなくなった最も大きな理由は、律令制度の弛緩によって、郡司としての利益が伴わなくなったことを指摘した。さらに、郡司として国司の命令系統に属することを忌避するようになったものと考えた。すなわち、律令制度が確固たる時代においては、紀伊国造は郡司として、その機構の中に自らを位置付けようとしたのである。しかし、律令制度が弛緩した段階においては、律令制度からの脱出を図り、在地土豪としての紀伊国造に回帰したと思われるのである。したがって、奈良時代後期における紀伊国造は、もはや律令制度に基づく国造ではなく、大化前代の在地土豪としての国造であるといえるだろう。

第三節では、紀朝臣行義の第三十九代紀伊国造就任について考察した。まず、行義の紀伊国下向と、紀伊国造家に入り婿する経緯を確認した。次に、中央政界における紀朝臣氏の不振と、中央政界での活躍を断念して、在地化する傾向を確認した。さらに、紀伊国造家が律令制度を脱出して、在地土豪として、紀伊国内において富を蓄積している実態を指摘した。そして、律令制度を脱出した紀伊国造といえども、中央から派遣されてくる国司を凌ぐ権威を欲していたと考えた。すなわち、中央政界での活躍を諦めて在地化を目指す紀朝臣氏と、律令制度を脱出し独自の道を歩みながらも国司を凌ぐ権威を欲する紀伊国造家の思惑の一致が、行義の紀伊国造就任であろうと結論付けた。

注

（1）直木孝次郎「国造軍」（『日本古代兵制史の研究』、吉川弘文館、一九六八）は、古代国家の軍隊は、国造の負担によって組織されたとする。

（2）高嶋弘志「律令新国造についての一試論」（佐伯有清編『日本古代史論考』、吉川弘文館、一九八〇）は、律令制度下の国造を前代遺制の残滓と捉えている。

（3）新野直吉「律令国造が大祓に馬を出すことに関する小考」（『続日本紀研究』一五八、一九七一）は、「律令制下の国に一国一国造宛置かれた「地方神祇官」である」と定義する。

（4）私が「律令制度に依拠する」とするのは、高嶋氏（前掲注2）や新野氏（前掲注3）のいう「律令国造」ではなく、あくまでも大化前代からの政治的権威を保持しながらも、律令制度に規定された国造という意味であり、その範囲において「律令国造」という用語は用いることが可能であろうと考えている。

(5) 本居内遠「紀伊国造補任考」（天保七年（一八三六）、後本居豊穎編『本居全集』第六、一九〇三）は、「紀伊国造次第」や「紀伊国造系図」が、第三十代五百友・第三十一代国栖としていることに対して、継承順位の逆転があったと指摘している。
(6) 鈴木正信「『紀伊国造系図の成立と伝来過程』（『和歌山県立博物館研究紀要』十五号、二〇〇九）
(7) 日前宮の鎮座と伊太祁曾神社の遷座については、別に拙稿「大宝神祇令施行と伊太祁曾分遷」（『和歌山地方史研究』五三、二〇〇七）で論じている。
(8) 古代の内陸部における大量輸送手段として、内陸河川交通が優れていたことについては、横田健一「大和国家権力の交通的基礎」（橿原考古学研究所編『近畿古文化論巧』、吉川弘文館、一九六二）に詳しい。
(9) このような解釈は、すでに薗田香融「岩橋千塚と紀国造」（末永雅雄他編『岩橋千塚』所収、のち『日本古代の貴族と豪族』所収、塙書房、一九九一）でなされている。
(10) 代表的な説として、栄原永遠男「紀氏再考」（『和歌山県史研究』十五号、一九八八、後前掲『紀伊古代史研究所収）、及び越原良忠「二つの紀氏」（『和歌山地方史研究』二十七号、一九九四）などがある。
(11) 今泉定介『増訂故実叢書』（故実叢書四、吉川弘文館、一九二八）による。
(12) 紀伊国造次第」等は、第三十代国造を五百友、第三十一代国造を国栖とするが、本書第二章一節で述べたとおり、この継承順位は逆転しているものと考える。

第二節　その後の紀伊国造

第一節においては、本書が古代の紀伊国造を論じた要約を述べた。今、本書を閉じるにあたって、その後の紀伊国造を概略して述べておきたい。律令制度の弛緩に伴い、紀伊国造は律令制度からの脱出を図り、在地土豪としての道を歩み始めたのである。

藤原摂関家でさえも経済的な不振から逃れることのできなかった中世を、どのようにすごしたのであろうか。全国に配置された近世大名の支配の下で、紀伊国には御三家の一つ紀州徳川家が入国した。その支配の下で紀伊国造はどのように扱われたのであろうか。さらに、王政復古が叫ばれた明治維新の混乱の中で、紀伊国造はどのように立ち回ったのであろうか。

鎌倉時代になると、鎌倉幕府が経済官僚としての地頭、警察官僚としての守護を全国に配置して、その支配を確実なものとした。しかし紀州では、とくに紀伊国造の支配する日前宮の所領では、紀伊国造の支配が完遂されていたようである。

平安時代末期の大治二年（一一二七）の紀伊国在庁官人解案によると、古代以来律令政府から保証されていた神戸をすべて返納することを条件に、四至を明示した耕作不能な広大な荒地を便補されんことを願い出ている(1)。しかも、その荒地に延べ数千万の労働力を投入し、四十余町の防潮堤を築いて耕作地とし、国司権限の及ばない領域型荘園を経営することが目論まれている。

さらに、鎌倉時代の嘉禎四年（一二三八）九月二十五日付日前・国懸四方指写を見ると、その領域はさらに広がっていることがわかる(2)。このことから、在地土豪となった紀伊国造は、その支配領域を確実に増大化させたことがわかる。また、領域型荘園であることから、紀伊国造はその領域を直務支配していたことは、容易に想像することができるだろう。

この頃の歴代国造の動向を見ると、源平の騒乱期に第五十代国造であった良宣は、後白河法皇の院に北面の武士として仕えたことが記録されている。[3] 以後、第五十二代宣宗・第五十四代宣親・第五十五代淑文も、それぞれ院に仕えて北面の武士に任じられている。すなわち、鎌倉幕府の守護・地頭とは一線を画して、紀伊国造は一貫して朝廷との関わりを保ちつづけたのである。

そして、第五十五代淑文は弘安七年（一二八四）六月十六日に紀伊国司に任じられているのである。もはや、律令体制の崩壊した鎌倉時代末期に、紀伊国司の権威がいかほどのものであったかは想像に難くはない。しかし、紀ノ川平野に磐石の支配権を保有する紀伊国造にとって、紀伊国司の肩書きは、実質を伴うものではなかったとしても、決して邪魔になるものではなかったはずである。

南北朝時代の騒乱期になると、第五十七代俊文が従三位刑部卿に叙任され、公卿に列せられている。ただし、「於南朝也」と注記されている。また、第五十八代親文も「於南朝従三位」と注記があり、やはり公卿に列せられている。吉野でわずかに命脈を保った南朝において、紀伊国造は公卿として扱われたのである。おそらく、吉野に依った南朝勢力の後背地として紀伊国が目されたため、その中心地に勢力を有する紀伊国造が優遇されたものと思われる。しかし、親文は、その後南朝の衰退に伴い、北朝との関係を深めたらしく、「北京左京大夫」と注記されている。紀ノ川平野に勢力を保有する紀伊国造も、拮抗する南北朝の勢力関係と無関係に過ごすことが出来なかったのである。そしてそのことは、南北朝の両勢力が、戦略上紀ノ川平野に隠然たる勢力を保有する紀伊国造の勢力を、無視することが出来なかったことを意味しているのである。

室町時代になると、次第の第五十九代俊長の項には、「従三位侍従昇殿」と注記されている。『公卿補任』によると、彼が従三位となったのは、応永四年（一三九七）正月のことである。前年に南北朝が合一したのち、最初の定例の叙目で、俊長は後小松天皇の宮廷に公卿として昇殿が許されたのである。そして、その翌年には侍従に任官している。

俊長の公卿任官と昇殿は、畿外の地方豪族としては、きわめて異例の扱いであったといわなくてはならない。その背景には、俊長の母方の叔父が、応永二年まで中納言を勤めた時の権力者山科教言であったことが、大きく作用していると思われる。しかし、俊長はこの姻戚関係だけで出世を勝ち得たのであろうか。

俊長は、応永十二年に出家して公卿の列を辞すと、宗傑を号して隠居する。しかし、山科教言の日記『教言卿記』には、紀州と京都を頻繁に往還する俊長の姿が見える。そして、彼が京都を訪れる理由は、彼の前後の行動を見ると判然とするのである。応永十四年に開かれた「内裏九十番御歌合」[4]には、左方の詠者として列席している。さらに「新後拾遺和歌集」[5]や「新続古今和歌集」[6]という勅撰和歌集にも、彼の和歌が収められている。このことから、彼は和歌を通じた交流を行うため、京都へと頻繁に赴いていたのである。

すなわち、俊長は当時における和歌の名手の一人であったといえるだろう。室町時代において、和歌の名手であることがどれほどの意味を持つものであろうか。当時、和歌の第一人者は、「新続古今和歌集」の選者を勤めた飛鳥井雅世であった。彼は、この前後の飛鳥井家の当主としては、正二位中納言という異例の出世を果たしている。雅世のこの出世を万里小路時房はその日記「建内記」の中で、「ただ和歌と蹴鞠の二つの道によってこのような官位に到達したのであり、恐るべきことである」と評している。この時代、和歌に精通していることは出世の必須条件であり、俊長にもし歌才がなかったとしたら、いかに山科教言との姻戚関係があったとしても、おそらくはこれほどの出世を果たすことは出来なかったであろう。[7]

俊長にはたしかに歌才があった。しかし、どのようにして中納言山科教言が紀州の地方豪族である紀伊国造と関係を持つにいたり、俊長の歌才を知ることが出来たのであろうか。鎌倉時代・南北朝時代の騒乱を経て、朝廷に奉仕する紀伊国造の姿を、公卿たちはたしかに認識したことであろう。そのことが、朝廷と紀伊国造を結びつける大きな要因になったことはたしかであろう。しかし、もう少し掘り下げて考えてみるならば、紀伊国造は騒乱の時代にありながら、何故に朝廷への奉仕を継続しつづけることが出来たのだろうか。このことが極めて大きな問題であろう。

騒乱の時代、公卿たちの経済基盤である荘園は、崩壊の一途をたどることになる。その大きな要因は、公卿たちが荘園を経営するに当って、自らが経営するのではなく荘官を通じて行っていたことによるのである。騒乱の中で、荘官たちは公卿の支配から脱出しようと試みるようになるのである。これに対して、紀伊国造は、紀ノ川平野の沃野を支配下に収め、在地にあってその荘園を直接支配し、磐石の経済力を保有していたのである。古来からの高い権威はあるが、経済的に地位の低下した公卿と、地方にあって磐石の経済基盤を誇る紀伊国造が結びつくことは、当然予見される事態であったといえるだろう。

戦国時代になって、戦国大名は荘園支配を否定して、すべてを戦国大名の直接支配の下に置くようになっていた。しかし、紀伊国造は、その荘園を戦国時代においても支配しつづけていたのである。戦国大名たちを統一してその頂点に立とうとする羽柴秀吉にとって、紀伊国造の保ちつづけた荘園は、彼の全国支配の構想の中に存在してはならないものだったのである。

天正十三年（一五八五）三月、秀吉は大軍をもって紀州に駒を進めた。時の紀伊国造家当主は、第六十七代忠雄であった。次第には彼の代までが記されている。彼の事績を『紀伊続風土記』は、次のように記している。

同十三年豊太閤当国に発向ありて、根来寺を滅ぼし、続きて当社破却し、神領悉没収せらる、これに依りて忠雄神霊を奉じて、高野寺領毛原といふ所に遁る、此時旧記の類多く散逸し、東照宮より賜ふ感状も亦紛失

す、乱後私に仮殿造る、同十五年大和大納言秀長卿、若山の目代桑山修理大夫に命じて、仮殿造替あり、天正十八年八月晦日卒す

すなわち、秀吉の紀州攻に際して、忠雄はその奉祭する日前宮の神体を奉じて避難し、乱後その復興に努めたのである。しかし、紀伊国造の経済基盤である荘園は、秀吉によって否定されたのである。これ以後、紀伊国造は荘園領主としての中世的な国造から、やがて来る近世に即応した国造への道を摸索しなくてはならないことになったのである。

秀吉によって、日前宮荘園はことごとく没収され、日前宮の復興は天正十五年から着手された。その後、関が原の合戦ののち慶長五年（一六〇〇）に紀州に入国した浅野氏は翌年秋月村の十五石五斗を日前宮に施入し、ついで徳川氏は寛永四年（一六二七）に社殿を再興するとともに、社領を四十石とした。さらに、文化八年（一八一一）には三百石に増封した。[8] 江戸時代における日前宮は、もはや中世の荘園大領主ではなかった。しかし、その社司である国造の継承は綿々と続けられたのである。

ところで、「紀伊国造系図」を見ると、江戸時代の国造は朝廷から任官・叙位を受けている。七十代昌長は従五位下で刑部少輔、七十一代俊弘は従五位下で大膳大夫、七十二代俊範は従五位下で右京大夫となっている。七十三代以後は任官・叙位のことは記されてはいないが、ちょうど七十三代以後は四次の書き継ぎ以降となり、書き継ぎ手の興味によるものであろう。

すると、近世の紀伊国造は、位階においては従五位下、官職においては従五位下相当の刑部少輔、従四位上相当の大膳大夫、従四位下相当の右京大夫ということになる。[9] これは、紀州藩の家老の位階が従五位下であり、それに匹敵するものである。また、官職から見れば、幕末に活躍した紀州藩家老で、新宮城主の水野忠央が正六位

下相当の土佐守であったことから考えると、極めて高い任官・叙位であったことになるだろう。すなわち、近世紀州藩においても、紀伊国造の高い権威は認定されていたと見ることができるだろう。

近世の紀伊国造について、もう一つ看過してはならないことは、国学への傾倒であろう。周知の通り国学は、伊勢松阪で本居宣長によって体系化された学問である。そして寛政四年（一七九二）に時の紀州藩主徳川治宝によって、宣長は紀州藩に召抱えられる。[10]ただ、その時点では松阪在住が許されており、宣長は、生涯に寛政六年・同十一年・享和元年（一八〇一）の三度にわたって、和歌山に召しだされて御前講釈をしている。その和歌山召し出しの日記を見ると、紀伊国造との交わりがかなり濃厚であることがわかる。[11]

寛政四年に紀州藩に召抱えられ、享和元年に没した宣長にとって、当時の紀伊国造とは七十五代三冬であった。彼は、明和六年（一七六九）に従一位権大納言飛鳥井雅重の四男として生まれ、天明二年（一七八二）に七十四代慶俊の女婿として国造を継承した。そして、文政六年（一八二三）まで社務四十一年を勤め、文政八年に五十七歳で没している。[12]

学問をもって知られる京都の名門公家に生れた彼が、紀伊国の在地土豪の家系を継いだのである。その彼にとって、紀伊国造家とはどのような歴史を持っているのかを確認しなくてはいられなかっただろう。そして、そのことを自らに教えてくれる学問こそが国学だったのである。

紀州藩関係者の宣長への入門は、鈴屋の授業門人姓名録によると、彼が召抱えられる以前の寛政二年に、紀州藩士小浦彦之丞と西川柳右衛門が見られる。しかし、これはおそらく藩主治宝の命を受けて、紀州藩召抱えの可否を探るために、調査に赴かせられたのであろう。しかし、寛政六年に初めて宣長が和歌山に召しだされて以後、急速に城下町和歌山とその周辺の入門者を増加させている。その門人の中に、紀伊国造三冬の名前を見ることができる。

本居宣長の死後、養子の大平が本居家を相続した。当初は、宣長同様松阪在住のままであったが、紀州藩で『紀伊続風土記』の編纂が始まったことにより、文化六年に一家を上げて和歌山に移り住んだ。このことによって、和歌山は国学の中心地となった。その大平が、おそらく文面から見て、和歌山に移住した文化六年以後、三冬の後継者俊和が没する文政三年以前に、紀伊国造三冬に宛てたと思われる書状が伝来している。[13]

内容は、三冬が大平におがたま榊を贈与したことに対する丁重な礼状である。そのなかで、大平は三冬を「御館」と称し、宛名を「国造様尊前」と脇付けするなど、極めて丁重な文面を認めている。もちろん、三冬は大平の弟子ではなく、ともに宣長の兄弟弟子の関係である。しかし、この丁重さを見るとき、紀伊国造が本居国学の和歌山におけるパトロンであったと考えることも出来るだろう。近世の紀伊国造家は、もはや中世の大荘園領主ではなかった。しかし、近世においても高い権威と文化の保護者として、機能していたのである。

明治維新になると、皇室の藩屛として華族制度が整備される。七十七代俊尚は、明治五年に華族に列せられている。さらに、明治十七年に男爵に叙爵されている。[14]その子俊秀は、貴族院議員に任じられたため、明治四十年に東京に移住した。[15]その後、大正十二年から昭和六年まで、第四代和歌山市長を勤めている。すなわち、紀伊国造の政治的側面を継承したことになる。

紀俊秀の東京移住によって、日前宮の祭祀はそれ以後、紀俊秀の弟である紀俊が行うことになった。すなわち、和歌山に残った紀俊が、紀伊国造の祭司的側面を継承したことになる。とくに、紀俊の事跡のなかで特筆すべきことは、日前宮の長い歴史を確認するために、日前宮所蔵文書に基づいて、『官幣大社日前神宮国懸神宮本紀大略』を発行したことであろう。[16]これによって、一部ではあるが日前宮所蔵文書を学界が共有することができ、今も学術的に裨益するところが大である。

このように、かつての紀伊国造の末裔家は、東京と和歌山に分かれて二流が存在する。そして、長い歴史の中で培われてきた紀伊国造の歴史は、今もこの二流によって継承されているのである。

注

（1）この解案の意義については、『和歌山市史』第一巻（和歌山市、一九九一）の古代の和歌山第三章第二節に詳しい。
（2）嘉禎四年九月二十五日付日前・国懸宮四方指写（日前宮文書、『和歌山市史』第四巻所収、和歌山市、一九七二）
（3）「紀伊国造次第」によると、良宣には「御白河御時祗候北面云々」とある。また、宣宗には「承久年中被許上北面、同三年九月十日卒卅五」とある。彼の没した時期は、承久の変後の混乱期であることから、北面の武士として実質的に働いていたものと思われる。
（4）内裏九十番御歌合は、足利義満を中心として、後小松天皇の内裏で催された。『群書類従』十三輯所収。
（5）新後拾遺和歌集は、二十番目の勅撰和歌集。永徳二年（一三八二）完成。『新編国歌大観』一所収。
（6）新続古今和歌集は、勅撰和歌集二十一代集の最後の歌集。永享十一年（一四三九）完成。『新編国歌大観』一所収。
（7）『和歌山市史』第一巻（前掲注1）の中世編第二章第四節による。
（8）紀伊国造系譜については、本書で扱った「紀伊国造次第」と「紀伊国造系図」以外に、冊子本で「紀伊国造次第」の内題を持つ資料（以下、冊子本）がある。これは、明治初年に第七十七代紀俊尚が華族（男爵）に叙せられるために提出した資料の手控えではないかと思われる。本書で取り扱った系譜資料と重複するところが多いので、本書では扱わなかった。それによると、三冬の事跡として、文化八年に三百石になったことが明記されている。

（9）官位令による官位相当制による。

（10）本居宣長の紀州藩召抱えの経緯については、拙稿「本居宣長紀州藩召抱え前史」（和歌山市立博物館『研究紀要』十七、二〇〇三）を参照されたい。

（11）寛政六年若山行日記によると、十月十三日に和歌山に到着した宣長は、二十五日に紀三冬（当時は、俊庸と自称）の入来を受け、十一月四日には自ら日前宮に参詣している。寛政十一年若山行日記においても、国造家からの菓子の贈答を受け、自ら日前宮に参詣して国造を訪れている。享和元年の和歌山召し出しでも同様のことが見える。

（12）冊子本（前掲注8）による。

（13）この書状については、拙稿「紀伊国造宛本居大平書状」（和歌山市立博物館『研究紀要』四、一九八九）を参照されたい。

（14）冊子本（前掲注8）による。

（15）『和歌山県史』人物編（和歌山県、一九八九）紀俊秀は、明治三年に生まれ、明治三十年七月貴族院男爵議員に当選し、同四十四年七月に退任した。その後、大正十四年から昭和六年まで再度貴族院議員に任じられている。その間、大正十二年から昭和六年まで和歌山市長を勤め、昭和十五年九月に没した。

（16）『官幣大社日前神宮国懸神宮本紀大略』は、大正五年三月に日前宮社務所（代表紀俊）から発行された。またその後日前宮では、昭和五十九年に本書を復刻するとともに、研究論文を掲載した別冊『ひのくま』を併せて発行している。

あとがき

雄山閣から、古代氏族叢書の一つとして、『紀氏の研究』を担当するように依頼されたのは、二〇〇〇年の頃だったと覚えている。和歌山で仕事をしている私に依頼があるのだから、「これは紀伊国造のことだろう」と思いながら、そのことを確認したうえで、気軽にお引き受けさせていただいた。以来十三年の歳月を費やしてしまったことになる。もとより、私の怠惰と不勉強によるものであるが、少し弁解がましい言い訳をさせていただきたい。

何しろ、和歌山で仕事をしながら、古代史の研究を続けていることから、私自身紀伊国造に興味を持っていた。何よりも職場の和歌山市立博物館では、紀伊国造末裔家所蔵の系譜資料を寄託して頂いていることから、半ば使命感のようなものもあってお引き受けしたのである。最大の関心事は、地方豪族紀伊国造（紀直氏）と中央豪族紀朝臣氏の関係を、どのように整理するかという問題であった。ちょうどその頃より少し前から、栄原永遠男先生のこの問題に関する一連の論文が発表されていたことに触発されたことも大いにあったと覚えている。この問題に関する自分なりの考えをまとめてみるいい機会になるとひそかに思ったのである。

紀伊国造の系譜資料については第二章で扱い、紀伊国造と紀朝臣氏のことは神話伝承を含めて第三章で扱うことにした。そして、律令時代の紀伊国造については第四章で扱うことにした。このような構想はそれまでにも持っていたし、史料集めも仕事の合間を縫ってかなり進めていた。しかし、お引き受けして、いざ取り掛かろうとすると、大変な問題に遭遇してしまったのである。本書で扱う紀氏は、地方豪族紀伊国造である。それでは、国造とはいつ頃任命され、古代国家でどのような役割を果たしたのであろうか。そして、律令制度の下でどのような存在として認識されていたのであろうか。すなわち、国造一般論を私なりに理解しなくては、紀伊国造の位置付けそのものができないことに気づいたのである。

国造の支配するクニと県の問題、地方豪族としての国造と制度としての国造の問題、奈良時代律令制度下の国造の位置付け、このような問題を私なりに理解し、そのことを提示しなければ、紀伊国造を語ることはできないという大問題に、以後大いに悩むことになってしまったのである。

目下の一般的な考察では、国造は六世紀に任命されたとされる。しかも、律令制下では国造はまったく形式的な儀式のみを掌る名誉職的な存在だとされている。中には、律令制度の施行に伴って、国造の職は停止されたとの見方もある。そのような論文を読むと、確かに説得力もあり、納得させられる一面を持っていた。しかし、そのような一般論を紀伊国造に当てはめて考えてみると、まったく納得がいくものではなかった。紀伊国造が六世紀に任命されたとするならば、記紀伝承に散見する紀伊国造関係史料は一体何なのだろうか。律令制下においても、『続日本紀』に散見できる名草郡大領を兼帯する紀伊国造を、一体どのように理解しろというのだろうか。紀伊国造の存在を現今の国造一般論と突き合わせてみると、非常に大きな問題を感じざるを得なかったのである。そこで、自分なりの国造論をまとめなくてはならないと思い、第一章でその問題を扱うことにしたのである。

しかし、それは不勉強な私には大変な重荷であった。そして、依頼を受けてからの十三年は、まさにこの重荷を負った毎日だったのである。ただ、紀伊国造を語るには、どうしてもさけて通れないことであると思い、少々稚拙であるかもしれないが、私なりの国造論を展開したつもりである。

それまでの県が徐々に、大和政権の介入によってクニへと統合が進められ、遅くとも雄略朝頃には一部地域を除いて国造制は完成を見たと考えた。そして、それまで国造と大和政権は友好的な同盟関係であったが、六世紀に屯倉が国造の支配領域に設置されるに至って、恒常的な経済的搾取が行われるようになり、国造と大和政権の関係は、それまでの友好的な関係から、従属性の高い関係へと変化したと考えた。また、律令制度下においては、国司の地方支配を確かなものにするため、律令制度によって位置付けられ、郡司・軍毅・国師と並んで国司の職務を分任する立場にあったと提唱した。このような私なりの国造論に基づいて、二章以下で紀伊国造の軌跡を論じた。

なお、本書に収めた論考の内、すでに雑誌等に発表したものがある。それについては、次に発表年次・掲載誌を明記しておきたい。

第二章第一節「紀伊国造次第について」（和歌山市立博物館『研究紀要』十七、二〇〇三）
第三章第二節「名草戸畔と紀伊国造」（『和歌山地方史研究』五七号、二〇〇九）
第四章第一節「紀伊国造任官儀式の再検討」（『和歌山地方史研究』五九、二〇一〇）
第一章第三節「奈良時代の国造」（『日本歴史』七五七、二〇一一）
第三章第三節「畿内政権と紀伊国造」（『和歌山地方史研究』六一、二〇一一）

大阪府摂津市に生まれ育った私が、奇しくも和歌山で職を得た。また、恩師の薗田香融先生が、紀伊国造研究の先駆者であったことも幸いして、紀伊国造という研究テーマを得ることができた。本書で論じた紀伊国造は、いまだにほんの一部に過ぎないだろう。今後残された問題を、自らに課して研究を続けていきたいと思う。

なお、本書に収めた紀伊国造次第及び紀伊国造系図の写真は、同僚の近藤壮学芸員のお手を煩わせた。また、校正に際しては同僚の佐藤顕学芸員にお手伝いを頂いた。さらに、本書の編集については、終始雄山閣編集部の桑門千阿紀氏と八木崇氏がご担当くださり、怠惰な私を励ましてくださった。本書は、この方々をはじめ、多くの方のご協力によって世に送り出すことができた次第であり、心より感謝の念を捧げたい。

また、古代豪族である紀伊国造を研究しているということで、紀伊国造末裔家の紀俊行氏（東京都目黒区在住）には御所蔵の紀伊国造史料の調査に格段の便宜を計らって頂くことができた。また、同氏のご推薦により、社団法人昭和会館（理事長岩村和俊氏、東京都霞が関三丁目）から、研究助成金を頂くことができた。貧乏公務員でありながら、このことによって、史料調査に赴くことができ、また普段なら手を出すことのできない高価な研究書を入手することができた。このことに関しても、記して感謝の念を捧げたい。

最後になったが、十三年もの長きに亙って、不義理を重ねていた私が、一つのふんぎりをつけた動機を吐露しておきたい。私は、先に記した薗田先生のご指導を受けて今日まで研究を続けてこられた。しかし、学部・大学院時代を通じて、関西大学で横田健一先生のご指導をいただいてきた。その横田先生が、平成二十四年二月六日に九十六歳でお亡くなりになられた。私にとっては親同然の先生の死に際し、日頃の不勉強を詫びる気持ちで本書の執筆を急いだ次第である。したがって、拙文を寄せ集めたものではあるが、本書を横田健一先生の御霊前に捧げさせていただく身勝手をお許し頂きたい。

二〇一三年二月六日

〈著者略歴〉

寺西　貞弘（てらにし・さだひろ）

1953年　大阪府に生れる

1983年　関西大学大学院博士課程後期課程単位取得

1989年　文学博士

現在　和歌山市立博物館館長

著書　『古代天皇制史論』創元社、1988年

　　　『古代熊野の史的研究』塙書房、2004年

平成25年2月6日 初版発行　　《検印省略》

日本古代氏族研究叢書②

紀氏の研究―紀伊国造と古代国家の展開―

著　者　寺西　貞弘

発行者　宮田哲男

発行所　株式会社　雄山閣

〒102-0071　東京都千代田区富士見２－６－９

TEL 03-3262-3231　FAX 03-3262-6938

振 替 00130-5-1685

http://www.yuzankaku.co.jp

印刷所　株式会社 ティーケー出版印刷

製本所　協栄製本 株式会社

ISBN978-4-639-02253-4　C3021

N.D.C.210 270p 22cm